大典 廣州

《广州大典》普及书系

主编　陈建华

游走在近代政商之间的沉思者

郑观应作品选读

闵定庆　肖玉华◎编著

广州新华出版发行集团

广州出版社

图书在版编目（CIP）数据

游走在近代政商之间的沉思者：郑观应作品选读 / 闵定庆，肖玉华编著. —广州：广州出版社，2020.12（2022.5重印）
（《广州大典》普及书系 / 陈建华主编）
ISBN 978-7-5462-3126-6

Ⅰ. ①游…　Ⅱ. ①闵…　②肖…　Ⅲ. ①郑观应（1842—1922）—文集　Ⅳ. ①C53

中国版本图书馆CIP数据核字（2020）第204367号

书　　名　游走在近代政商之间的沉思者：郑观应作品选读
Youzou Zai Jindai Zhengshang Zhijian De Chensizhe：Zheng Guanying Zuopin Xuandu
出版发行　广州出版社
（地址：广州市天河区天润路87号9、10楼　邮政编码：510635
网址：www.gzcbs.com.cn）
出 品 人　柳宗慧
责任编辑　田宇星
责任校对　龚莉莎　蒋美秀
装帧设计　肖晓文
印刷单位　佛山市浩文彩色印刷有限公司
（地址：佛山市南海区狮山科技工业园A区　电话：0757-88368558　邮编：528225）
规　　格　787 mm × 1092 mm　1/16
印　　张　19.75
字　　数　350千
版　　次　2020年12月第1版
印　　次　2022年5月第2次
书　　号　ISBN 978-7-5462-3126-6
定　　价　60.00元

《广州大典》普及书系编委会

关于“广府名人读本”系列编选出版的几点说明

一、本书属于《广州大典》普及书系“广府名人读本”系列；

二、“广府名人读本”系列作为《广州大典》普及书系的开篇，将分为若干辑出版，成熟一辑，出版一辑；

三、因书系以《广州大典》所收文献为编选基础，故个人著述不存世或存世稀少者不纳入“广府名人读本”系列；

四、考虑到《广州大典》（民国篇）正在编纂和不少近代广府名人著述活动时段跨越清末民初的实际情况，“广府名人读本”系列会适当拓宽选录范围。

《广州大典》普及书系
出版前言

广州自古以来就是岭南地区的政治、经济、文化中心，是首批国家历史文化名城。自秦始皇三十三年（前214年）广州建城，至今已有2200余年，大量珍贵的地方文献翔实地反映了广州文化不断发展、不断繁荣的悠久历程。

《广州大典》是由中共广州市委宣传部、广东省文化厅策划并组织研究编纂，旨在系统搜集整理和抢救保护广州文献典籍、传播广州历史文化的大型地方文献丛书，是千年羊城的“根”和“魂”。《广州大典》收录文献的时间范围截至1911年（个别门类的时限延至民国），地域范围包括清代中期广州府所辖南海、番禺、顺德、东莞、从化、龙门、增城、新会、香山、三水、新宁、新安、清远、花县以及香港、澳门、佛冈、赤溪，内容范围包括广州人士（含寓贤）著述、有关广州历史文化的著述及广州版丛书，依经、史、子、集、丛五部分类，共计收录文献4064种，编成520册，于2015年出版。2019年，《广州大典·曲类》专辑单行出版，共计收录文献1589种，编成43册。

为贯彻落实习近平总书记关于让书写在古籍里的文字活起来、推动优秀传统文化的创造性转化和创新性发展，以及要把优秀传统文化的精神标识提炼出来、展示出来，把优秀传统文化中具有当代价值、世界意义的文化精髓提炼出来、展示出来等指示精神，开发利用《广州大典》这一广州历史文献宝库，广州大典研究中心、广州出版社有限公司决定联合编纂出版《广州大典》普及书系，努力将书系打造成集学术性、知识性和可读性于一体的优秀出版物。

书系以《广州大典》为文献基础（可根据实际情况，适当拓宽选录范围），组织一批专家学者从《广州大典》中精选最具代表性、最具可读性、对当代读者有一定借鉴价值的文献，进行普及性的内容整理、发掘，形成《广州大典》普及书系。书系按年分辑来出版，拟分为广府名人读本系列、地方风物读本系列、地方游记读本系列、西学东渐读本系列、小说读本系列、戏曲曲艺读本系列等。书系每种读本均将尽量吸收、反映学术界最新研究成果。每种读本均包括导读、代表性作品选编（含注释、翻译、评析或解题、延伸阅读等）和相关资料附录，作者均为学有专长、研究有素的专家学者。每种读本均力求做到图文并茂、雅俗共赏。因此，《广州大典》普及书系可视作《广州大典》的延伸，且与《岭南文库》的延伸《岭南文化知识书系》《广东历史文化名人丛书》等普及性读物，既桴鼓相应，又各具匠心，可谓和而不同、美美与共。

民族复兴，以文化传承、文化创新为重，既需要薪火相传、代代守护，又要与时俱进、推陈出新。《广州大典》普及书系既是一项重要的文化普及工程，又是一项推动城市文化综合实力出新出彩的切实举措。

食髓知味，小书不小。我们相信，书系的陆续出版，将充分展示广州深厚的历史文化底蕴，擦亮广州历史文化品牌，并有助于中华优秀文化的传承和发展。

《广州大典》普及书系编辑委员会

目录

导读

近代“通人”郑观应

郑观应像

郑观应（1842—1922），本名官应，字正翔，号陶斋，又号居易、杞忧生、罗浮偫鹤山人。

从中国近代历史进程看，郑观应出生在中国历史进入近代社会的第三年，而又在五四运动爆发后的第四年去世，时代激荡贯穿了他的整个人生。

朝廷的腐败无能，国民的羸弱无助，西方的船坚炮利，洞开的通商口岸，无孔不入的洋货，一一横亘在眼前，迫使他睁开眼睛看清世界、直视现实、思考未来。他敏锐而准确地抓住了这个历史机遇，从一个落第秀才一步步走到历史舞台中央，成为中国近代转型期沿海洋务派中工商精英与知识精英的奇妙“结合体”，长期被视为洋务运动的代表性人物：一方面，他纵横商海六十多年，实施“商战”策略，呼唤“以商立国”，与唐廷枢、徐润并称“香山三杰”；另一方面，他在这个“千年未有之大变局”的关键时刻，牢牢抓住了“民主”与“科学”的主轴，不遗余力地进行思想启蒙，推动中国社会的变革和转型。

郑观应所著的《盛世危言》一书，全面展现了中国变革的蓝图，深刻影响了康有为、梁启超、孙中山、毛泽东等几代政治家。在某种意义上，他可以称得上是“商界的士大夫”“用笔经营的儒商”。

现在，我们精选其传奇一生的四幅“剪影”，一一叙说如下：

站在时代潮头的“买办”大佬

清道光二十二年六月十七日，亦即公历1842年7月24日，郑观应出生在广州府香山县雍陌乡（今属广东省中山市）。

这儿原本是珠三角一处普通、宁静的水乡，但是，历史却让珠三角最先敞开了门户。随着近代通商口岸的不断增加，中外经济形势发生了巨变，旧有的行商制度开始走向崩溃。香山商人正处在中西文化交汇的前沿地带，真正接触到了西方文化，并灵活掌握了西方商业运作的法则，积极担起外资公司的“买办”角色，以社会资本进行商业运作，一跃而成为时代的“弄潮儿”。作为一个新型的商人群体，“香山帮”商团拥有“买办”与“自营”的双重身份，自由、灵活地游走在传统格局的旧城与新兴的口岸城市之间，有力推动了中国工商业近代化的历史进程。[①]

当然，郑家同样也被裹挟进了时代的浪潮里。

郑家大屋

据说，郑氏家族来自中原荥阳，辗转迁徙到香山，以耕读传家。祖父郑鸣岐俭朴寡言，敦品励节，却不屑寻章摘句。父亲郑文瑞夙承家学，过目成诵，写字一点一画，端端正正，说这是北宋大儒“二程”所谓“即此是敬”的真髓。郑文瑞早年读到明初大儒

① 英国首任驻上海领事乔治·巴福尔勋爵（Sir George Balfour，1809—1894）是在1843年11月初抵沪的，很快就发现情况异常：“我刚一到上海，就立刻注意到广州的一些人已经纷纷来到这个口岸，并且已经把广州流行的许多最坏的习惯和观念，也带了进来。”显然，这“最坏的习惯和观念”，便是“非常普遍地倾向于结成行帮和外国人进行贸易”了。（参见汪敬虞《唐廷枢研究》，中国社会科学出版社，1983年，第26页）

吴与弼（号康斋）“学者以治生为急”的话，深受启发，指出这就是“儒者有用之书”，也是当前士子的对症之药——“子弟读书非甚聪颖，即可学徒经商”。大约在道光、咸丰年间，他偕廷江、思齐进入上海英商洋行当买办，成为“香山帮”的一员。这时，太平天国运动爆发，清廷手忙脚乱，焦头烂额，频频发兵镇压，同时急忙发起劝捐。据说，他联合“香山帮”诸人积极响应。

郑观应6岁时入读秀峰家塾，随父亲读书，从《三字经》《百家姓》《弟子规》开始，一直到四书五经，刻苦学习，颖悟过人。9岁时，他远赴南洋，作客亲戚家。大江大海的惊涛骇浪，打破陆地世界的地平线，郑观应“睁开眼睛看世界”的朦胧意识，也随之萌动了。17岁那年，郑观应初次参加童子试，却名落孙山，其内心所承受的打击，可想而知。眼看家庭无力继续支持习举子业，郑观应决定听从父亲的建议——“弃书学贾”。他远赴上海，投奔时任新德洋行买办的叔父郑廷江，入新德洋行做工役事，并随叔父学英语。1859年，经姻亲曾寄圃、上海宝顺洋行总买办徐钰亭的介绍，郑观应进入宝顺洋行当杂工。

宝顺洋行，又名颠地洋行，是第一次鸦片战争中臭名昭著的鸦片走私贩子颠地（Lancelot Dent）控股的洋行，注册地在香港，1843年开拓内地市场。在1848年上海道发放的第一批出租地契中，宝顺洋行领到了第一号地契。此后，宝顺洋行又进行了一系列极富想象力的探险活动，在商业上获得了极大的成功。1859年下半年，宝顺洋行风闻日本方面有可能会根据《日美友好通商条约》先行开埠长崎，全然不顾日本是否发布相应的通商法律条文及细则，率先开通了上海至长崎的航运业务。及至1860年1月长崎正式开埠，其他洋行只能瞠乎其后。紧接着，宝顺洋行依次打通神户、横滨、箱馆（今称“函馆”）等多条航线，几乎覆盖了日本全境。同样是在1859年，中国依照《天津条约》将开放牛庄、登州、台南、淡水、潮州、琼州、汉口、九江、南京、镇江等城市为通商口岸。这年冬天，宝顺洋行派人前往开埠在即的天津，考察新埠商务。次年，《北京条约》正式签订。就在签订当月，宝顺洋行的轮船成功穿越太平军封锁的长江江面，抵达汉口，比英国使团的轮船早一个星期完成首航。宝顺洋行开通上海往来汉口的航线，盈利数额令人瞠目结舌，据说单程收入居然能抵得上购买一条轮船的款项。宝顺洋行以极富想象力的方式拓展商业版图，获利可观。

郑观应进入宝顺洋行，吸引他的不仅仅是那琳琅满目的商品，更多的是洋行疯狂拓展业务所带来的“刺激”。1859年冬天，郑观应随行内洋人到天津考查商务，真切感受到宝顺洋行紧随英法联军步伐不断向北延伸的商业触角。一边是隆隆的枪炮声，一边是精明的商业利润算计，农历新年的热闹、纷飞的雪花、刺骨的寒冷，掩盖不了商场角逐的火热激情，这一切甚至可以用“惊心动魄”来形容。次年开春，郑观应返回上海，正式获颁宝顺洋行“买办”头衔。至于分工，按《徐愚斋自叙年谱》的记载，“行中调派杨辉山、杨明轩、郑陶斋、吴茂川、黄毓斋各友司理丝、茶、栈房、揽载诸务”，也就是他们几人分管宝顺洋行丝、茶、轮船栈房、揽载等事宜。

在徐钰亭、徐润的带领下，买办们的生意有条不紊地展开，郑观应的业务水平也随之得到很大的提高，并屡获升迁。在25岁的时候，他升任宝顺洋行经理兼宝顺轮船公司经理。

宝顺洋行由于过度扩张，应对竞争不力，造成现金流断裂，最终在1868年倒闭。屈指算来，郑观应已在宝顺洋行工作了整整十年。这十年，正是他人生经验、思想成型的关键期，岁月将他锤炼成了一个成熟老练的商人。他平静地接受了宝顺洋行倒闭的命运，随即转任和生祥的合伙人，接着又担任了扬州宝记盐务公司总理。

1873年，美国人麦奎因创立太古轮船公司。麦奎因是昔年宝顺洋行的一个船主，与郑观应私交甚笃，深知其出色的经营能力，于是向他伸出了橄榄枝——太古轮船公司的总理兼总买办。次年正月，郑观应走马上任。依靠多年经营揽载的经验，迅速在长江沿岸、南洋各地铺开承载、客运、栈房、茶叶、棉花等多元化业务，长袖善舞，公司业务蒸蒸日上，很快实现了盈利。

这时，郑观应长舒了一口气，终于可以分身来做一些自己愿意做的事了：

一、行善积德。郑观应自幼受家庭影响，信仰道教，一直求仙问道，养生服气，祈盼身体健康，子孙繁衍。同时，他也受父母将道教信仰转化为行善积德之风的影响，主动投身赈灾、慈善活动，将行善几乎内化为自己的“本能”。此外，他还与江南善士余治、经元善、谢家福等人同声相求，成立协赈公所拯救灾民，刻印善书劝导民众，美化风俗。

二、求得朝廷封赏。郑观应很早开始就循例求得朝廷封赏，以获得社会的认同。例如，同治八年（1869）二月，他在皖营由监生报捐员外郎，次年又捐升郎中。光绪初年，他积极赈济江南水灾、山西旱灾，表现出极强的组织才能和筹款能力，引起李鸿章、盛宣怀、曾国荃等洋务官僚的注意。光绪四年（1878）十二月，他由山西旱灾赈案内捐以道员，次年更由李鸿章保奏加级，上谕“郑官应著随带加三级”，将其父子赈灾事迹载入广东方志。

光绪八年（1882）春节过后，郑观应太古轮船公司总经理两任合约届满，这时，年轻的太古轮船公司在他的经营下，已经成长为中国境内最成功、规模最大的公司之一了。他满怀着沉甸甸的成就感，接受了李鸿章的邀请，就任上海轮船招商局帮办，化身为洋务运动的急先锋。

兢兢业业的“洋务”践行者

在盛宣怀、郑藻如等人的不断推荐下，李鸿章开始注意到了郑观应，并发现他确实是一个脚踏实地且极富经营才干的“实干家”，于是主动来信，敦请他协办实务：第一件是襄办天津堤工赈务，然郑观应报辞未就。第二件则是襄办上海机器织布局。当他接到李鸿章的委札时，毫无心理准备，“实深骇异”，连忙“委札璧还”，要求注销任命，以免产生不必要的误会。他实在架不过李鸿章的毫不介意、宗兄郑藻如的鼓励，这才勉强接受下来，并很快筹集了五万两股银。但在接下来的短短两年间，总办之位走马灯似的换了三个人，他都小心翼翼地配合和襄助，建议知人善任、善用有限的资本、逐步扩大经营规模的意见，却不见采纳。光绪六年（1880）年底，李鸿章正式任命郑观应为上海机器织布局会办。他全面掌控买地、建厂、购机、雇匠、验花各个环节，在《禀辞北洋通商大臣李傅相札委会办上海机器织布局事宜》中向李鸿章汇报自己抓住的三个“牛鼻子”：一是在知人善任上“求声誉素著之人以联众志”；二是在筹措资金上“明示筹集之款以坚众信”；三是在纺织技术上“专用西法以齐众力”。他致信身在美国的容闳，请求他在美国“选聘一在织布厂有历练、有名望之洋匠到沪商办”，并打算选寄国产棉花去美国纺织厂“试织”。容闳一生留心实学，乐观其成，尽管此时饱受朝廷召回“留美幼童”一事的困扰，还是在极短的时间内物色了美国纺织工程师丹科，安排他在光绪七年（1881）夏来华。郑观应经过观察考核，决定聘用丹科，如此一来，解决了技术人才问题，确保上海机器织布局顺利开工。他还向李鸿章提出了一系列建议，如建言朝廷颁文控制外资织布局的数量和经营范围，“准给年限以防外人争利”，减少上海机器织布局的“厘税”，与洋货同等对待，“准照洋

上海机器织布局

货已进口之例，免纳子口税，概免抽厘”。他同时推出一些重大举措，从机器设备、棉花质地、销售市场等方面入手，重新设计生产标准，提高劳动生产率，降低成本，确保盈利，以提高与外国资本竞争的能力。

清朝的电报局

清廷鉴于中法战争失利的教训，决定开办电报业，郑观应迅即投入协助盛宣怀拟定《电报局招商章程》和《详定大略章程二十条》的工作之中，为擘画全国电报事业发展蓝图献计献策。盛宣怀、郑藻如等人再次向李鸿章推荐郑观应去驻沪验收电报局所购材料、分发各处，并监督南端架线、站点工程。郑观应表示在津沪电线建成前绝不领一分钱薪水。眼看着津沪电报线一节节向远方延伸，李鸿章异常开心，于光绪七年四月二十三日札委郑观应为上海电报分局总办。在具体的工作中，郑观应主要从以下四个方面入手：其一，努力提高利用电报传递经济信息的功能，他在呈李鸿章的禀文中说：“各口通商码头，自洋人设立电报以来，华商日困，市情朝暮反复，洋商操纵自如，此在西学算家谓之速力敌平力。虽间因有电之处彼此同速，仍归平力；而无电之处，利钝终判天渊。是诚今日商务致病之由，而我国家利权之重轻亦隐受其制者也。”为了取得商战胜利，挽回国家利权，必须最大限度发挥电报的信息传递功效。其二，必须对全国电报网站进行合理化布局，他会同经元善、谢家福等呈两江总督左宗棠禀文，写道：“洋商自上海贩运至外国，其数万里消息通于顷刻；华商自内地贩运至上海，则数百里消息反迟于彼族，以致商贾日困。”认为在架设津沪电线的同时，应立刻架设长江、闽浙等处电线，冲要之地先通，然后在全国边陲之区渐次铺设，建立一个全国电报网络。其三，他指出中国电报乃独市生意，应从国家利益的高度，限制洋商电报利权。津沪电线架设时，英国大东、丹麦大北两家公司都在沿海设海线，其中，大北公司在吴淞设有旱线，厦门电线也已上岸。他一方面协助盛宣怀与大北公司进行多轮谈判，吴淞旱线拆除，厦线不得上岸，大东公司自然不能例外；另一方面，他与大东、大北两家公司联络一气，达成齐价合约，避免了价格竞争出现的恶果。其四，加紧建设技校，培养技术人才。他认为电报局上上下下都靠洋人，工资甚巨，且易泄密，是成本极高、收益极差的原因，应该“以造就学生而减报费为第一义，添招股本而加电线为第二义”（《致天津电报总局盛杏荪观察书》语）。他建议开办电报专门学校培养人才，各分局应招收学徒，另外，他还在《上北洋大臣李傅相书》中向李鸿章建议“考选少年普通中西文之学生分别出洋学习制造机器、水陆电线、电气等法，一俟毕业，仍分赴外国制造厂学习一二年，然后返国自行设厂制造，不独可塞漏卮，而所用材料价廉，成本自然轻减”，培养制造机器、发电、电线架设、管线维护等方面的人才，从根本上降低电报成本，增强竞争力，盈利必能日丰。

上海大北电报公司

光绪八年（1882）春节过后，太古轮船公司总经理合约届满，郑观应决定接受李鸿章的邀请，全身心地投入轮船招商局的重建工作。这是他一生中最为重要的转折点——实现了从一个“买办”向民族资本家的转型。

对洋务运动“旗舰”企业之一的轮船招商局，李鸿章无疑倾注了过于华丽的“自强之梦”，但面对变幻莫测的商业竞争，轮船招商局表现得极其笨拙、无能，郑观应入局时，股价已暴跌四分之三。郑观应一方面拟订了“救弊大纲”16条，围绕选用专才、降低能耗、多争盈利等多个方面，提升轮船招商局的竞争能力；另一方面展开与怡和洋行、太古洋行进行为期6年的齐价合同谈判。合同规定："以船吨位多少共分水脚，招商局着多数。"其具体分配办法包括："长江生意，商局得三十八分，太古得三十五分，怡和得二十七分；天津生意，商局得四十四分，太古得二十八分，怡和得二十八分；其由北洋来往南洋各埠之船，招商局派十一号，太古派十二号，怡和派七号，禅臣派四号。"轮船招商局股票随即大涨，每股沽价竟然高达一百六十两，李鸿章自然是大喜过望。

轮船招商局

此后，郑观应紧紧跟随盛宣怀，开展开采山东矿产、办理云南电线事务、总办开平煤矿粤局销售煤炭事宜、接手汉阳钢铁厂、粤汉铁路等一系列重大工作，发挥了重要的作用，被李鸿章、盛宣怀视为奇才。而湘军后期代表人物彭玉麟、王之春、张树声也曾借重其才，延聘其至抗法前线效力，郑观应出色完成了筹款、运兵、联系等重要工作。

当然，郑观应清醒地认识到，自己的"商战"主张只能通过李鸿章、盛宣怀这样的权臣才能实现，而李鸿章、盛宣怀更把他视为实施"自强之策"、完成近代工商业转型的得力帮手，所以，他一直紧随盛宣怀，奋斗在洋务运动的第一线。他们这种跨越政商两界的"亲密联盟"，更多是基于对中国社会转型、中国工商业发展等关键问题的高度一致的认知。

从洋务运动的发展进程看，郑观应一直是作为一个脚踏实地的前行者和践行者，行走在"拓荒"的路上。在盛宣怀充分的"护航"下，郑观应将李鸿章构想的"自强"蓝图一一付诸实践，创造性地变成一个个工商业实体，并把这些公司建设成中国近代工商业的"楷模"和"领头羊"。

满怀爱国热忱的政治"局外人"

郑观应像

郑观应早年在童子试上失利，无法走上仕途，实现政治抱负。但这阻挡不了他对政治的关心，"体制外"的鲜活生命力，反而使得他对"近代中国命题"的观察与思考更贴近现实，更触及前沿。所以，一旦出现能够触摸"现实政治"的机会，他就会大胆接受和尝试，无论是创办上海机器织布局、津沪电报，还是挽救上海轮船招商局、汉阳钢铁厂，他都尽其所能发挥自己的聪明才智。

在郑观应的一生中，有两个短暂的片段，给他原本极富传奇的人生，平添了几许瑰丽壮阔的色彩。

第一个片段，是积极参与抗法战争。

光绪九年（1883）十一月，郑观应将轮船招商局等企业经营得颇见起色。此时，却听闻法国殖民者入侵越南、挑起中法战争的消息。他不禁拍案而起，主动向老友王之春吐露为抗法效力的心志。王之春此时正会办新任粤东防务大臣彭玉麟湘军营务，认为湘军后勤正需要郑观应这样的经营专才进行统筹，热切地向彭玉麟作了专门的推荐，郑观应也同时给彭玉麟写了一封情真意切的自荐信。彭玉麟大受感动，于光绪九年十二月初十日（1884年1月7日）作《奏调防务差委附片》，奏请将"明干有为，熟谙洋务"的郑观应调赴广东军营听候差委。郑观应接到委任后，立即向主持总理外国事务衙门的醇亲王上《禀醇亲王为报效德律风电报机器并呈仿照泰西英、法、俄、美、德创设水陆军学堂章程》，一方面表示"赴粤后惟有黾勉从事，静听指挥。如稽察内奸、招集民团等事，知无不言，为无不力；联络邻好，不敢畏难，不敢避险，不敢言劳"，另一方面建言学习西方规制，创办水师学堂、陆军学堂，培养新式军事人才，“第使我武维扬，海波不起，则观应所默祷也”。

光绪十年（1884）二月十三日，郑观应离沪赴粤。谒见两广总督张树声、粤东防务大臣彭玉麟后，他即接到一桩棘手的差事。驻德公使李凤苞购得25尊克虏伯大炮，发运广州，岂料途经香港时遭港督扣押，他马不停蹄奔赴香港，利用丰沛的人脉关系，巧加交涉，不消几天工夫，新炮如数提运回粤。

二月二十五日，彭玉麟将总办湘军十四营营务处王之春调驻琼州署雷琼道，委札郑观应接办十四营务。此时，清军在越南战场上节节败退，法军向谅山进发，李鸿章却与法国海军中校福禄诺签订了屈辱的《李福协定》。新任两广总督张之洞、粤东防务大臣彭玉麟为挽回败局，“欲谋袭法属西贡，绝其储粮之区”，前期侦查工作非郑观应莫属了。郑观应9岁时曾前往南洋一带探访亲朋，光绪九年也曾亲赴南洋各埠查察商务，此番以探视亲友、考察商务为名，前往南洋，显得极其自然。彭玉麟在《密筹暹罗布置附片》（光绪十年五月二十一日）中说：“郑观应一腔血性，能耐劳苦，洵属有用之才”，“已密商郑观应令冒暑前往西贡、暹罗、金边各处，不动声色，细心体察情形”。无疑寄予厚望。

1884年6月11日，郑观应带着文案罗宇弥、弁勇吕成，乘“保安”轮出发，6月16日卯刻到达西贡。他一上岸，就开始寻访各处可疑目标，仅用一天的时间就将炮台几座，是何新式，每座有炮若干，是何等炮，能打多远，有兵若干，药房在何处，由西贡至金边、由金边至暹罗水陆炮台、兵房，逐一绘图贴说，全册记录完毕，并及时向彭玉麟发出《禀报督办粤防大臣彭宫保在西贡、金边、暹罗等处察探法人情形》。对于如此之高的效率，他显得极其自信，在《南游日记自序》中说：“窃维法人自巴黎来华，水程二万余里，宜亦不可久恃。而顾能兼并藩疆，煽乱区夏，惟见其势之张，不见其气之馁者，则以西贡为之屯聚为之转运也。然则我今日之欲图法，不于西贡是图而谁图哉？”

次日，他乘轮船前往新加坡，见到了时任上海轮船招商局新加坡分局总办兼暹罗驻新加坡领事陈金钟。郑观应的爱国热情，深深感染了陈金钟，二人一起积极联络暹罗当局，促成“合纵以御暴”方策。6月26日，郑观应在曼谷与利云王沙亲王等掌枢机大臣密会，商量对策。可惜越南全境已被法军占领，“暹罗君臣皆为之气短，咸谓此举可作罢论”。但是，郑观应没有放弃，频繁往来于新加坡、槟榔屿和西贡，为合纵抗敌奔走不已。

这次合纵计划，虽未成功，但他冒酷暑、历艰险，认真考察、记录了中越交界沿海形势，可说是“备悉夷情要领”，自信可作为“筹边者千虑之一得”。

郑观应一回到广东，就投入多条运输线的调度和运作工作中。他利用中外商人的关系，租借香港轮船，以外商名义，运送军队、武器、粮饷，频繁往来于香港、台湾、琼州、雷州、廉州，及时有效地支援了抗法前线的将士。

那是一段极其忙碌且充满危险的日子，他在致盛宣怀的信中这样形容，“事有百端之集，身无一日之安”。他在《致雷琼道王爵棠观察论开垦兼筹办铜绿矿山书》中更清楚地表示，“入危险之地”，是“既以身许国，无处不可，成败听天，惟尽我心无惭衾影而已”。言简义丰，蕴含了无限的艰辛，更表现出了充溢心间的爱国热情和昂扬斗志。

第二个片段，是在王之春麾下署左江道。

光绪二十八年（1902）春，郑观应听说广西左江、右江水旱成灾，饥民甚众，致函广东善堂发起义捐，自己变卖家产，凑银一万两，“充作广西赈抚之用”。广西巡抚王之春奏请奖叙，清廷感其诚，“交军机处存记，以为好义急公者劝”。

王之春趁热打铁，正式奏请朝廷调郑观应至广西听候差委，其《广西省军务需才请调郑道等佐理折》称郑观应“才具开展，熟悉洋务，曩随兵部尚书彭玉麟办理营务，并奏派暹罗密探外交情形，深得窍要”，故其才最宜在广西左江、右江这样少数民族杂居的区域施展。

郑观应一到王之春幕下，就建了“奇功”。

1903年3月11日，郑观应奉札委远赴香港、澳门、广州等地缉查军械私贩。他不领薪水，自备资金，雇请侦探暗中查访，在香港湾仔栈房查出走私毛瑟枪5000支，缴获充公，并严厉处罚了私贩。4月上旬，郑观应赶赴梧州三江，自费雇佣勇士，捕杀会党首领林亚五、陆孟生、叶阿得等5人，擒获匪徒20余人，一举捣毁了这个为害一方甚久的匪帮。水陆道路豁然贯通，梧州商民口碑载道，联名送来太平伞，颂扬德政。

两广总督岑春煊、广西巡抚王之春会衔，奏请朝廷委派郑观应代理左江道。《广西王抚宪委代理左江道札文》称目前“正值督办善后搜捕余匪之际，尤非精明练达之员不克胜任”，而郑观应“拿获著匪多名，于吏治、军谋，讲求有素”，正是最佳人选。

光绪二十九年（1903）五月二十日，“钦命广西分巡左江兵备道”郑观应到任。左江道衙门驻南宁府，下辖南宁、泗城、太平、镇安四府，光绪年间太平府改隶太平思顺道，增辖郁林直隶州和上思、百色二直隶厅，辖区广阔，民族众多，经济水平相对落后。郑观应虽是代理长官之职，却丝毫不敢马虎，下车伊始就发布《左江道署下车告示》，告示左江道民众，他的主要任务是肃清“匪患”。鉴于“大股巨匪已剿办肃清，尚有星散游氛出没靡定”，他要会同各府、县处理好捕匪事宜及善后工作，督促本地士兵合力严拿，以期克竟全功，永臻安谧。他最后表示：“本道行皆实践，言出法随。”

他精心布置了一次秘密缉拿行动。横州沙坪圩以“二大王”罗庆基、王忠华为首的匪帮，人数众多，盘踞一方，为非作歹，又与灵山一带的会党勾结，强迫民众“入会”，强行勒捐，凡有不应者，就捣毁其家，还屡屡骚扰乡绅、电报局、厘务局。该匪帮暗中收买了官兵中的败类通风报信，官兵剿匪行动常常无功而返。六月十八日，郑观应绕过官兵，派出奇兵，捕杀罗、王二人，缉捕匪徒甚众，民众从此得以安枕，欢声雷动。

郑观应发现南宁府城人员复杂，社会治安堪忧，来自陆安县的黄肥五、黄和顺等匪徒混迹其中，为害甚烈。驻防城内的启新营管带李向欣又勾结黄匪，以捕盗为名，实施掳抢，百姓一日数惊。郑观应据实向岑春煊、王之春报告，强烈建议仿照天津、长沙、广州、香港等地警察建制章程，将南宁府亲兵雁字军仁字营改为巡警，以制衡李向欣，维护治安秩序。南宁府知府黄某，万般不愿意，一再找托词缓办，郑观应态度坚决，责令南宁府按章照办，结果不费十日功夫，新式警察列装成军，展开常规化的武装巡逻，治安状况迅速改善。

郑观应到任后，百姓常常拦轿递状子，可说是络绎不绝。他意识到，这是百姓“苦情壅于上闻”所致，连忙命人制作木箱，悬挂在衙署大门外，举凡盗贼抢劫、掳人勒赎、索逼拜会、劣绅衙蠹朋比为奸、窝赃聚匪、商情甘苦、条陈利弊等，任何一件呈词，均准投递。他每晚亲自开阅，认为这样做至少有三个好处：一是为官者本应体恤下情，诚求民隐，民冤得以从速申理；二是地方政务利弊、吏治得失贪廉、弁勇是否安分、御盗是否有方、清匪是否得力，皆可一概备悉；三是在署前“投匦求言”，准许百姓随时投禀，意在表明一切秉公办事，可以杜绝以往行政流弊，革除衙署旧习，生出维新气象。

郑观应努力改变人民的思维，推动左江道的教育走上近代化的道路。光绪二十七年（1901），清廷下令进行教育改制，各省城书院改为大学堂，各府及直隶州改为中学堂，各县书院改为小学堂，而道内左江、蔚南、正谊三书院却纹丝不动，并无措置规划。眼见法国人已在南宁设立法文学堂，招收学生，他急了，在《禀广西王抚宪为将邕城书院改设中小学堂事》中说：“对比法文学堂，我们不亟亟改建新式学堂，只能说明咱们自安孤陋，为外人所窃笑；而借口无款可筹，政府不予经费支持，新式学堂始终无法开办，更没有兴学之期，开启民智更是无望了。”他决定把电报局、厘务局津贴，全部用于中小学堂的开办。他还赶在离任之前，把家藏大版、清晰的时务书籍共计640卷，分捐中小学堂的图书馆。新式学堂在离任之时开学了，郑观应一直忐忑的“五日京兆之心”，终于放下来了。

光绪二十九年春夏之交，王之春被革职，郑观应的仕途也随之戛然而止，屈指算来，署左江道恰好40天。他一生中仅此一次正式担任政府职务，心中不免波澜起伏，作《左江道署留别》自述政绩：

勋业多从乱世来，艰难困苦见奇材。
隹苻未靖思良将，赈济频筹御旱灾。
欲靖闾阎巡警设，冀通时务学堂开。
徘徊终夜惭才拙，投匦求言弊欲裁。

他坚持认为，他先前向督抚提出审机宜、去凶暴、夺所恃、察窝留、购枪械、修器具、严功令、杜接济、辨邪正这九条“肃匪”方法，最宜稳定治安，也最切合晚清新政的精神。

开风气之先的思想家

郑观应的思想底色，无疑便是父母灌注在他幼小心灵里的“基层儒学”“基层道教”观念了，诸如“三从四德”、积善兴家、因果报应、公道人心等，都从书本中来，却深深契合日常人伦之用，早已潜移默化为平日里自觉与不自觉的“行为模式”了。

不过，年轻时担任洋行买办的经历，使他清醒认识到，日日要与各国商人打交道，经手种种洋货，不精通英文是行不通的。恰巧此时“师夷”风气渐开，在北京，清廷“总理外国事务衙门”成立，附设广方言馆，聘请英国教习以培养外交人才；在南方，曾国藩主持开办安庆军械所，聘请洋技师指导，洋务运动由此正式启幕。这时，郑观应决定入读上海英华学堂，师从英国人傅兰雅[①]学习英文。傅兰雅此前担任总理外国事务衙门所属广方言馆的第二任英文教习，此时由教会指派来上海接手英华书馆。这是一个草创时期的小型教会学校，校址偏僻，帐篷顶上开着豁口，本是面向全社会招生，却仅仅招到20来个粤籍商人子弟，傅兰雅以一个“使徒”特有的使命感投入教学工作，体贴入微，感人至深。作为夜班生，郑观应对于简陋的校舍不以为意，反倒被傅兰雅努力推进中国融入世界、自立自强的拳拳之心所打动。他像海绵一般，疯狂吸纳全新的科学文化知识，英文水平迅速提高，很快培养了更为广阔深邃的世界眼光，以及一整套审视和思考商业、洋务、政治、教育、医疗及中外关系等现实问题的科学方法。郑观应《救时揭要》某些篇章的写作灵感，可以远溯到他在这一时期的观察与思考。

在郑观应的知识结构中，新的观念与家族习道所体现的向善、尚正的原则，存在某些“暗合”的地方。他亲身经历了新德洋行、宝顺洋行、和生祥茶叶店、扬州宝记盐务公司的商海沉浮，自然心生无限感慨，他将这些感受倾注到了道书的编刻之中，《陶斋志果》《富贵源头》《成仙捷径》《剑侠传》等因果报应类书籍相继出版，散发给民众，宣扬朴素正

① 傅兰雅（John Fryer），原是一个苏格兰乡村牧师的孩子，受到父亲传教东方理想的影响，从教会主办的伦敦海伯雷师范学院（Highbury Training College）毕业后就前往中国任职。咸丰十一年（1861）任圣保禄书院院长，两年后任北京同文馆第二任英文教习，同治四年（1865）任上海英华学堂校长，并主编中文报纸《上海新报》；同治七年（1868）起任江南制造局翻译馆译员，达28年之久，单独翻译或与人合译西方书籍共129部，是在华外国人中翻译西方书籍最多的一位。光绪二年（1876），创办格致书院，并创办科学杂志《格致汇编》，设有“互相问答”一栏，专门解答中国读者的提问，共交流了五百个问题。1886年，他在《北华捷报》上发表《西方知识与中国》，指出：“她（中国）已经被迫与西方国家连成一体，汲取西方的知识和文明成果对于中国的进步非常重要，忽略这一点，其结果会是致命的。”后来，他在《江南制造总局翻译西书事略》中更进一步说：“余居华夏已二十年，心所悦者，唯冀中国能广兴格致，至中西一辙尔。”1892年，他在《格致汇编》上告白“半生心血”办刊，就是“唯望中国多兴西法，推广格致，自强自富”。清政府曾授予他三品官衔、勋章，以表彰其在译书方面的巨大贡献。光绪二十二年（1896），他离开中国，前往美国担任加利福尼亚大学东亚系教授。

义，劝导民众向善。

1872年4月30日，中国第一份真正意义上的近代报纸《申报》在上海创刊。该报标榜“时务”“慈善”两大主题，激活了郑观应心灵深处的“思想家”因子，他痛感停留在往年所刊《陶斋志果》“因果报应”的认知层面极其荒唐且极落后，亟须提升到《申报》所倡导的“时务”“慈善”高度上来。新思维瞬间激发，新思考喷薄而出，新观点纷至沓来，他发表在《申报》的第一篇文字，是刊于6月20日《申报》上的《闻报馆必用西字来书》一文，紧接着就“猪仔”、鸦片、医疗、教育、溺婴等问题发表了系列文章。及时精准的时事观察、鞭辟入里的理论思考、雄辩滔滔的逻辑推论、雅洁易懂的省净文笔，令《申报》主笔拍案叫绝，后遂屡屡刊发社论，作出激切的桴鼓之应，产生了巨大的社会反响。

申報

大清同治壬申三月二十三日

英四月三十日

第一號

本館告白

本館條例

《申报》创刊号

在一波接一波的舆论热潮推动下，郑观应也在不断深化、修正自己的思考，对其中若干篇进行了一定程度地改写和提高，正式出版《救时揭要》一书。此书以“议者皆知泰西之长技，而不知操泰西立法之大旨本源”立论，初步形成了一个“法自然”的政治构想，认为中国应在一个更为清晰、完整的世界关系体系中，进行全面、深刻的政治变革。

在转到太古轮船公司任职之后，他结合最新的观察与思考，对《救时揭要》进行大幅度的修订与改写，将原先报道、剖析过的热点事例，重新进行归纳提炼，上升为普遍意义上的“政治议题”，进行更深层次的理论阐发，以彰显“变易”之道、“自强”之道。光绪元年（1875）春，他将新稿本更名为《易言》，寄送至香港《循环日报》主笔王韬求序。王韬叹赏不止，欣然作序，直接就在香港印行了。这可称得上是中国思想史、出版史上的一件奇事。

《盛世危言》最初的版本是五卷本。其构思和立意大约是在1884年秋天，到1892年春写作《自序》，再到1894年正式出版，历时10年之久。此时恰逢郑观应人生的低谷期，就个人而言，先是在执行彭玉麟的援台指令过程中被港英司法当局羁押经年，出狱后废居岭南数年，重新回轮船招商局，却遭逢老父亲病逝，奔丧守制，哀痛异常；就国家而言，列强环伺，边疆危机此起彼伏，中法战争虽胜而犹败，甲午战争爆发，中国惨败，洋务运动的实效差强人意，百弊丛生，距离“自强”目标尚远，自然无法推动“新政”的实施。应该说，这就是一部“忧患之书”。1895年春，江苏藩司邓华熙将《盛世危言》进呈光绪帝，光绪帝下旨总理外国事务衙门印制两千部分发各大臣，郑观应“知洋务”的声名迅即鹊起。他一鼓作气，在这一年冬天进一步将《盛世危言》增订为十四卷，1900年又针对即将展开的晚清新政，修订为八卷本。

郑观应终其一生都在孜孜汲取新知识，“热观察”与“冷思考”激荡相摩，努力更新思想，勤奋写作并深度改写过往的作品，进而形成新的作品。从《救时揭要》，到《易言》，再到《盛世危言》，《盛世危言》从最初的五卷本，到十四卷本，再到八卷本，都能明显看出他在思想认识上经历的从“绅士”“国士”到“战士”的升华过程。换言之，早期的《救时揭要》主要是在西方先进文化对比下提出的“放脚”、“猪仔”、演戏、医药等问题，体现了一个关心世事的“绅士”情怀。中期的《易言》提出了急切的政治改革方案，体现了一个“国士”的思考。后期的《盛世危言》则是“战士”的“商战”言论，体现追求“富强”的近代化渴望。他的诗集《罗浮偫鹤山人诗草》，从戊戌年（1898）的一卷本，到己酉年（1909）的两卷本，同样作了深度修改。由此可见，郑观应的改革思想，是从洋务运动发展框架内衍生，并随着洋务运动的发展而发展的，所以，每一次质的飞跃，都及时而真切地折射出了时代光谱的变幻。

郑观应围绕阐扬君主立宪制、发展民族资本主义工商业、抵御外国资本主义侵略三大核心命题，绘制了一幅全景式改革图卷，但是，他采用中国传统“道器论”和“体用论”的“学术仪式”，则是出于“论述策略”上的考虑。中国的地理形态和悠久历史，塑造了传统中国人朴素的“中国中心观”，渐渐形成了处四夷之中的朝贡型“天下”之中，而帝国式“中国中心论”的“上国”心态直接导致了思想界的抱残守缺、故步自封乃至愚昧无知，即便明末清初的徐光启、李之藻数人以陆象山“东海西海，心同理同”之语来破解这一认知障碍，也丝毫不见效果。

因此，改革者都认为，要顺应人类心智进步的规律，克服“中国中心论”自以为是、排斥他人的唯一性和优越感，一定要采取典型的“中国话语”形式和逻辑。多年前，王韬在给《易言》作序时就指出：“杞忧生之所欲变者器也，而非道也。”他也作了这样的“表白”：“或问书中皆言时务，何以首列《道器》？余曰：道为本，器为末，器可变，道不可变，庶知所变者富强之术，非孔孟之常经也。”这一“道器”观，又基于孔子“本立而道生”的宇宙生成模式和“君子贵本”的伦理建构，因此，可以在近代中西文化贯通的语境中，确立中本西末、中体西用、中内西外等“论述模式”，从而将“富强之术”纳入“器”和“用”的范畴，人们才会放心面对近代化的“机遇”。

以设立议院为核心的政治改革构想，是整个洋务思想体系中最具前沿性和实验性的“闪光点”。郑观应认为，千百年来的政治经验表明，停留在诸如吏治、漕运、农业、盐政、重商、剿匪等层面的改革，不应是今天“自改革”的核心问题。1874年，文祥在奏折中提到西方议会制“义可采取”；1874年，郭嵩焘在日记中评价西方议会制“政教修明，具有本末”；1884年6月，崔国因上《后患方探访速筹布置折》《法国与各国不和请相机利用片》《设议院、讲洋务二条请实力实行片》，建言设立上、下议院。早在1880年出版的《易言》（36卷本）中，郑观应就提出了开设议院的主张。当然，他首先界定西方议会制不过是中国“上古三代”的议政制度的“遗意”，故“颇与三代法度相符合”，今天之所以重提，实在是中国久佚此制，只好“礼失求诸野”罢了。他从“三代遗风”与“泰西良法”的契合点切入，明确了君主立宪制的改革思路，又从“实操”的层面论述“政治不改良，实业万难兴盛”的观点，如“凡练兵筹饷各举，使斯民身居其中，悉其原委，而后兵可增，而不以为抽丁；饷可增，而不以为重敛”，“设议院，则财之不足者，可集众议以筹”，故“所冀中国上效三代遗风，下仿泰西之良法，体察民情，博采众议，务使上下无扞格之虞，臣民泯异同之见，则长治久安之道，固有可豫期矣”。

《盛世危言》及时反映了甲午战争后日渐强烈的改革呼声。郑观应指出，西方和日本的经验证明，设议院乃是实行振兴民族、国富民强的首要任务，政治改革的迫切性远远大于经济变革，至少是与经济发展同步进行的。他大声疾呼：“不欲富国强兵，为天下之望国也，则亦已耳，苟欲安内攘外，君国子民待公法以永保太平之局，其必自设立议院始矣。”又说：“欲行公法，莫过于张国势；欲张国势，莫过于得民心；欲得民心，莫要于通下情；欲通下情，莫要于设议院。”1897年11月，德国军舰开进胶州湾，占领青岛，引发震惊中外的“胶州湾事件”。对此，他更明确提出，“时事日艰，杞忧曷既，亟宜开国会，立宪法，固结民心，同御外侮”。把国会、宪法当作反击列强瓜分中国狂潮的根本性手段，反映出郑观应的政治思想比弃议院而办制度局的康有为、梁启超等人更成熟，更符合历史发展潮流。

与其“议院观”相一致，精简机构、改革吏治要同步进行，刻不容缓。郑观应指出，机构精简并不是“必举高爵厚禄而尽行裁改”，而是建立新的人才观，在“冗员”与“限仕”上面做文章，因为“国家多一冗员，不待多一糜廪之人，即多一朘民膏之人，甚且多一偾国是之人”，惰政、懒政最终影响了政令的畅通，而官场人浮于事，又与官员任期慢无节制息息相关，官员在青壮年时期，“学问既成，阅历既深，故可以出而任事”，可一旦年龄老迈，精力就衰，理应让贤。而官员也需要通过选举产生，如同议员必须经选举产生一样，尤其是地方官应参照西方人以户籍地参选的“成例”，因为参选者熟知当地民情，“众心事悦，人地相宜”，公选能收“安百姓”“利地方”之效，政绩远比中国易地服官制度要强。他主张精简机构，改革官制，以节省经费，提高办事效率，更是为了建立一个适应未来君主立宪制的高效、廉洁的“小政府”。

广办报纸，也是郑观应的一个积极主张。他从近代报刊的高度繁荣中受到很大启发，认识到报纸有三大功能：一是及时、自由发布消息，“民隐”如实上达，君民之间实现有效沟通，这必将大大增进民众参政议政的能力；二是报纸及时报道朝廷大事，“凡献替之谟，兴革之事，其君相举动之是非，议员辩论之高下，内外工商之衰旺”，全由报馆照录登报，民众能及时知晓政策动向；三是报馆主笔针对重大问题触类引申，撰为社论，使民众知晓议员之优劣，政事之从违，从而形成一个真正意义上的“舆论导向”，监督政府施政。广开言路，劝善惩恶，兴利除弊，必将促进君民共治体制的建设。

郑观应从工商业发展的第一线进行观察和思考，强调近代工商企业的资本主义性质，热切希望最高统治者深入了解国内外情况，分析民族工业的实际状况，有目的地周游列国，学习西方资本主义的先进技术、管理经验、政治制度等，不顽固不化，不因循守旧，积极开拓进取，让中国仿照实行，实现富强。中国的“致富之要道”，应突出以下三个方面：一是依托中国地大物博的优势，针对西方的商业竞争，指定对应产品目录，深度发掘农牧业的产能，重点扶持金属矿产的勘探和开采，从而建立起一个庞大而丰沛的商品体系，全面压倒西方货物，取得“商战”的胜利；二是重视西学，发展新学，大力发展机器大生产，购进西方先进的机器设备，引进洋技师，实现整个工厂的有效运转，然后在此基础上培养自己的人才，进行仿造、自造，最后完全取代外方的设备和技师；三是在发展工商业的问题上，主张完全采用商办，尽可能消除官僚主义的负面影响，尤其是采矿业、造船业、铁路运输业等国民经济的重要部门，主张尽快采用商办，摆脱封建生产关系的束缚，使新的生产力能与新的生产关系相适应，快速、全面发展近代工商业体系。

郑观应一直饱含着“当今之世，与古昔情形不同，防外侮更重于防内患”的忧患意识，对外国的武装侵略、掠夺华工、传教士作恶多端等行为，有着清醒认识和严厉谴责。他指出，因不平等条约的签订，洋人倚仗特权，在中国横行霸道。中外贸易的不平等现状，是极不正常、极不公平的，“外国税华货进口从其重，中国税洋货进口求其轻；华人商于西国者按名纳款，岁有常规，洋人商于中国者并无此费”，厚待西人，薄待华人，天下绝无这样的道理。应遵从“商贾之道”，亦即按经济规律办事，要求华人、洋人一律平等，货税平等，改变洋人“喧宾夺主”的状况，尽可能收回“利权”，在实现“与洋商争利”的同时获得民族尊严。他希望运用国际法进行中外贸易关系的交涉，因为《万国公法》包括政治、经济、文化各个方面的律例，其基本精神乃是各国所自有的权利，他人不得剥夺，所以，一方面，未来的中国一方面要尽可能废除或修订不平等条约，另一方面需要富国强兵，加速发展民族工商业，加强练兵，以国家富强、民族昌盛作为坚实的后盾，促进“公法”的落实与运用，最终取得“商战”的胜利。他的“商战”思想，是在前人“师夷之长技以制夷”“稍分洋人之利”的构想上发展起来的，将国家富强、军事强大、社会进步、政治改革、教育发展等各个方面有机联系在一起，进行“整体性”思考，符合经济规律，更符合国家利益。

郑观应在担任买办、兴办企业的过程中，深感人才之缺乏，一直把培养人才视为首要任务。他强调所谓“西学”并不仅仅是船坚炮利、格致制造，实则还包括社会科学、自然科学、政治学说、文化教育等，是一个完整的文化系统，同样体现了“政教刑法”的意志。学习“西学”，要全面学习，引进西方的教育制度进行人才培养，社会政治学说与格致之学并重，不可偏废。学习“西学”，就要建立新式学堂，清除八股科举取士的陋习，他指出：“不修学校，则人才不出；不废帖括，则学校虽立亦徒有虚名而无实效也。”“时文不废，则实学不兴；西学不重，则奇才不出。”全社会推重“西学”，人人都会深受鼓舞，努力向学。他还结合开办企业的实际条件，积极探索人才培养的新模式，如在汉阳铁厂设计了一所结合机器生产进行教学的学校，在轮船招商局特设了一艘教学轮船，采取半工半读、边学边用的形式，在实操中进行教学。这一套以人为本的职业教育，对中国近代教育事业的发展和人才培养方法，进行了很有意义的探索。

郑观应不负时代所托，抓住近代中国转型的契机，从站在时代潮头的买办大佬，蜕变为洋务运动的急先锋，书写了“亦商亦士”的传奇人生。作为“李鸿章时代”杰出的民族工商业领袖和意见领袖，他的改革思想虽然不免打上了“李鸿章时代”的烙印，却能从“商”的一翼，对官方所引领的洋务话语体系建构，作出极大的补充和拓展。

《盛世危言》，是郑观应一生实践和思考的结晶，他以雄直酣畅的写作风格，展现了一幅全景式的改革蓝图，读来动人心魄，同时引发了一波“危言体”政论散文写作的风潮。郑观应《盛世危言》、汤震《危言》和邵作舟《邵氏危言》等书的相继问世，将龚自珍、魏源复兴的中国古代散文经世致用传统推向了一个新的高潮，其直言无隐、廉悍雄直的美学追求，驱使笔墨挟带风雷，激情恣肆，开了梁启超“新文体”变革的先声。

本书遵循《广州大典》普及书系“广府名人读本”的编辑宗旨，力求在代表性、通俗性、可读性上有所突破，亦即一方面尽可能多选录郑观应的代表作品，以真切反映时代风云的变幻以及作者极具思想深度的思考和对策，另一方面也适当兼及所选诗文的文采与艺术特色，通过注释、今译、点评等方式，以老少皆宜、通俗易懂的文本样态，呈现在读者面前，探索传统诗文“现代化”和“通俗化”的新路子。希望能为读者阅读郑观应的诗文作品提供些许帮助。但限于水平，错误在所难免，敬祈各位读者批评指正！

诗文选读

《救时揭要》选读

澳门猪仔论

解题

本文最初发表在《申报》同治十一年六月二十九日（1872年8月3日）头版，署“岭南指迷道人郑香山未定稿”，收入《救时揭要》时对结尾部分作了些许修改。后来迭经修改，以《贩奴》篇名，编入《盛世危言》。《申报》创刊于同治十一年三月廿三（1872年4月30日），标榜“时务”和“慈善”两大主题，郑观应在《申报》五月十五日（6月20日）上发表《闻报馆必用西字来书》，这是他最早发表在《申报》的文字，上距《申报》创刊未满两个月，可见其新闻触觉之敏锐、准确。紧接着，他就“猪仔”拐卖、鸦片危害等问题发表系列文章，引致主笔撰刊社论进行呼应，产生了巨大的社会反响。本文从人情之常出发，描绘了华民被莫名贩卖、生不如死的悲惨命运，充分论述华工贩卖极不人道且极不合法，亟须从立法的高度进行制度设计，以期取得“禁赌博，诛拐徒，设义学，创医院，有善即兴，遇弊即除”的效果。这一建议表明，买办的边缘人身份，令其种种改革建议因远离权力中心、无由“上达天听”而根本发挥不了任何影响力，只能转而寻求外在力量的支持，由此催生了“边缘人性格的媒介者意识”，拥有了传统士人所缺乏的时事感知和新闻意识。猪仔，粤方言，对贩卖到外洋务工的华民的俗称。

《书》云[1]：“民为邦本，本固邦宁。”[2]故先王[3]行仁政以济贫乏[4]，严法令以禁游民，使亿万人为一心，所以保天下之民，不使流离失所，投诸[5]他邦，为日后执柯伐柯[6]之患也。

注释

［1］《书》云：《尚书》上说。《书》，上古儒学经典，后儒尊为《尚书》。云，说、说道。 ［2］“民为邦本，本固邦宁”：大意是祖先早就传下训诫，人民是用来亲近的，不能轻视。人民才是国家的根基，根基牢固，国家才能安定。邦，国。 ［3］先王：指禹、舜、尧、汤、文、武等古代圣王。 ［4］贫乏：贫民及缺乏物资的人。 ［5］投诸：投奔。诸，“之于”合省字。 ［6］执柯伐柯：手执斧头砍斧头柄，指自戕。柯，斧头柄。

今译

《尚书·夏书·五子之歌》说，人民是国家的根基，根基牢固，国家才能安定。所以，古代圣王施行仁政，救助贫民，实行严峻法律来约束游民，使亿万人同心同德，保天下人民，使其不会流离失所，投奔别国，成为日后反攻自己的祸害。

夫猪仔馆者，拐贩华人过洋[1]为奴，其所居名曰招工，俗谓之“买猪仔”。粤东[2]方言，物之小者曰“仔”，盖言被拐者若猪仔之贱，有去无还，既入其笠[3]，又从而招之意也。奇货可居，获利极厚，每名归[4]西洋国税洋一元，归澳门拟事亭番官使[5]费银两元，近复用赂蒙蔽华官[6]。又闻粤省拐徒[7]

千万，与洋人串通，散诸四方。被骗出洋而死于难者，每年以千百计。有半途病死者，有自经[8]求死者，有焚凿船只者。要之，皆同归于尽。即使到岸，充极劳极苦之工，饮食不足，鞭挞有余；或被无辜杀戮，无人保护，贱同蝼蚁，命若草菅[9]。

申報
壬申六月廿九日
第八十二號
澳門猪仔論

刊于《申报》的《澳门猪仔论》

噫！华民无辜，飘零数万里，而受如此之刻酷[10]乎！

注释

［1］过洋：粤方言，越洋，出国。　［2］粤东：旧时人们常称广东为“粤东”，以区别于广西（古称“粤西”）。　［3］笠：关家禽的小笼子。　［4］归：指用银圆向涉及贩奴的欧美国家或地区缴税。《盛世危言·贩奴》：“猪仔一名，载至西洋，身价五六十元，税银一元，澳门议事番官收费二元。”　［5］澳门拟事亭番官使：《盛世危言·贩奴》又称“澳门议事番官”，即澳门议事厅的葡萄牙籍官员。拟事亭，今称“议事亭”或“议事厅”，明政府曾在澳门择一地（即今澳门民政总署大楼所在地）兴建一座中式亭楼，专为宣布朝廷政令、晤约葡方官员之用。清乾隆四十九年（1784），葡萄牙人购得该块地皮，兴建葡萄牙建筑风格的议事局大楼。同治

十三年（1874）重修，形成现建筑风貌。［6］华官：中方管事官员。［7］拐徒：拐卖人口的歹徒。［8］自经：上吊自杀。［9］草菅（jiān）：茅草，野草，喻微贱。［10］刻酷：苛刻，残酷。

今译

澳门所谓的“猪仔馆”，指的是拐卖、贩运华人出洋为奴，虽然号称“招工”，人们却通俗显豁地称之为“买猪仔”。在广东方言里，很小的东西都称为“仔”，大概是说被拐卖的人就像“猪仔”那样低贱，有去无还，既已入了他们的笼子，就进而招去做工了。“猪仔”奇货可居，获利极多，在每名“猪仔”身上，要向西洋国缴税一元，向澳门参与事务的外国官使缴纳两元的费用，近来又用贿赂来蒙蔽中国管事官员。又听说广东省的人贩子，成千上万，（他们）与洋人串通一气，散布各地。被骗出洋且最终死于海难、矿难的人，每年都有数百上千。有死在半途中的，有上吊自杀的，有凿穿或焚烧船只的，总之，是要同归于尽。即使到岸，成为极其劳苦的工人，饮食不足，常常受到鞭挞，有的还被无辜杀戮，无人保护，（性命）如同蝼蚁一般低贱，如草菅一样任人宰割。唉！中国老百姓太无辜了，飘零数万里之远，居然还要受到如此严苛的对待！

或[1]云：“所去[2]者，皆经澳门拟事亭番官审讯。不愿去者，遣归原籍[3]，而甘于[4]去者，皆目为强徒[5]。”实不知诡计百出，财通上下[6]。堂中审讯，尽是冒名顶替之徒。解[7]回原籍，岂是真情？诡称脱网[8]，掩人耳目。计巧心狠，至此已极。富贵之家，聪明之子，亦往往误受其愚，自投陷阱，只身远出，四顾无亲，虽舍万金，无由可赎。况乎青年伉俪[9]，破

镜难圆；白发高堂[10]，倚门怅望。其存其殁[11]，杳[12]不可知，一线宗祧[13]，于焉中绝[14]。良可哀已！然此犹害之在民也。若夫往者日众，其中岂无谲诈枭雄[15]之辈。万一楚材晋用[16]，或如明季倭患之徐、叶[17]等，则毒蝮反噬[18]，祸有不可问者。事关大局，窃抱杞忧[19]。所愿与有心当事者[20]，亟谋设法，为曲突徙薪[21]之计也。

注释

[1]或：有的人。 [2]去：出国（当猪仔）。 [3]遣归原籍：遣返回原籍。原籍，有户籍的祖居地。 [4]甘于：心甘情愿。 [5]强徒：强盗，暴徒。 [6]上下：指中西上下各级官吏。 [7]解：押解。 [8]脱网：逃脱法网。 [9]伉（kàng）俪（lì）：夫妻，两口子。 [10]白发高堂：年迈的父母。高堂，对父母的尊称。 [11]殁（mò）：死亡。 [12]杳（yǎo）：遥远（且没有音信）。 [13]一线宗祧（tiāo）：一脉单传。宗祧，远祖之庙，引申为家族子孙后代嗣续。 [14]中绝：中断，断绝。 [15]谲（jué）诈（zhà）枭雄：诡计多端的强横之徒。谲诈，以诡计实施欺诈；枭，恶鸟；雄，豪强。 [16]楚材晋用：通作“楚才晋用”，出《左传·襄公二十六年》，大意是楚国人才为晋国重用。 [17]徐、叶：指明末倭寇头目徐海、叶明（亦名叶麻），为害甚烈，后皆被抗倭名将胡宗宪所灭。 [18]毒蝮反噬：（徐海、叶明等人）像毒蛇一样反咬（祖国）一口。蝮，蝮蛇；噬，咬。 [19]杞（qǐ）忧：杞人忧天，比喻不必要的或缺乏根据的担心。郑观应著《易言》初版即署“杞忧生”笔名，以表达对国事民

生的忧虑。［20］当事者：当权者。［21］曲突徙薪：出《汉书·霍光传》，大意是把烟囱改弯，把灶旁的柴草搬走，喻消除可能导致事故的因素，防患于未然。曲，弯曲；突，烟囱；徙，移走；薪，柴草。

今译

有人说："那些出国当猪仔的，都经过澳门议事厅官员审讯核实了。那些不愿意出国的，都遣返回原籍老家了。那些心甘情愿出国当猪仔的，都可以看作是强横的匪徒。"说这话的人，实在是不知道歹徒诡计多端，花钱打通上下关系。堂上审讯的人，尽是冒名顶替的人。说是押解回原籍，怎会是事实呢？借口说是逃脱法网，不过是掩人耳目。可见歹徒诡计多端、心狠手辣，做到这一步真是到了极点。富贵人家的人、聪明的人，也往往受到他们的诓骗，自投陷阱里面，一个人被骗去远方，四周望去没有亲友，即便用万两金银，也没法赎回来。更何况年轻夫妻，无端端被拆散，破镜难圆；年迈父母，悲戚地靠着门翘首盼望。那人活着还是死去，完全没有确切消息，子孙一脉单传，到了他这儿就中断了，真是太悲哀了。但这仅仅是危害个人。如果出国的人多了，其中岂没有拥有阴谋诡计的人和枭雄？万一为敌国所用，又或者像徐海、叶明等人，（他们）就会像毒蛇那样反咬祖国一口，其祸害完全不可推测。猪仔一事，事关大局，我私下里满怀忧虑，希望有心的当权者尽快想方设法，消除灾祸啊！

延伸阅读

蒋其章《陈杜绝猪仔拐卖风议》：猪仔一事，前本馆所刊之《求救猪仔论》，可为情之急而言之详矣。惟此稿系粤人鹤巢氏所著，彼以里闬情亲急而呼救，持论之际未免稍有未平，何也？四海之大，九州之远，知有猪仔之人少，而不知有猪仔之人多，即官粤土者甫经下车亦未知猪仔之情形。如此，其急而不可待缓也。（《申报》同治十一年十月初六）

佚名《论澳门猪仔》：有一轮舶系由澳门载唐人初至者，凡八百八十九名，遍行舶中，少有与该馆人之谈话相通，但得一人，颇识西国语，乃与言。其人自云："余曾往旧金山，旋返家乡。娶妻之后，不知生产，坐食日匮，以是从前积储，至此一空。有谓偕予往澳门作佣工者，诺之，不意其人甫到，直挤予于猪仔船中，一路至此。念及家中二子一妻，零丁孤苦，情何以堪。况乎作客他乡，生为别世之人，死为异域之鬼，岂不痛哉！"言未毕，血泪沾襟，有如泉涌，其人之惨象如此。且船中各人，多如此类被拐诱至此者。（《华字日报》，同治十二年四月初六）

特瑞修神甫《历史上的澳门》：把中国劳工移植到亚美利加，最初是以香港为加利福尼亚招工开始的。自1851年以后，它也在澳门进行，大部分劳工是运往古巴的。1860年，澳门设立了专管中国移民出洋事务的监督官。同一年的法案还规定招工人员不得禁闭苦力，亦不得强迫苦力归还从内地到澳门途中的食粮和衣着费用。1868年法律规定出洋移民的契约均须在监督官的衙署内签订。澳门的防弊法律只施行于澳门当地。毛病的主要根源则是在中国内地拐骗和逼迫苦力可以完全地、有系统地逃避任何惩罚，尽管按照中国法律这类罪行是要被处斩的。每当澳门发现有人被拐时，受害者即由澳门当局移交给中国地方官吏处置。可是这些人都没有按照澳门所要求的遣送还乡，反而又遭拘留，并且转卖给拐子，因而再次送来澳门投入巴拉坑准备装船出洋。这种错乱反常的现象在不小的程度上助长了澳门官方的懈弛，以致法律有时不免会失去效用，并使移民出洋变成一种充满可怕恶果的奴隶贸易。（《华工出国史料汇编》第四辑《关于华工出国的中外综合性著作》，中华书局，1981年，第544—545页）

拟自禁鸦片烟论

解题

本文原刊于《申报》1872年10月29日第一版，题作《拟禁鸦片烟论》，署“星峰荥阳居士甫稿”。编入《救时揭要》时改作今题，增一个“自”字，并增写了“鸦片乃害人之物”至“是在当事之果否能力陈其弊耳”一节。自清中期始，外国烟贩非法走私入境牟利，烟毒日渐蔓延。嘉庆十八年（1813）初，朝廷正式下令严禁，却屡禁不绝，以致出现禁、弛两派的尖锐对立。随着镇压太平军、洋务运动等多项重大政治举措的推进，朝廷财政入不敷出，“寓禁于征”“以土抵洋”的“鸦片财政”构想，很快在朝野内外形成某种“默契”。同治十二年（1873）6月28日《申报》刊登《拟弛自种鸦片烟土禁论》一文，将这一构想公之于众，大要有三：一、国人既然喜食鸦片，放松对土产鸦片的禁控，政府一可征税，二可使数千万两白银留在国内，免致流失；二、改进鸦片制作方法，仿行印度办法，以适应国内消费者的口味，政府不但有巨额税收，农民也可以增加收入；三、凭借征税而使鸦片售卖价格增高，贫者戒吸而富者渐减，最终达到“不禁而禁”的效果。次年，李鸿章指示总理衙门正式向清廷奏请“弛禁”。从此，国内鸦片吸食人数随即呈爆炸性增长，最终出现了“国家不惜害民以取利”的恶果。郑文不过是“弛派”中的一个声音。他明确提出了“鸦片商战”的概念，将“鸦片战”视为进行商战的上策，建议朝廷“弛令广种烟土”，建议民众多吸食本烟，少吸食乃至不吸洋烟，直至洋烟停止输入，本国鸦片种植亦随之消失，以收“固国卫民”之效。他从国际法、多边贸易、财政管控、道德教化、个人身心健康等多个方面，阐述“以土抵洋”的必要性和迫切性。遗憾的是，“以土抵洋”的奇效却未如期来临，“以土抵洋”的恶果倒逼清廷痛下决心，联合东西方列强于1911年5月签署《万国禁烟条例》，正式宣告“鸦片财政”的终结。拟，草拟，起草。鸦片，英语opium的音译，又译作“阿片”，阿拉伯语Āfyūm则音译作“阿芙蓉”，俗称“大烟”。鸦片由罂粟提炼、精制而成，一般呈棕色或金黄色。最初作为药用，对镇咳、止泻等有奇效，吸食时散发香甜气味，但易上瘾，戕害身心健康。

夫鸦片烟之为害，孰[1]不知之？知之而不得其道[2]以禁之，宜其徒费周章[3]，空劳策画[4]。曷若[5]使人皆有所忌惮，不禁而自禁也。今洋土[6]多，而川土[7]少。川土味淡，洋土味浓。浓者食之，则瘾重而病深；淡者食之，则瘾轻而病浅。洋土多

申報

刊于《申报》的《拟禁鸦片烟论》

则府库[8]日虚，川土多则漏卮[9]可免。若洋土能仿外国之例，税倍于价；而川土则照税则之例，轻抽其税，以助国用[10]。使人皆多食川土，而少食洋土，岂非固国卫民[11]之一道乎？或谓：“鸦片烟，洋人已限中国税，饷多取怨[12]，恐非易事。”余曰：不然！鸦片乃害人之物，中外共知。既外国不能为我绝

其源，即加税亦不当力阻。况外国之例，如烟酒之类，必税重以窒[13]其流。彼意亦在救人，非真图饷。岂彼可为，而我不能为？万国公法[14]亦未必衷乎理[15]、循乎义[16]者，是在当事之果否能力陈[17]其弊耳。尝闻“己所不欲，勿施于人”[18]。入国问禁，入乡问俗。[19]中外同情[20]，断无或异。

注释

[1]孰：谁。 [2]道：规律。 [3]徒费周章：事情很复杂，办理起来非常困难。徒费，白白浪费；周章，曲折、不顺利。 [4]空劳策画：白谋划。空劳，浪费、白费；策画，策划、谋划。 [5]曷若：何如，不如。 [6]洋土：外国进口的鸦片烟，多产自印度、缅甸等地，由英商经营。 [7]川土：指云、贵、川产的鸦片烟。 [8]府库：指国家财政收入。 [9]漏卮（zhī）：过滤漏洞的盛酒器，喻漏洞极大。 [10]国用：国家财政经费。 [11]固国卫民：巩固祖国国基、保护国民健康。 [12]怨：怨言。 [13]窒：遏制。 [14]万国公法：国际法，国际准则。 [15]衷乎理：符合义理。衷，中正，不偏不倚。 [16]循乎义：遵循道义。 [17]陈：陈述，揭露。 [18]“己所不欲，勿施于人”：出《论语·卫灵公》：“子贡问曰：‘有一言而可以终身行之者乎？’子曰：‘其恕乎！己所不欲，勿施于人。’”《论语·颜渊》：“仲弓问仁。子曰：‘出门如见大宾，使民如承大祭；己所不欲，勿施于人；在邦无怨，在家无怨。’仲弓曰：‘雍虽不敏，请事斯语矣。’”大意是说凡是自己不情愿的，就不要强加给别人。 [19]入国问禁，入乡问俗：出《礼记·曲礼》，“入竟

（境）而问禁，入国而问俗，入门而问讳”。大意是说入一国的国境要先打听好禁忌，去一个地方要先打听好风俗民情，进人家家门要先问好他家的忌讳。禁，禁忌、忌讳。［20］情：情理，道理。

今译

鸦片烟的危害，谁不知道呢。知道它的危害表象，却不知道它的内在本质，这样去禁烟，实施起来当然非常困难，白白浪费了辛苦的谋划，还不如使人（对鸦片）感到畏惧，（这样）不用禁烟就自然而然地禁了呢。现在洋烟多，川烟少，川烟味道淡，洋烟味道浓郁。吸食味道浓郁的洋烟，烟瘾更重，伤害更深；吸食味道淡的川烟，烟瘾会轻一些，伤害也少一点。洋烟销量多了，会导致国家财政收入日渐空虚；川烟销量多了，这些漏洞就可以避免了。如果对洋烟的销售，也能像对其他外国货征税的惯例一样，税款为价格的两倍；而对于川烟按照国货税则的惯例，抽税很轻，（这样可以）帮助国家提高财政收入。假使人们都多吸食川烟，少吸食洋烟，这岂不是巩固国家根基、保障国民健康的一个好法子吗？有人说：“洋人在鸦片烟贸易上已经限定了中国的税率数额，再多收税肯定惹人怨言，提高税率恐怕不是件容易的事。”我说：不是的！鸦片是害人的东西，中国人、外国人都知道。既然外国人不能为我们截断鸦片烟的根源，那么我们加税，他们也不应该阻拦。更何况按外国惯例，像烟酒之类，必定课以重税，以遏制其流行。他们的用意也是在救人，并非贪图税饷。难道他们可以这样做，我们就不能这样做吗？所谓“万国公法”，也未必符合义理、遵循道义，只不过是遇到事情时能不能极力指陈弊端罢了。曾经听说：“凡是自己不情愿的，就不要施加在别人身上。”又听说：“进入一个国家，先要问问当地的禁忌；进入一乡，先要问问他们的风俗。”中国、外国是同样的情理，绝对没有什么不同。

且吸食鸦片之人，束缚身心，消铄精禅[1]，士农工商，失时[2]废业，舍有用之才力，归闲荡[3]之光阴，其害不浅。有心世道[4]者，宜表奏[5]朝廷，遍示天下，限以日期。如过期尚食者，则贬为下人[6]，不得为官。考试[7]、投营[8]、作幕[9]，查出有旧瘾不能断者，虽已筮仕登科[10]，而亦斥为庶人[11]，不使与衣冠[12]之类相列，以重官箴[13]，以齐民俗[14]。诚能如此，则人皆畏法律，重身家[15]，虽劝以吸，必有不愿，必有不敢者。此所谓不禁而自禁也。士农工商又各安分守业，安得不蒸蒸日上，而又何事不可为，何利[16]不可兴乎？

注释

[1] 消铄精禅：身体消瘦、精神萎靡。消铄，又作“销铄”，中医术语，“消瘦”之义。精，精神，元气；禅，更替，萎靡。 [2] 失时：耽误农时。《论语·阳货》：“好从事而亟失时，可谓知乎？” [3] 闲荡：游手好闲。 [4] 世道：世道人心。 [5] 表奏：向朝廷上奏表章。 [6] 下人：庶民，平民。 [7] 考试：指科举。 [8] 投营：投入兵营当兵。 [9] 作幕：当幕僚。古代将帅、地方军政长官幕府中参谋、记室之类的僚属，协助办理文案、刑名、钱谷等公务。 [10] 筮（shì）仕登科：考上进士当官。筮仕，占卜当官的运程，指当官；登科，科举时代应考人被录取。白居易《答故人》：“自从筮仕来，六命三登科。” [11] 庶人：平民。 [12] 衣冠：士族，官宦人家。 [13] 官箴：当官准则，居官格言。 [14] 齐民俗：移风易俗，提振起社会风尚。连横《台湾

通史》史卷二十二："宙合之中，列邦纷立。而所以治国定民者，曰政，曰礼。夫政者，以辅民志者也；礼者，以齐民俗者也。如车两轮，相助为理。" [15] 身家：自身（的清白声誉）。 [16] 利：利国利民（的事业）。

今译

况且吸食鸦片的人，身心被束缚，身体消瘦、精神萎靡，士农工商都耽误了工时，舍弃有用的才力，回到闲荡的状态，这害处真是不浅。关心世道风气的人，应该向朝廷上奏表章，然后向天下人下达指示，限定具体停止吸食的日期，如若过了这个时限还在吸食鸦片的人，则贬为下人，不能做官。科举考试、入营当兵、当幕僚，凡查出戒不掉鸦片烟瘾的，即便登科当官了，也要贬斥为庶人，不让他们跟真正的官宦并列，以重申居官准则，以提升社会风尚。（如果）真能这样，那么，人人都敬畏法律，看重自家声誉，即便有人劝诱吸食，必定有不愿意和不敢的。这就是所谓的"不用禁烟而能自己禁止"。士农工商各行各业都能安分守己，哪会不蒸蒸日上？什么事不可作为，什么利国利民的事业不能兴办起来的呢？

延伸阅读

马克思《鸦片贸易史》：1800年，输入中国的鸦片已经达到2000箱。如果在十八世纪时期，东印度公司与天朝之间的斗争，同外国商人与中国海关之间的一般争执具有相同的性质，那末从十九世纪初叶起，这个斗争就具有了完全不同的特征。中国皇帝为了制止自己臣民的自杀行为，既禁止外国人输入这种毒品，又禁止中国人吸食这种毒品，而东印度公司却迅速地把在印度种植鸦片以及向中国私卖鸦片变成自己财政系统的不可分割的部分。半野蛮人维护道德原则，而文明人却以发财的原则来对抗。一个人口几乎占人类三分之一的幅员广大的帝国，不顾时势，仍然安于现状，由于被强力排斥于世界联系的体系之外而孤立无依，因此竭力以天朝尽善尽美的幻想来欺骗自己，这样一个帝国终于要在这样一场殊死的决斗中死去。在这场决斗中，陈腐世界的代表是激于道义原则，而最现代的社会的代表却是为了获得贱买贵卖的特权——这的确是一种悲剧，甚至诗人的幻想也永远不敢创造出这种离奇的悲剧题材。（**马克思《鸦片贸易史》，《马克思恩格斯全集》第十二卷，人民出版社，2006年，第25页**）

夏东元《郑观应志》：郑观应的《救时揭要》因为大部分是写给报纸的时评，所议论的问题各色各样，但其主题仍离不开救世济民。在《拟禁鸦片烟论》中，他指出鸦片烟“束缚身心，消铄精禅，士农工商，失时废业”等危害性，并从两方面提出解决之道，其一是通过道德教化和制定一些约束规条，“使人有所忌惮”，对于“有心世道者，宜表奏朝廷，遍示天下，限以日期。如过期尚食者，则贬为下人，不得为官。考试、投营、作幕，查出有旧瘾不能断者，虽已筮仕登科，而亦斥为庶人，不使与衣冠之类相列，以重官箴，以齐民俗”。这样，鸦片就“不禁而自禁”，士农工商“各安分守业”，社会就会“蒸蒸日上”。其二是学习国外经验，使用经济手段，“外国之例，如烟酒之类，必税重以窒其流。彼意亦在救人，非真图饷。岂彼可为，而我不能为？万国公法亦未必衷乎理、循乎义者，是在当事之果否能力陈其弊耳。尝闻‘己所不欲，勿施于人’。入国问禁，入乡问俗。中外同情，断无或异”。他认为，中国政府在对外贸易活动中对损害本国利益的行为不能不闻不问，对鸦片等有害社会的商品应该使用加税等经济手段来杜绝。（**《郑观应志》，广东人民出版社，2009年，第330页**）

论医院医家亟宜考究

解题

本文作于1872年9月，与《议遍考医家以救生命论》（刊《申报》1872年9月25日）一文为姊妹篇。《议遍考医家以救生命论》编入《救时揭要》时，将“医家”改为“庸医”，主旨更加鲜明。本文讨论的是一个极其严肃同时也极其敏感的话题，但顺着传统说理文的惯常思路，采用感性的笔触进行阐发，即先以名人名言总起，接着通过具体的正、反事例“现身说法”，增强说服力，继而从“概括事理”的高度论述规范中医药的必要性，令广大读者“身临其境”，切身体会到中医药因过于玄妙而无法得到有效规管，必然滋生庸医横行、谋财害命等严重后果。西医登陆中国虽不久，但已取得令人信服的疗效，同时彰显出了传统中医药所不及的科学性、可靠性和可操作性，因此，郑观应提出了如下主张：“饬下各督抚，将各省之医生设法考验，如有明医中之理，着给以凭文”，对医生进行资格考试，合格者方发予行医执照，医疗管理完成科学化与规范化。这是在一个特殊的历史时刻，即中西文化深入对话的历史语境中，展开的对中医及其现代命运的一个较深层次的思考。不难看出，他对中医的文化背景和哲学思维的反思一如既往地富有深刻的批判性和建设性，故全文读来思路清晰，层层推进，逻辑性强，极富说服力。考究，严肃思考。

昔范文正公[1]有言：“不能为良相，便当作良医。”诚以医之为学，存其心欲以活[2]人，而操其技固非小道[3]也。故精于医者，不求福而福靡不臻[4]；暗[5]其术者，欲避祸而祸终难免。

申報

刊于《申报》的《议遍考医家以救生命论》

注释

［1］范文正公：北宋名臣范仲淹，去世后谥“文正”，后人多尊称“范文正公”。此句出汉张仲景《伤寒论》：“进则救世，退则救民；不能为良相，亦当为良医。”南宋吴曾《能改斋漫录》卷十三《文正公愿为良医》：“范文正公微时，尝诣灵祠求祷，曰：‘他时得位相乎？’不许。复祷之曰：‘不然，愿为良医。’亦不许。既而叹曰：‘夫不能利泽生民，非大丈夫平生之志。’他日，有人谓公曰：‘大丈夫之志于相，理则当然。良医之技，君何愿焉？无乃失于卑耶？’公曰：‘嗟乎，岂为是哉！古人有云：“常善救人，故无弃人；常善救物，故无弃物。”且大丈夫之于学也，固欲遇神圣之君，得行其道。思天下匹夫匹妇有不被其泽者，若己推而内之沟中。能及小大生民者，固惟相为然。既不可得矣，夫能行救人利物之心者，莫如良医。果能为良医也，上以疗君亲之疾，下以救贫民之厄，中以保身长年。在下而能及小大生民者，舍夫良医，则未之有也。’” ［2］活：救活，救治。 ［3］小道：儒家对礼乐政教以外的学说、技艺的贬称。《论语·子张》：“虽小道，必有可观者焉。” ［4］臻：达到。 ［5］暗：暗昧，拙劣。

今译

以前范仲淹说过，不能成为良相，那就当一个良医。这真的是把“医”当作一门学问，真心想要救活病人，他（行医之人）的这门技艺绝对不是“小道”啊。所以，精于医术的人无须求福，而福分没有不来的；拙于医术的人想要避祸，而祸最终难以避免。

吾见顺德陈乃济先生，业精岐黄[1]，有求之者，不拘[2]日夜风雨，如期必至，谢金随惠[3]，轿钱[4]不取。有邻子病甚危，家极贫，无力延视[5]。其父向天泣，曰：“此重病，非服药不可，奈囊空如洗[6]何？”陈闻之，即过其家诊视，曰：“病可治，君勿忧。余当助尔药资。”归，典妻钗珥[7]付之。痊后，其家感谢再生[8]，陈亦无德色[9]。一夕，梦人哭，曰：“我某甲，与君有夙仇[10]，今当索命。不意君有阴德[11]，神拘我，不能报也。”言讫[12]不见。陈惊，后益力为善。施衣舍药，收葬尸骸，家计荡然[13]。是年，二子登科，一子世其业，名亦大噪[14]。乡人快[15]之，咸以为报。

注释

[1] 岐黄：岐伯、黄帝的省称。相传黄帝令岐伯研究医药，创立经方之说，《黄帝内经》颇多黄帝问、岐伯答的内容，故指医术。 [2] 不拘：不论。 [3] 谢金随惠：医疗费随意付给。谢金，医疗费的委婉说法；惠，付费。 [4] 轿钱：乘坐轿子的费

用。　［5］延视：请来医生看病。延，请。　［6］囊空如洗：口袋空得像洗过一样，形容口袋里一个钱也没有。　［7］钗珥：金钗、耳饰。　［8］再生：救活过来。　［9］德色：自得神态。　［10］夙仇：早先结下仇恨。　［11］阴德：旧时指在人世间做好事而在阴间记上的功德。　［12］讫：完了，结束。　［13］家计荡然：家财空了。家计，家庭经济状况；荡然，消失，空。　［14］大噪：广泛传扬。　［15］快：感到快意。

今译

我见顺德陈乃济先生，医术精湛，如有求医，不管日夜风雨，他一定如期而至。医疗费随意付给，且不收取轿子钱。有个邻家孩子病情危殆，（但因）家里极其贫困，无力请大夫。他父亲仰天哭泣，说："这是个重病，非吃药不可，可口袋一个钱都没有，怎么办呀？"陈乃济听说了，立即去他家诊病，说："这病可治好，你别担心。我会资助你药钱。"回到家，（陈乃济）典当了妻子的金钗和耳环，把钱交给那个父亲。（孩子）痊愈后，那一家人感谢救命之恩，陈乃济也并没有洋洋自得的神色。一晚，（陈乃济）梦见一个人哭，说："我是某某，跟你有旧仇，现在应该是来索取你性命的。没想到你有阴德，神约束我，让我不能复命。"说完就不见了。陈乃济惊醒过来，后来更加用心行善。送衣服，施舍药品，收尸埋葬，以致家产全空了。这一年，两个儿子科举登科，一个儿子继承了他的医疗事业，名声大噪。乡亲们感到快意，都认为是福报的结果。

惟近多射利[1]之徒，运遭穷蹙[2]，性好乖张[3]，不畏天地，不畏鬼神，以其求财也快，以其骗人也易。罔识岐伯之堂，

莫睹张机之室。[4]或受佣于药肆，略知药性，或盗袭于前人一二医方，闻恶寒发热[5]，即将清下之品[6]以治之；说阴亏阳虚[7]者，即将温补之剂[8]以投之。尤有甚者，昧乎虚实[9]，病宜裹则散之，病宜散则裹之。匪惟厥疾不瘳[10]，亦且开门揖盗[11]，鲜不以轻转重，变安为危者，而但以死生诿[12]诸天命。嗟乎！蒸民[13]仰荷天生，而此辈凶残，竟不刃而遽[14]戕人之生，不血而立置人于死也！

注释

[1]射利：谋取钱财利益。 [2]穷蹙（cù）：困厄，困窘。 [3]乖张：怪僻，不正常。 [4]“罔识”句：不知道岐伯的厅堂，没看见张仲景的内室。罔，不；堂，室。出《论语·先进》：“由也升堂矣，未入于室也。”古代宫室，前面是堂，后面是室，登上厅堂，进入内室，比喻学问或技能从浅到深，达到很高的水平。张机：字仲景，东汉南阳郡（今河南邓州市）人。我国著名医学家，被尊为“医圣”，其书辗转流散，经后人多次收集整理成《伤寒论》《金匮要略》两书。 [5]恶寒发热：中医术语，出《黄帝内经·素问·至真要大论》：“（黄）帝曰：‘善。火热复，恶寒发热，有如疟状，或一日发，或间数日发，其故何也？’岐伯曰：‘胜复之气，会遇之时，有多少也。阴气多而阳气少，则其发日远；阳气多而阴气少，则其发日近。此胜复相薄，盛衰之节，疟亦同法。’”发热怕冷为感冒、伤寒、温病等多种外感热病的常见症状，一般先见恶热，继而发热，发热后恶寒即减轻，亦有已发热而仍恶寒者。恶寒，畏寒。 [6]清下之品：清热的药方。清下，清热法，中医治

疗八法之一，以清热、利湿的寒凉方药消除火热，有清热、泻火、凉血、解毒、祛暑、生津等作用，不宜久用，中病即止。［7］阴亏阳虚：中医术语，阴亏就是津液不足导致内火过旺，表现为烦躁不安、五心烦热、夜间盗汗；阳虚就是气血不足导致热量不足，表现为手脚冰凉。［8］温补之剂：温补的药剂。温补，中医术语，针对虚证而设立的补法之一，即采用辛热性的药食材，温补人体阳气。［9］虚实：出《黄帝内经·素问·三部九候论》："（黄）帝曰：'愿闻天地之至数，合于人形血气，通决死生，为之奈何？'岐伯曰：'天地之至数始于一，终于九焉。一者天，二者地，三者人，因而三之，三三者九，以应九野。故人有三部，部有三候，以决死生，以处百病，以调虚实，而除邪疾。'"中医认为万病不出乎虚证、实证两端。阳症为热为实，阴症为寒为虚；邪气盛则实，精气夺则虚。［10］瘳（chōu）：病愈，治好。［11］开门揖盗：出《三国志·吴志·吴主传》："况今奸宄竞逐，豺狼满道，乃欲哀亲戚，顾礼制，是犹开门而揖盗，未可以为仁也。"大意是打开门，请强盗进来，喻引进坏人，招来祸患。揖，拱手作礼。［12］诿：推诿。［13］蒸民：百姓。出《孟子·告子上》："《诗》曰：'天生蒸民，有物有则。'"［14］遽：突然，陡然。

今译

只是近来很多谋取钱财之徒，运气不好，性情怪僻，不敬畏天地，不敬畏鬼神，因为行医来钱快，行医骗人容易。他们不识岐伯医学的厅堂，没见过张仲景医学的内室，有的受雇于药店，稍微知道一点药性，有的抄袭前人的一两个药方，听说病人畏寒发热，就用清热法方子来治疗；说到阴亏阳虚，就用温补药剂投放。更有甚者，搞不清虚证和实证，这个病应该用裹法却用散法来治，那个病应该用散法却用裹法来治。（如此一来）不仅仅这个病治不好，而且会引来更严重的病患，极少人不会由轻转重、转安为危，却仅仅推诿给天命。哎呀！百姓仰仗天命，这些人如此凶残，竟然不用刀就戕害了人命，不出血就立刻置人于死地！

今各处所设医院，原欲慈惠[1]咸孚，恒以己溺己饥[2]为念，岂任伊党贼[3]我仁心，藉为利薮[4]！鄙意以公举尚不若以会商官宪[5]，以阖省[6]之悬壶[7]为业者，设法考试。果能深明利害，缕晰条分[8]，底蕴既觇[9]，方准行道[10]。庶几黜邪崇正[11]，人登仁寿[12]之台，去伪存真，物乐安康[13]之境，将见积德累功，不啻[14]恒河沙数[15]矣！未审[16]高明[17]以为然否！

注释

[1] 慈惠：仁爱，以仁爱施政。《左传·成公十二年》："于是乎有享宴之礼。享以训共俭，宴以示慈惠。共俭以行礼，而慈惠以布政。" [2] 己溺己饥：出《孟子·离娄下》："禹思天下有溺者，由己溺之也；稷思天下有饥者，由己饥之也，是以如是其急也。"大意是视人民的疾苦皆由自己所造成，故视消除民瘼为己任。 [3] 贼：盗窃。 [4] 利薮：财利聚集处。 [5] 会商官宪：与官方聚在一起商讨。官宪，官府、官方。 [6] 阖省：全省。阖，全部。 [7] 悬壶：指行医、卖药。 [8] 缕晰条分：又作"条分缕析"。有条有理地细细分析，形容分析得细密而有条理。缕，一条条线，细致；晰，清晰，剖析分明。 [9] 觇（chān）：

看，观察。［10］行道：行医。［11］黜邪崇正：斥退奸邪，崇尚正直。黜，黜退；崇，崇尚。［12］仁寿：出《论语·雍也》："仁者寿。"《礼记·中庸》："子曰：'舜其大孝也与！德为圣人，尊为天子，富有四海之内。宗庙飨之，子孙保之。故大德必得其位，必得其禄，必得其名，必得其寿。故天之生物，必因其材而笃焉。故栽者培之，倾者覆之。《诗》曰："嘉乐君子，宪宪令德。宜民宜人，受禄于天。保佑命之，自天申之。"故大德者必受命。'"大意是怀有仁爱之心的人容易长寿。仁，仁德；寿，长寿。［13］安康：生活平安，身体健康。［14］不啻（chì）：无异于。［15］恒河沙数：佛教词语，出《金刚经·无为福胜分》："以七宝满尔所恒河沙数三千大千世界，以用布施。"明释祩宏《佛说阿弥陀经疏钞》："恒河在西域无热河侧，沙至微细，佛近彼河说法，故凡言多常取为喻。"也省作"恒沙"，南朝梁沈约《千佛颂》："能达斯旨，可类恒沙。"极言数量多得无法计算。［16］未审：不知道。［17］高明：具有独到见解、高超技艺的人。

今译

现在各处所设立的医院，原想仁爱之心都变成现实，一直以解救百姓苦难为念，怎能任由他们那批人做出伤害我们仁爱之心的坏事，靠医院发财！我以为公共推举还不如去和官方进行商谈，对全省的从医者，设计一个方法进行统一考试。如果真能明白药方的益处和损害，条理明晰，医学底蕴明了，这才准许行医。（这样一来）差不多可以斥退奸邪，崇尚正直，人人可以登上高寿的台阶；去伪存真，万物乐在生活平安、身体健康的境界，将要目睹积累的仁德与功业，一定会无限多了。不知见识高明的人以为对不对啊！

延伸阅读

张效霞、王振国《效法与嬗变：近代中医创新掠影》：西医学具有崭新的理论体系，确凿的临床实效，机械唯物论的严密推理，实验科学的雄辩事实，细胞、器官、血液循环等崭新概念，通过建立一整套与西方同步的医学体系，包括医院、诊所的设立，医校、教育和行政制度的建立，大量中国西医学生的培养以及医学刊物的创办与学术团体的成立，在不到100年的时间里，不仅站稳了脚跟，而且在中国学术界占据了医学主导地位，并逐渐在中国人的灵魂深处形成了以近代科学（包括西医学）作为衡量和评判中医学是否科学的价值观念。既然整个社会都以“科学”为指归，衡量和评判中医学是否“科学”的标准是西医，而中医与西医相比较，几乎每个方面都存在着诸多“不科学”的说法，而“不科学”便意味着丧失了立足之本，因而也就只好向在国人心目中符合“科学”标准的西医学靠拢。正当中医处于内外交困的紧要关头和岌岌可危的境地之时，中医学界的有识之士敏锐地觉察到：中医学如果再不自立自强，就有被彻底淘汰的可能。而中医要生存，只有不断地自我改进和完善，才能与新的历史潮流和社会现实相适应。经过苦思冥想，并借鉴西医学在不到100年的时间内，不仅站稳了脚跟，而且在我国的通都大邑占据了医学主导地位的成功经验，中医学界有识之士终于找到了“振兴中医”的四大法宝：设立医院，以彰效验；创立医会，以固团结；开办学校，以造人才；出版刊物，以振学术。（《效法与嬗变：近代中医创新掠影》，山东科学技术出版社，2017年，第1—2页）

论广东梨园神会风俗

解题

明清时期，平民经济、平民文化空前繁荣，人们痴迷于以戏曲、小说为代表的平民艺术形式，但其负面影响也渐渐显现出来。清同治、光绪年间曾任广东州县官十六年之久的杜凤治，留下了一部《望凫行馆宦粤日记》，对此有生动、详细的记录：光绪二年五月，南海“澳边乡演戏、扒龙舟夺标、开赌、卖戏台看戏”；光绪三年十一月，南海官山举办五年一次的大醮，“醮篷高耸云霄，华丽掀昂；又三戏台，名班三部同时分演，需费万余金”。其间，聚众赌博、男女私奔，寡妇再嫁，无日不有，杜凤治便下令禁止，驱逐戏班，并要求当地绅耆具结日后不再演戏、开赌。又如，东莞某次赛会演戏，观者数千人，不幸发生火灾，烧死男女七八百人。而在上海，闽、广、宁、绍商帮竞相举办各种节庆活动，引发治安问题，《申报》1872年8月8日刊发《上海道宪沈禁止盂兰盆会告示》：“洋泾浜地方每届七、八两月，闽、广、宁、绍等处民人兴赛盂兰盆会，哄动一时……流弊不可胜言，历经禀请，预期禁止在案。”上海慈善家余治，也认为小说、戏曲诲淫诲盗，导致社会风气败坏，极力提倡禁书禁戏。他在给郑观应《救时揭要》作序时殷殷期望郑观应在时务、慈善两个方面齐头并进。郑观应深受余治的影响，追随其展开慈善活动，并撰文劝善。此时此刻，他身在上海，面对频频出现的种种“异象”，固然五味杂陈，百感交集，却巧妙地将立论的目光从上海转移到家乡广东，以自己家乡这样一个具体地域出现的“个案”为例，进行深度分析，全面揭示了梨园神会的种种弊端，并提出应引导人们“向善”，收到移风易俗的良效。字里行间流露出鲜明的福报、因果观念，恰恰与其此时所作《陶斋志果》《道言精义》等书的迷信思想是高度一致的。梨园，原是唐玄宗在宫内培养乐工和内部表演的场所，后指戏班。神会，迎神赛会。

吾粤[1]神会之盛、梨园之多，甲[2]于他省，而有伤世道，较沪上花烟馆[3]尤为盛焉。当会境[4]之设也，神灵寿诞[5]，或盂兰会[6]，铺户则故作新奇之物，街坊则共夸胜角[7]之能，百巧叠呈，不可枚述。其篷厂[8]蜡串[9]最可虞[10]者，无如习焉不察[11]，以为非此无以悦神灵而感格[12]，非此无以表诚敬[13]而获福。即间有虑及者，宁可将货物尽行迁去，而不自抒已见，以压众人之口，以致连年失慎[14]，祝融[15]肆威。今年，沙头有回禄[16]之灾，继有香港盂兰会醮篷[17]之变。此言其小者。若其大者，粤省中遇灵神之期，无不大张灯火，搭盖龙棚[18]，每年虚费[19]数十万。以广东各处大小而计，每年不止二百余万。举国若狂，其势莫遏，而受害不知凡几[20]。

注释

[1] 吾粤：咱们广东。吾，古人行文，喜在家乡前加“吾”。 [2] 甲：排名第一。 [3] 花烟馆：旧时上海专设女性服侍鸦片消费的鸦片烟馆。 [4] 会境：会场，迎神赛会的场地。 [5] 神灵寿诞：纪念神仙、神灵诞辰的活动，常简称“神诞”。 [6] 盂兰会：据《佛说盂兰盆经》，佛以目连救母说法，在七月十五日这天，把百味

饮食放入盂兰盆中，愿使现在父母，寿命百年，无病无患，乃至七世祖父母，福乐无极。后来演变成了古人祭祀祖先的日子。［7］胜角：亦作“角胜”，较量胜负，比赛。［8］篷厂：竹棚，棚子。［9］蜡串：蜡烛，香火。［10］虞：忧虑，担心。［11］习焉不察：出《孟子·尽心上》：“行之而不著焉，习矣而不察焉，终身由之而不知其道者，众也。”后指习惯于某种事物而觉察不到其中的问题。［12］感格：感化。［13］诚敬：程朱理学“存诚”“居敬”的并省，后引申为对神灵的诚恳恭敬。［14］失慎：不慎，指失火。［15］祝融：火神。《吕氏春秋·孟夏纪》：“其神祝融。”后指火或火灾。［16］回禄：相传为火神之名，代指火灾。当时各报报道火灾颇多，如《申报》1872年8月29日（同治十一年七月二十六日）转载《香港中外新闻》报道《醮坛失火》：“粤俗于迎神赛会之举，甲于他省，即竭尽资财亦所不靳。习俗使然，城乡一辙。河南沙溪康公庙于是月七日，值康公宝诞，建醮坛场盛设……孰料于是日午间失火，延烧栅厂，遂至庙宇亦为之一烬。救火者纷集。”又，两天后《申报》报道《香港博物院被火》，称香港开设博物院，凡奇珍古玩、瑶草琪花等，“皆可以入社摆列，以供鉴赏。……棚卜又挂设各式洋灯，以为夜间来游者之助。乃今于英廿二号晚间，游人蚁集，方在品玉评花，而中有一灯离棚较近，火光一逼，燎及芦棚，登时有焚如之势，众人扑救已无及矣。凡有奇珍，尽成瓦石，计数不下百万金云”。［17］醮（jiào）篷：祭神、做法事时搭建的竹棚。［18］龙棚：用于迎神、做法事的临时搭建的简易房屋。［19］虚费：靡费，白白耗费。［20］凡几：共计多少。凡，总，共；几，多少，数不清。

今译

咱们广东迎神赛会的盛况、梨园演出数量之多，在全国省份中排第一，而论伤风败俗，比上海的花烟馆更为厉害。正当神会会场搭建之际，或为纪念神灵诞辰，或为七月十五的盂兰盆会，各家店铺特地装饰新奇的饰物，街坊邻居一起争奇斗艳，各种精巧的物品纷纷呈现，不可一个个叙述。其中，竹棚、香烛最令人担忧，（无奈）习焉不察，人们反倒认为不这样就没法取悦神灵、感化众人，不这样就不足以表达虔诚、求得福分。即便偶有担心这个的，宁可把货物全都移走，也不自抒己见，以压倒众人的声音。以致连年失火，火灾肆虐。今年沙头发生了火灾，继而又有香港盂兰盆会的火灾。这还是小的了。如果说到大的，广东省城内凡遇到神灵诞辰，无不张灯结彩，搭建规模甚大的“龙棚”，每年耗费数十万。以广东各地大大小小的祭神法会来计算，总数应该不止二百万。举国狂热，这个势头没法遏制，受害者不知道到底有多少。

梨园之设也，则一村之神诞，亦必捐资[1]，开演三昼夜，以答神庥[2]，动费数百金。赌博藉此开场，棍徒逞其伎俩。果其演忠孝节义、可泣可歌之事，使人兴感[3]，或藉为易俗移风之一助，犹可说也，乃事有涉乎风流[4]，最易动人情欲。此种淫戏多出于小班，而小班价廉，乡间易演，文士以为风雅，淫人以为得法[5]。不知真男女当场卖弄，凡淫艳之态，人所不能为于暗室[6]者，彼光天化日之下公然出之；秽亵[7]之词，人不忍闻于床笫[8]者，彼稠人广众[9]之场大声呼之。其忘廉丧耻，较古人裸逐[10]相去几何？乡间妇女因而改节[11]者有之，密约幽

期[12]因而成就者有之，诱人犯法，莫此为甚！何况费钱惊心，又恐贼盗之偷劫乎！

注释

［1］捐资：指出份子钱。 ［2］神庥（xiū）：神灵保佑。庥，庇佑。 ［3］兴感：受到感动。 ［4］风流：风流韵事，指男女爱情题材。 ［5］得法：找到正确的方法。 ［6］暗室：闺房内室。 ［7］秽亵（xiè）：淫秽，下流。 ［8］床笫（zǐ）：床铺。笫，竹席子。 ［9］稠人广众：人员密集（的地方）。稠，密集。 ［10］裸逐：《史记·殷本纪》载，商纣王穷奢极欲，让男女赤身裸体在酒池肉林间相逐为戏。 ［11］改节：改嫁。节，节操、守节。 ［12］密约幽期：相爱男女秘密相会。

今译

举办戏剧演出，即便是一个村子的神灵诞辰，也要出份子钱，开演三天三夜，以答谢神灵的庇佑，动辄花费数百金。赌博活动也借机开场，赌徒施展他们的花招。如果真是上演忠孝节义、可歌可泣的故事，让人们受到感动，可能有助于移风易俗，这还可以说说，可是上演的故事一旦涉及风流韵事，则最容易挑动观众的情欲了。这种“淫戏”大多出自小戏班，小戏班价格低廉，容易在乡间演出，文人认为很风雅，淫邪之人则认为是正确的表现方法。不知道这是真男女在大家面前卖弄。那些人们在闺房里都不敢做出来的淫艳举止，演员们居然能在光天化日之下公然演出；人们都不忍在闺房床上听见的淫秽话语，演员们在稠密广众的场所大肆呼叫出来，这样寡廉鲜耻，比起商纣王让人赤身裸体追逐相差多少呢？乡间有的寡妇听了戏就改嫁，有的年轻男女偷偷相会竟成婚，引诱人犯法，没有比这更严重的了。更何况花钱多到令人惊心动魄，又怕盗贼偷抢呀。

呜呼！耗此财者，年中不知几许，以有用之财作无益之事。何如集资，效范文正公之创义仓[1]、开义学[2]、设育婴堂、收埋路尸、舍药施医，利民利物，作方便阴功[3]，足以邀天之佑乎。若无救济之功，而徒费资财，欲邀冥福[4]，是未耕而求获耳。鬼神在天之灵，亦悯世无知，开鸾降乩[5]，劝人为善，修身为本。无奈世人迷而不悟，有心世道者，宜出示严禁，开导愚蒙[6]，使省梨园、神会之资，改做济世救民之事，岂不善哉！

注释

［1］义仓：储存粮食以备荒年救济公众的粮仓。　［2］义学：古代为贫民子弟开设的免费学校。　［3］方便阴功：宗教语，以灵活的方式因人施教，领悟道法真义。方便，灵活且见效；阴功，阴德，不为人所知的善行。清周安士《文昌帝君阴骘文》："下文逐事劝勉，此乃撮总提纲，皆培植心地事。时时种种，拆开不得；方便阴功，亦拆开不得。方便之行，而欲时时无间；阴功之作，而欲种种无遗。以世情言之，必不可得之数也；若通以佛法，竟绝无难事。视其力之所能，则勇往为之；力所不能，唯有先发宏愿，俟之他生后世而已。"　［4］冥福：迷信传说死者在阴间享受的福分。　［5］开鸾降乩（jī）：一种古代迷信活动，以某种仪式请求神明降临，用乩笔在沙盘上写警示性语句。开鸾，又称"飞鸾"，据说因所请神仙骑鸾

乘凤降临而得名；乩，即“扶箕”，其法将乩笔固定在筲箕上，两名童子各以食指持筲箕两端，依法请神，在沙盘画成图形或文字，作为“神示”。［6］愚蒙：愚昧的（人）。蒙，蒙昧。

今译

哎呀！消耗这么多钱的情况，一年之中不知道有多少次，拿有用的钱财去做没用的事，还不如集资，仿效范仲淹创建义仓、开办义学、设育婴堂、收埋路边尸体、舍施医药，对人和物有帮助，以灵活的方式行善，足以获得上天的恩佑。如果没有救助百姓的功绩，白白浪费钱财，想要获得阴间福分，这就相当是没有耕种而求得收获啊。鬼神在天之灵，也怜悯无知百姓，通过扶箕来劝人为善并且以修身为本。无奈世人执迷不悟，有志于改善世道人心的人，应该颁布禁令，开导愚昧的人，让他们省下梨园演戏、神会活动的钱，改做济世救民的事，岂不很好吗！

按[1]：修行功德[2]之事，不以茹素诵经[3]为“修行”，不以建坛设醮[4]为“功德”。凡物有损坏者，补之缉[5]之，谓之“修”；人有愆尤[6]者，悔之改之，谓之“修”。故省察克治[7]，所以自修也；同好弃恶，所以修旧德[8]也。行者，行吾之所当然，无使亏损也。与人用力，谓之“功”，如勤王捍患[9]、济急拯危[10]之类。有功不伐[11]，谓之“德”，如为善隐微[12]、无迹可见之类。谚[13]云：“杀人偿[14]命，欠债还钱。”则杀人不能以钱还，欠债不能以命偿，不能以彼易[15]此也。然则[16]人有过失，当思在所损而修之：不忠修以

忠，不孝修以孝；礼义廉耻[17]有缺者补之，贪嗔痴爱[18]有犯者去之，不关茹素诵经、建坛设醮、施祭幽魂[19]，俱为善之末务[20]，亦不在乎张灯结彩，须贵乎心地朴诚。今人于亏心之事，置之不理，而偏以建醮补之，又无得道之缁羽[21]，虔诚感格。而乃[22]舍本求末，不独费资财，不能施祭幽魂，是将已恶明告于天地。其罪过欲茹素诵经以补之，是以虚为实，以彼易此。国家律法[23]尚不容紊[24]，而况获罪于天，可藉以塞责乎？切思《道德》五千言[25]，其要在抱拙守愚[26]，位高身退[27]。《金刚经》三十二分[28]，意在五蕴皆空[29]，清净寂灭[30]。偈[31]云："若以声音[32]求我，以色相[33]见我，不能见如来"，"名佛法即非佛法。"今之僧道，背其所传之旨，未悟根源[34]，不能自修，奚能[35]为人作福[36]？又况功德非关茹素诵经、建坛设醮者哉！

注释

［1］按：按语，指有所论断的话语。 ［2］修行功德：指出家学佛或学道；修行，指学佛、学道；功德，指念佛、诵经、布施、放生等宗教活动。 ［3］茹素诵经：吃素、诵读佛经。茹，吃；素，素食，以蔬菜为主的非肉类食物。 ［4］建坛设醮：道教斋醮科仪一般通过建坛、设置用品、诵经拜忏、踏罡步斗、掐诀念咒等程序来成。"醮"原是古代的祭仪，道教发展了醮的祭祀功能，以交感神灵，大致分为祈福谢恩的清醮（即"太平醮"）和解厄禳灾的幽醮两类。建醮必先设坛，在平坦的空地上，用土垒起高台，以祭祀天神、

祖先。［5］缉：连接起来，接续起来。［6］愆（qiān）尤：罪过，过失。［7］省察克治：出明王阳明《传习录》卷上："天理人欲，其精微必时时用力省察克治，方日渐有见。"有时也说成"存省克治"，大意是说通过反省，发现自己思想行为上不良的习性并加以克服。王阳明认为这是医人的妙方，可医治病根，达到天理纯全、不勉而中的境界。［8］旧德：先人的德行或往昔的善德。［9］勤王捍患：出兵保卫帝王、防抗灾情。［10］济急拯危：帮助有急需的人，拯救危难之中的人。［11］伐：自居，自矜。［12］隐微：隐瞒（行善行为）。［13］谚：谚语，俗话说。语出元马致远《任风子》第二折："可知道杀人偿命，欠债还钱，你这般说才是。"［14］偿：抵偿，一命抵一命。［15］易：换，对调。［16］然则：连词，用在句子开头，表示"既然这样，那么……"。［17］礼义廉耻：出《管子·牧民》："何谓四维？一曰礼，二曰义，三曰廉，四曰耻。"礼定尊卑，义为行动准则，廉为廉洁方正，耻明知耻之心，称为"国之四维"，封建社会奉其为最高的道德标准和行为规范。［18］贪嗔痴爱：佛教认为贪、嗔、痴、爱等主观感情在一定程度上影响人的修行。佛教将贪、嗔、痴称为"三毒""三垢""三火""三不善根"，又称贪、嗔、痴、慢、疑为"五毒心"，属负面情感。佛教甚少谈及爱，但包含在慈、悲、喜、舍"四无量心"中，属正面情感。［19］施祭幽魂：祭祀亡灵。［20］末务：最不重要的事。［21］缁羽：僧、道。缁，僧人着缁衣，故称"缁流""缁徒"。羽，道士别称"羽士"。［22］而乃：连词，表转折的语气。［23］律法：法律，法规。［24］紊：乱。［25］《道德》五千言：《老子》全文五千字，分上篇《道经》、下篇《德经》，故又被称为《道德经》。［26］抱拙守愚：出《老子·道经》："大智若愚，大巧若拙。"抱拙，持守愚拙，不投机取巧。守愚，保持愚拙，不事巧伪。［27］位高身退：出《老子·道经》："太上，不知有之；其次，亲之、誉之；其次，畏之；其次，侮之。信不足焉，有不信焉。悠兮，其贵言。功成事遂，百姓皆谓'我自然'。"大意是权位越高越不能让人知道存在，一旦功成立刻全身而退。［28］《金刚经》三十二分：《金刚经》原文、译文均未分章、段，梁昭明太子始划其为三十二分，遂为定制。［29］五蕴皆空：出《心经》："观自在菩萨，行深般若波罗密多时，照见五蕴皆空，度一切苦厄。"大意是说色、受、想、行、识这五者都没了，乃是佛家修行的最高境界。蕴，人承受的、感知到的。［30］清净寂灭：道教的清净无为、佛家的涅槃寂灭。［31］偈（jì）：梵文Gāthā的音译，意为"颂"。［32］声音：佛法所谓"六识"（眼识、耳识、鼻识、舌识、身识、意识），对应"六根"（眼、耳、鼻、舌、身、意）及"六尘"（色、声、香、味、触、法），依赖感官，实属心外求法，与向心内求佛法相违背。故在佛教看来，声音等皆为"外相"，不可能通过声音等求得佛法。［33］色相：物体外在的形象，亦属"外相"。［34］根源：佛教认为人生痛苦的根源是十二因缘，又称"十二缘起""十二有支"。《阿含经》的说法，十二缘起包括无明、行、识、名色、六处（六入）、触、受、爱、取、有、生、老死。这十二支辗转感果，称为"因"；互为条件，称为"缘"。［35］奚能：怎么能够。［36］作福：行善事而获福祉。

今译

按：修行功德一类事，不是以吃素、念诵经文为"修行"，也不是以设坛打醮、扶箕为"功德"。凡是物体有损坏的，修好、接续，就叫

"修"；人有罪过的，悔过、改正，就叫"修"。所以，反省不当思想言行并加以克服，就是自我修正；趋向"好"、抛弃"恶"，就是恢复先人的德性。所谓"行"，就是行我应当行的，不要出现错误。对他人有心去做，就叫"功"，比如出兵保卫君王、防抗灾害、帮助有急需的人、拯救危难之中的人之类。有功不自矜，就叫"德"，比如行善之后隐瞒自己所作所为、没有露出痕迹之类。俗谚说："杀了人就要抵命，欠了债就要还钱。"那么，杀了人就不能用钱来抵偿，欠了债就不能用命来还，因为不能用这个替换那个。既然这样，那么，人一旦出现过失，应当反思亏损之处并修补它：不忠就用"忠"修补，不孝就用"孝"来修补；礼义廉耻有缺失的赶紧补足，诱人犯错的贪嗔痴爱就应抛弃，不关吃素念经、设坛打醮、扶箕、祭祀亡灵，这些都是施善行最细枝末节的事儿，也不在于张灯结彩，看重的一定是心地质朴诚实。今天人们对于亏心事，置之不理，偏偏要用设坛打醮、扶箕来弥补；又没有真正得道的僧道，虔诚感动上天。却舍本求末，不仅仅是浪费钱财，不能祭祀亡灵，也是把自己的"恶"明晰地告知天地间了。他的罪过想要用吃素念经来弥补，这是以虚为实，以彼换此。国家的法律尚且不容扰乱，况且冒犯苍天，可以借助这些伎俩来塞责吗？仔细想想《老子》五千言，它的要处就在于抱持愚拙、守住愚拙，权位高而无形，功成身退。《金刚经》三十二分，中心思想就是色、受、想、行、识这"五蕴"空寂，达到道教清净无为、佛家涅槃寂灭的境界。偈说："如果通过声音认识我，通过色相看我，一定无法证见佛法。"又说："名叫佛法的肯定不是真正的佛法。"现在的僧道，背离了他们所传的宗旨，没有悟到人生痛苦的根源，不能自我修行，怎能为他人祈求福祉呢？又何况功德与吃素念经、设坛打醮、扶箕无关啊！

延伸阅读

丁淑梅《中国古代禁毁戏剧编年史》：作为近代启蒙思想家，郑观应主张变革清朝因循守旧腐朽的习俗，学习西方先进技术，怀忧时济世、变法救国之志。清末广东的地方演剧活动异常兴盛，郑氏从改革社会弊事出发，认为粤省神会之设奢滥淫侈，不仅耗竭民财，而且梨园演戏诲淫，败坏世道人心，所以力主禁治地方梨园神会、赛社淫戏。光绪年间郑观应对于粤省地方演剧的禁戏言论，并不是一种个人行为和孤立的现象。正如同郑观应的革弊拯弱之举，受到了以积极筹组上海赈务活动的余治为代表的江南善士圈的熏陶，其禁戏言论也深受在江南为禁书禁戏奔走一生的余治的影响。余治倡行编演善戏的活动在同治十一年至十二年之间，《申报》同治十二年（1873）四月八日刊有《拟开演善戏馆莫如禁绝各戏园淫戏论》对余治的活动有所记述，而此际恰恰是郑观应在江南活动并激论财政之时。面对甲午战败、民族危机深重的时局，从同治十一年《申报》创刊不久，郑观应就先后在《申报》上发表相关革弊时文数十篇，后来经修订，收入了他的《救时揭要》一书，余治曾经为其作序云："崇论宏议，震古烁今，又复抉摘隐微，切中时弊。大声疾呼，唤回醉梦，是真能以菩萨心，吐广长舌，普渡众生者。良救世，对症立方，无限苦衷，溢于楮墨。知作者下笔时，已有万千苦恼，苍生环而待命，此经世大文也。"而对于余治的热心社会道德教化活动，郑观应在《〈庶几堂今乐〉序》中以"先生阅世之深、用心之切，而穷老气尽、所自任者，唯是之为亟，则非阔疏迂浅而无效可止也"倍加称赏，并在余治去世后的光绪五年（1879），与江南解赈善人谢家福一起将其剧本刊刻印行，可见其禁戏的言论与余治禁戏活动的瓜葛和联动关系。而郑观应对待粤省旧戏态度，亦与余治看待江南"淫戏"相似，如他认为："天道福善而祸淫，惟期积累；人世媚神而佞佛，专事禳祈，习俗相趋，牢不可破。其他外省未及深知，即如粤东每年七月中旬，广设盂兰胜会，托言目连救母，实则释氏愚人。旧例相沿，经坛礼忏，互赛新奇；灯采辉煌，务侈华丽。男女嬉游，为听笙歌彻夜，鱼龙曼衍，争看烟火凌霄。举国若狂，游人如织，偶疏巡逻，则祝融扇威，略失防闲，则宵小肆窃。流弊百出，靡费万余，岁以为常，官不知禁。”（《论虚费》）不仅对粤东盂兰会演目连救母神戏造成的铺张、嬉游、匪盗等流弊非常不满，且更以余治编善戏禁淫戏为榜样，对于乡村赛社淫亵诸戏不遗余力加以抨击：“凡孝悌节义、可惩可劝之事，以逮惜谷、惜字、惩溺女、戒杀生、因果报应事迹略具，刻成，将约同志牍呈官府，请颁诸梨园，令日演一二折。而严禁淫媟诸戏，犹先生之志也。先生尝谓人纪之坏、囚狱之繁，其始靡不起于耳目濡染之征。自悬象读法教化不行，常人耳目倾注而易于感动者，惟观剧时实有其声容情事入于人心而不能忘，而不识字之愚蒙其感尤甚。至通都大邑，菊部鸣盛，男女杂沓，多为靡声妖态以供谑浪，乡邨赛社尤而效之。则淫僻之罪寖不可制。以其习于恶而恶于易；则知习于善而善之无难也。君子于此宜为之防而导于正，不当相与纵任，如见溺而不为援，见焚而不之扑灭也。先生殁前数月，著《教化两大敌论》致江苏廉访应公，谓淫书宜毁，淫戏宜禁，又尝自撰楹联云：‘自番头衔，木铎老人村学究；群夸手段，淫书劈板戏翻腔。’其惓惓如此。今淫书之禁且数十年，而演戏如故，未有以改革之，余故以是刻之成，申叙其说，大雅君子或不以为小道末技，务而忽之也。”（《〈庶几堂今乐〉序》）此文所说“小班”，不知其确指，但“小班”一词原指清廷内学训练从南方挑进宫廷的民籍伶人；后来意义渐转，亦指以女乐清唱为主的家班。清末堂子衰落，女乐复盛，小班出现，虽以卖艺立名，但亦兼市色。从文中“小班价廉、乡间易演，文士以为风雅，淫人以为得法”的描述，可知郑观应所谴责的“小班”盖指后者。因为关注淫戏对女性的“毒害”，郑氏还有“女子妇德继维重，妇节尤重。至于平时戒酒、戒烟、戒戏剧、戒博弈麻雀等物，戒游玩繁华热闹之场”（《论女界尤当以淫为戒》）的禁戒之论。郑观应这种思想意识与其维新变法、匡时救世的行动存在一定矛盾，这也是清末一部分以改良社会为理想的士人新旧思想冲突和矛盾的一种特定表现。（《中国古代禁毁戏剧编年史》，重庆大学出版社，2015年，第606—607页）

劝戒溺女

解题

本文约作于1872年，是作者系列慈善论文中极其沉痛的一篇。古代的“溺女”现象很早就出现了，《韩非子·六反》载：“且父母之于子也，产男则相贺，产女则杀之。”而民间“生女不举”的恶习，更是史不绝书，如明同安教谕金星徽《上两台风俗书节略》说：“漳南之俗，止育一女，多则溺之。”清同治年间刊行的《省例》罗列福建“四大恶习”：曰火葬、曰溺女、曰花会、曰械斗。针对这一“恶习”，历代仁人志士进行了不懈的努力，至少体现在三个方面：一是地方官厉行禁止，惩罚极严，收效颇佳；二是州县政府开始设立育婴堂，初步建立了弃婴救助体系的雏形；三是大量刊印、散发《戒溺婴文》《溺婴报果全书》等善书，试图移风易俗。郑观应沿着忘年交余治的慈善思想路向，针对中国由来已久的“溺婴”恶习进行了猛烈抨击。本文紧扣“劝善”主题，以“因果报应”立论，从三个方面进行论述：一是借助文昌帝君的言论，在思想上进行纠偏；二是利用家乡的“果报”例子，至少在心理上起到阻吓作用；三是重点阐述保婴会的慈善功能，引导民众如何面对这一困境。这一取向，固然与他日后鼓吹近代意义上的“女学”建设，有着很明显的时间落差，却奠定了男女理应享有平等的生命价值的认识论基础，很能反映其早期慈善活动的真实心态，更能体现“前近代时期”广大士人积极入世的内在激情。全文饱含人道主义感情，笔墨所及，自然而然流露出血泪痛楚，深深打动读者，大大激发了全社会的觉醒。

溺女一事，罪孽[1]甚大。文昌帝君曰："淋淋血胞，欲语何能！母魂甫续，子命旋倾。天乎人乎？天欲生之，人欲杀之。逆天者亡，杀人者死，得不于其身而速报耶？"[2]读之令人悚然[3]汗下。惟毒妇无知，丈夫不加劝戒，或以为生女太多，忿而溺之；或以为生女需乳，不利速孕，急而溺之；或婢女所生，妻不能容，迫而溺之；或偷生诚恐露丑，恶而溺之。殊不知皆父精母血[4]妙合而成，有此女未必遂贫，无此女未必致富。嫁奁[5]乃称家之有无，女家不争男家之物，男家岂责女家之资？世有贫子不能娶，未见有贫女不能嫁者。吾见子之多逆于亲，未见女之敢逆于母，可知生子未必尽佳，生女何尝不善？观木兰[6]之代父从军，缇萦[7]之上书救父，古今孝女不少，何患女之多乎？至子息之有无、迟早，天实定之，乃溺其现生之女，而冀其未来之子，一念之恶，已干[8]天怒。愈溺女，愈生女，几见溺女而速男者乎？况溺女之家，陈氏之红蛇缠股[9]，元秀之牛踶转床[10]，种种惨报可为寒心。即幸生子，因子破家者有之，因子覆宗[11]者有之，岂非天之假[12]其恶，以儆其杀女之心者乎？急于生子，而竟溺其女者，可不惧哉！

注释

[1] 罪孽：指应当受到报应的恶行。 [2]"文昌帝君"句：出清贵中孚《文昌帝君增补戒溺女文》："忍使呱呱弱息，永恨覆盆也哉。呜呼恸哉！淋淋血胞，欲语何能。母魂甫续，子命旋倾。天乎

人乎。天欲生之，人欲杀之。逆天者亡，杀人者死。雠怨相寻，得不于若身而神其报耶？”旁批：“此六句帝君所增。妙极。”贵中孚，字信之，湖南武陵人，清乾隆九年（1744）中举人，二十七年调任丹徒县令，仕至广西桂平梧郁道。所辖之区有溺女恶习，乃建育婴堂，著《戒溺女文》，广为晓谕，风习为之一改。文昌帝君，中国民间和道教尊奉的掌管士人功名利禄的神。此文所引“文昌帝君”的话语，实为贵中孚道友陈喜亭的扶箕之言。［3］悚（sǒng）然：害怕的样子。［4］父精母血：出《周易·系辞下》：“天地氤氲，万物化醇。男女媾精，万物化生。”明龚廷贤《寿世保元》：“男子以精为主，女子以血为主。”贵中孚《戒溺女文》：“父精母血，妙合成形，为男为女，均属骨肉，莫非子也。”［5］嫁奁：嫁妆。［6］木兰：即花木兰。［7］缇萦：汉代孝女。汉文帝时，太仓令淳于意有罪当刑，系长安狱。其少女缇萦随父至长安，上书请入身为官婢，以赎父罪。帝怜之，为除肉刑，意乃得免。见《史记·孝文本纪》、汉刘向《列女传·齐太仓女》。后代用为称颂孝女的典故。［8］干：冒犯。［9］陈氏之红蛇缠股：出《溺婴果报全书》：“明万历甲午夏月，陈一清妻连溺三女，其后又生一女，置粪桶中盖之。后启视，有红蛇出，缠其左股，口咬其腹而死。”［10］元秀之牛踶（dì）转床：出《溺婴果报全书》：“宋河东巨富元秀，家财四十万。妻生四子，其余诸妾所生，悉埋之。一日，病中，见数十儿追杀。元秀大惊，起，手足皆变牛蹄，辗转于床，大叫三日，头断而死。家财散尽，四子相继而亡，遂绝嗣焉。”踶，踢。［11］覆宗：整个宗族覆灭。［12］假：借，通过。

今译

溺死女婴这事儿，造成的罪孽很大。文昌帝君说过：“血淋淋的同胞，想要说话却说不出！母亲的魂灵刚刚延续下来，孩子的性命立刻消失了。到底是天命呢还是人为呢？上天要她活命，人却要杀死她。违拂天意的人一定要死，杀人者一定要死，怎么能不在这些人身上迅速得到报应呢？”读这段话令人惊悚流汗。只是心狠的妇人无知，老公也不加劝阻，有的认为生了太多女儿，（所以）生气地溺杀；有的认为生女儿需要太多母乳，不利于快速怀孕，急急忙忙将其溺杀；有的是婢女生的，正室妻子容不下，迫使她溺杀；有的是偷情生下来的，惶恐暴露丑事，厌恶地溺杀。殊不知都是父母亲精血骨肉奇妙组成而生下来的，家里有这个女孩未必会穷下去，没这个女孩未必能够富起来。嫁妆与女家家境是相称的，女家也不争男方的彩礼，男方家里岂会责难女方的嫁妆？这世上确有贫穷男子不能娶妻的，未见过贫穷女子不能出嫁的。我见过很多例儿子违逆父亲，没见过女儿胆敢违逆母亲。由此可知，生儿子未必好，生女何曾不好！看看花木兰替父从军，缇萦上书救父，古今孝女不少，怎么会嫌弃女儿太多呢？至于子孙后代的有无、早晚，上天实已定好了，却溺死现在生出来的女婴，把希望放在尚未出来的儿子身上，一念之间的“恶”，已经冒犯天怒。越是溺女，越就生女，有几次见到溺女反而很快生儿子的呀？何况溺女的家庭，如陈氏被红蛇缠股咬腹而死，元秀变成牛转辗床上断头而死，种种惨不忍睹的果报最令人害怕了。即便有幸生儿子的，有的则因儿子使得家破产，有的因儿子而灭族，难道不是上天借他的恶报，来惩戒他杀女的恶行吗？那些急于生子而竟然溺死女儿的人，难道不畏惧吗？

婢女所生，莫非吾子。今日之女，异日之母。今日生女之母，当年未溺之女。我之子若[1]孙，他人未溺之女所生。思前想后，推己及人[2]，忍使呱呱弱息[3]，永恨覆盆也哉！语云：“三代不育女者，其家必绝。”[4]盖使一人溺女，人咸效之，则人将无女；人将无女，则人将无妻。彼欲绝人，天讵[5]不早绝之乎？此往复自然之理，又何敢将婢妾之女迫而溺之耶？

注释

［1］若：和，与。《宋史·包拯传》：“不从吾志，非吾子若孙也。” ［2］推己及人：出《论语·卫灵公》：“己所不欲，勿施于人。”朱熹注：“推己及物。”晋傅玄《傅子·仁论》：“然夫仁者，益推己以及人也。”大意是用自己的心去推想别人的心，设身处地替别人着想。 ［3］弱息：指女婴，女孩。 ［4］“语云”句：此句出贵中孚《戒溺女文》：“语云：‘三代不育女者。其家必绝。’盖使一人溺女，人咸效之，而人将无女矣。人将无女，而人将无妻矣。人将无妻，而人将绝矣。彼欲绝人，天能不早绝之乎。此尤往复之必至者也。” ［5］讵：怎能。

今译

婢女所生的孩子，无不是自己的孩子。今日的女婴，就是日后的母亲。今日生女的母亲，就是当年没被溺死的女婴。我的儿子和孙子，是他人没溺死的女婴所生。思前想后，将自己之心推及他人，怎能忍心将刚刚呱呱坠地的女婴溺死在倾覆的水盆里留下永久的憾事呢！古话说：“三代不生女者，这个家必定断子绝孙！”假使一个人溺女，人们就会效仿，那么，人们必将没有女儿；人们将没有女儿，那么，人们将没有妻子。他要别人断子绝孙，老天岂不早就令他断子绝孙了吗？这就是来来回回的自然道理，又怎敢将婢、妾的女婴强行溺死呢？

又况例设育婴堂收养婴赤。[1]凡溺女者以故杀子孙论，纵不畏冥诛[2]，岂不畏显戮[3]耶？夫天地好生[4]，万物并育，一虫一蚁尚欲贪生，一草一木尚求滋长，畜类犹有父子之情，覆巢破卵[5]，麟凤[6]不临其邑。人为万物之灵，安忍以其所生，而无故置之死地，以逆天地好生之德乎？王法或可幸逃，天网[7]岂可漏哉？

注释

［1］“又况”句：况且按旧例设立育婴堂收养弃婴。例，按例；育婴堂，明清时期各州县陆续设立育婴堂，借助官方、民间的力量收养弃婴，取得一定程度的成功；婴赤，婴儿。［2］冥诛：旧说在阴间受到刑罚。［3］显戮：亦作“显僇”，明正典刑，陈尸示众。戮，通“僇”。［4］好生：出《尚书·大禹谟》：“与其杀不辜，宁失不经，好生之德，洽于民心。”大意是具有爱惜生灵、不杀戮的品德。好生，爱惜生命。［5］覆巢破卵：出汉陆贾《新语·辅政》：“秦以刑罚为巢，故有覆巢破卵之患。”大意是鸟窝翻倒，鸟卵损坏。喻遭遇大祸，没人能幸免。［6］麟凤：麒麟、凤凰，与龙、龟一起被称为“四瑞”。［7］天网：出《老子》：“天网恢恢，疏而不漏。”指天道的惩罚。

今译

何况按旧例设立育婴堂收养弃婴。凡溺女者皆以故意杀害子孙罪论处，纵然不怕在阴间受到惩罚，还不怕人间死刑吗？天地爱惜生命，万物共同生长，虫蚁尚且想方设法要活下去，草木尚且渴求生长，牲畜还有父子之情，一旦鸟巢倾覆，鸟卵就会破碎，麒麟、凤凰等祥瑞之物再也不会来到这个地方。人是万物的灵长，怎能忍心把他自己的亲生骨肉，无缘无故地置于死地，违逆天地爱惜生命的本性？王法有时可能侥幸逃脱，天道的惩罚岂能漏得掉啊？

吾见海阳县[1]有一富绅，家产饶裕[2]。年四十无子，心甚忧之，娶妻妾六人，一年之间，每妾生一女。绅怒甚，均溺之。不数年，绅有病，见六小鬼共相[3]缠扰，觉痛不可忍。绅问之曰："我与汝前世无冤，今世无仇，何作祟[4]欲置我于死地耶？"众鬼曰："你本有五男六女，因我等来投生时，尔将我等无故溺死，是诚何心？我等含冤共诉诸神。神怒尔刻薄暴殄[5]，将尔改为无子，并许我等前来报仇耳！"绅曰："既如此，我即汝父，岂有仇父之理？而神岂能准人仇父，以教人不孝乎？"众鬼曰："尔无故杀害，并无抚养之恩，义已绝矣，尚安有父子之名分耶？"绅无可答，当时守病者共闻之。而绅病重时，孜孜劝人不可溺女。延数日，绅七孔[6]流血而死。历来溺女受祸者极多，曾辑有成帙[7]，姑录一段以为溺女者戒！复望当道[8]官绅，严办[9]溺女之家，亲邻知而不报者罚之。

注释

［1］海阳县：明清潮州府治所在地，今已裁撤。［2］饶裕：富裕。［3］共相：一起，共同。［4］作祟（suì）：鬼怪或坏人作怪害人。祟，鬼怪。［5］暴殄（tiǎn）：任意灭绝、糟蹋。［6］七孔：七窍，即两眼、两耳、两鼻孔和口。［7］成帙：成书。帙，卷帙，指书籍。［8］当道：当权。［9］严办：严厉惩办。

今译

我看到广东省海阳县有一个富裕的绅士，家境富裕。（已经）四十岁了却没儿子，心里极忧虑，娶了妻妾六人，一年之中，每个小妾各生一女。这个富绅大怒，全都溺杀。没过几年，这个富绅生病，见六个小鬼一起缠扰，痛得受不了。富绅问她们："我与你们前世无冤，今世无仇，为何作怪要置我于死地啊？"众鬼说："你本该有五儿六女，只因我们来投生时，你将我们无故溺死，这安的是什么心？我们含冤，一起向神申诉了。神对你如此刻薄地灭绝性命感到很气愤，将你改为没有儿子，并允许我们前来报仇！"这个富绅说："既然这样，可毕竟我是你们父亲，哪里有仇视父亲的道理？而且神怎能准许人仇视父亲，教人不孝呢？"众鬼说："你无故杀害我们，并没有养育之恩，恩义早已断绝了，哪里还有父子的名分？"这个富绅无言以对，当时守在病床旁的人都听见了这些对话。后来富绅病重时，不懈怠地劝人不可溺女婴。拖了几天，这个富绅七窍流血而死。历来溺女、受天谴的人极多，曾有人编辑成书，姑且抄录这一段，让溺女者引以为戒。更希望当权的官员和士绅，严厉惩办溺女的家庭，亲戚和邻居知道却不上报的也要处罚。

按：溺女之风[1]，近世各直省[2]所在多有，相习成风[3]，恬不为怪。无论贫者溺，即不贫者亦溺；无论生女溺，即生男亦溺，呱呱堕地，即付沉沦[4]，蔑理伤和[5]，莫此为甚！各州县虽有育婴堂，而四乡窎远[6]，人皆惮于抱送，往往生即淹毙，以致辗转效尤[7]，日甚一日。甚至有以生女为可耻，留养稍多，族鄙[8]邻里即有群相诽议[9]者。约计每年每邑溺死女孩，少则数千，多且数万。此天下古今第一痛心事。而官绅之垂念及此者甚鲜，且往往以为吾地素无此风，而漠不加意[10]。呜呼！孰知门以外有无数婴孩，宛转水盆，咿嘤[11]毕命，而无人为之控诉也！

注释

［1］溺女之风：出清余治《得一录》卷二《保婴会规条·缘起》："邑城例设育婴堂，收养遗孩，法意良美，诚盛典也。但四乡窎远，跋涉为艰。贫者每惜小费，入城路远，每多惮于抱送。故贫乏之家，生育稍多，迫于自谋生计，往往生即淹毙，相习成风，恬不为怪。不特生女淹，甚至生男亦淹；不特贫者淹，甚至不贫者亦淹，辗转效尤，日甚一日。"又，《保婴会规条》："近世溺女之风，各直省乡里小民所在多有。呱呱堕地，即付沉沦，蔑理伤和，莫此为甚！育婴堂既不能强之必送，而救援之法穷矣。" ［2］各直省：指包括直隶及其他省份在内的全国各地。 ［3］相习成风：出宋高登《高东溪集·蔽主下》："各挟所能以媒进，阿谀软熟，相习成风。"大意指都习惯于某种做法或看法，最终形成一种风气。习，习惯。 ［4］沉沦：

指死亡。［5］蔑理伤和：违背伦理道德。蔑，无视，违背；和，和睦，融洽的人伦关系。［6］窎（diào）远：遥远。［7］效尤：仿效坏的榜样。［8］族鄙（dǎng）：乡党。族，一百家为一族。《周礼·地官·司徒·大司徒》："令五家为比，使之相保，五比为闾，使之相爱；四闾为族，使之相葬；五族为党，使之相救；五党为州，使之相赒；五州为乡，使之相宾。"鄙，同"党"，五百家为一党。［9］诽议：非议，责难。［10］加意：特别留意。［11］咿嘤：象声词，人低声呻吟。

今译

按：溺女的坏风气，最近各省各地都有很多，都习惯于这一做法，最终形成一种坏风气，坦然不以为怪。且不仅贫穷的人溺女婴，即便是不贫穷的人也溺女婴；且不仅生女便溺，即便是生儿子也溺，呱呱坠地，就被溺死，伤天害理，没有比这更严重的了！各州县虽然设有育婴堂，但毕竟四方乡村非常遥远，人们嫌远不愿抱送去育婴堂，往往一出生就将小孩溺死，以致竞相仿效，一天比一天严重。甚至有人以生女儿为耻，留下来养活稍微多几个，乡党邻里就有扎堆责难的。估计每年每县溺死的女婴，少则数千，多则数万。这真是天下古往今来第一痛心事啊！但是关注这一问题的官吏、士绅极少，且往往以为本地向来没这种风气，漠不关心。哎呀！有谁知道门外有无数婴儿，在水盆里挣扎，呻吟着死去，却没人为她们控诉啊！

兹有保婴会[1]规条，法良意美，洵足补育婴堂之所不及。其法：各就乡隅[2]集一善会，或以十里为限。凡地方贫户生女，力不能留养者，准到局[3]报明。每月给白米一斗，钱二百

文，以半年为度[4]。半年之后，或自养或抱送，听其自便。实则半年之后，小孩已能嬉笑，非特不忍溺，亦必不忍送堂矣。且贫户既以得所资，而易于留养。彼稍堪温饱之家，亦必心生惭愧，感动必多。此法简便易行，可大可小，可暂可久。一经提倡，全活[5]必多。愿与天下有心人共起图之。

注释

［1］保婴会：以余治为代表的江南善士发起收养女婴的民间慈善组织，余治撰有《保婴会规条》。［2］乡隅：偏僻的乡村。［3］局：指保婴会。［4］度：限度。［5］全活：活下来。

今译

现在有保婴会章程，做法很好，用意很美，确能补足育婴堂所不足的地方。它的具体做法如下：各在偏僻的乡村组织一个善会，有的以十里为限。凡此地贫穷人家生女，没有能力留下养育的，准许到保婴会汇报清楚。每月发给白米一斗、现钱二百文，以半年为限。半年之后，或者自已养下去，或者送给人家，任凭他自己做主。实际上半年之后，小孩已能嬉笑，非但不忍心溺死，也必定不忍心送到育婴堂了。况且贫穷人家既然能得到资助，容易留下养育。那些稍微能够解决温饱的人家，也必然心生惭愧，感动良多。这个法子简便易行，可大可小，可短时实施也可长久施行。一经提倡，活下来的女婴必定会很多。希望与天下有心人一起做好这件事。

延伸阅读

夏东元《郑观应志》：在《劝戒溺女》一文中，郑观应对溺女现象作了批判，并站在因果报应的角度从正、反两方面对之进行了道德说教，还举例说海阳县一富绅溺女六次以致六鬼缠身，以此对实行这种陋习的人进行恐吓。但他同时又提出建议，这个建议既依赖社会扶助，更有赖人的善良之心。他建议说："各就乡隅集一善会，或以十里为限。凡地方贫户生女，力不能留养者，准到局报明。每月给白米一斗，钱二百文，以半年为度。半年之后，或自养或抱送，听其自便。实则半年之后，小孩已能嬉笑，非特不忍溺，亦必不忍送堂（指育婴堂。编者注）矣。且贫户既以得所资，而易于留养。彼稍堪温饱之家，亦必心生惭愧，感动必多。此法简便易行，可大可少，可暂可久。一经提倡，全活必多。愿与天下有心人共起图之。"（《郑观应志》，广东人民出版社，2009年，第331页）

易惠莉《郑观应评传》：《救时揭要》后半部分内容题材较广，有涉及吏治黑暗问题的《劝公门修行》，有反映作者人道主义倾向的《劝戒溺女》等，但总的意旨不离劝人为善，试图以商人的道德伦理观影响社会。这样的题材虽是《陶斋志果》一类著述的继续，但它出现在《救时揭要》这样一部以时务为标榜的著作之中，有其具体的时代背景。19世纪60年代末至70年代初，香山买办们都依仗经济上的力量通过各种赈济活动和捐纳，谋得社会地位的发展，并在社会事务中拥有了一定的发言权。如1869年郑观应由监生"在皖省报捐员外郎"，次年又"在皖捐局捐升郎中，双月选用"，另外，他与江南慈善活动家余治的关系，以及转录《赈济十二善论》在《申报》发表等，都表明他在社会赈济活动中开始担负起一定责任。（《郑观应评传》，南京大学出版社，1999年，第74页）

《盛世危言》选读

《盛世危言》自序

解题

本文在各种版本中皆曾作过一定程度的修改，十四卷本题名亦作"《盛世危言》初刊自序"。众所周知，《盛世危言》所描绘的一整幅改良蓝图，在中国可谓前所未有，闻所未闻，那么，如何令朝野上下接受，很大程度上取决于自序的"说服技巧"。作者既然要自述其创作旨趣，那么，采取什么方法就颇费思量了。他主要是以晓之以理、动之以情等"老方法"进行言说的。前者借圣人立言，由人们信奉的儒家经典论述出发，立足推导出"变"的"常理"，从"易理"中汲取政治智慧；后者侧重作者的经商经历，娓娓道来，其坎坷的经历与屈辱的遭遇深深地打动了读者。当然，本文也引用了普鲁士"铁血宰相"俾斯麦和久居中国的西方人士的话语，入情入理，极具说服力。本文看似"旧瓶装新酒"，但在新的历史情境里，却体现出了撼动人心的感染力和说服力，在描绘并证明全新社会改革应有的"体用观"上发挥了很好的作用。自序，也作"自叙"，就是作者自述著作的旨趣。

《中庸》曰："君子而时中。"[1]《孟子》曰："孔子，圣之时者也[2]。""时"之义，大矣哉！《易》："穷[3]则变，变则通，通则久。"虽有智慧，不如乘势；虽有镃基[4]，不如待时。故"中"也者，圣人之所以法天象地[5]、成始而成终[6]也；"时"也者，圣人之所以赞地参天[7]，不遗[8]而不过也。中，体也，本也，所谓不易者，圣之经[9]也。时中，用也，末也，所谓变易者，圣之权[10]也。无体何以立？无用何以行？无经何以安常？无权何以应变？

《盛世危言》自序

注释

［1］君子而时中：出《礼记·中庸》。大意是说君子立身处世，随时都要合乎中庸之道。 ［2］圣之时者也：出《孟子·万章下》。大意是说孔子是合乎时宜的圣人。 ［3］穷：尽，极点。 ［4］镃（zī）基：亦作“镃錤”，锄头。 ［5］法天象地：效法天地，亦即向各方面学习。法、象，效法。 ［6］成始而成终：善始善终，最终获得成功。 ［7］赞地参天：出《中庸》：“能尽物之性，则可以赞天地之化育；可以赞天地之化育，则可以与天地参矣。”大意是赞美天地化育生命万物的伟大，可与天、地并列为三。［8］遗：遗漏，不足。 ［9］经：常理。 ［10］权：权宜之计，变通。

今译

《中庸》说：“君子立身处世，随时都要合乎中庸之道。”《孟子》说：“孔子是合乎时宜的圣人。”合乎时宜的意义实在很大。《易》说：“事物发展到极点就会变化，变了就可通达，通达了才能长久。”即便有智慧，还不如因势利导；即便有锄头，还不如善用农时。所以，“中”就是圣人之所以效法天地、善始善终的意思；“时”就是圣人之所以赞美天地并与天地并立，不前不后准确抓住时机的意思。中，是体，是本，是不变易的，是圣人立下的永恒真理。时中，是用，是末，是变易的，是圣人变通的办法。无体怎么能立定根基？无用怎么能有效运行？无道理怎么能保持永久？无权宜怎么能适应变化？

六十年来，万国[1]通商，中外汲汲[2]，然言维新，言守旧，言洋务，言海防，或是古而非今[3]，或逐末而忘本。求其洞见本原，深明大略者有几人哉？《孙子》曰：“知己知彼，百战百胜。”[4]此言虽小，可以喻大。应虽不敏[5]，幼猎[6]书史，长业贸迁[7]。愤彼族之要求，惜中朝之失策。于是学西文，涉重洋，日与彼都人士交接[8]，察其习尚，访其政教，考其风俗利病[9]得失盛衰之由。乃知其治乱之源、富强之本，不尽在船坚炮利，而在议院上下同心，教养得法。兴学校，广书院，重技艺，别考课[10]，使人尽其才。讲农学，利水道，化瘠土[11]为良田，使地尽其利。造铁路，设电线，薄税敛[12]，保商务，使物畅其流。凡司[13]其事者，必素精其事：为文官者必出自仕学院[14]；为武官者必出自武学堂。有升迁而无更调[15]，各擅所长，名副其实。与我国取士之法[16]不同。善夫！张靖达公[17]云：“西人立国具有本末，虽礼乐教化远逊中华，然其驯致[18]富强亦具有体用。育才于学堂，论政于议院，君民一体，上下同心，务实而戒虚，谋定而后动，此其体

也。轮船火炮，洋枪水雷，铁路电线，此其用也。中国遗其体而求其用，无论竭蹶步趋[19]，常不相及。就令铁舰成行，铁路四达，果足恃欤！”诚中的[20]之论也。

注释

［1］万国：指世界各国。［2］汲汲：心情急切的样子。［3］是古而非今：厚古薄今。是，肯定，尊崇。［4］知己知彼，百战百胜：当为“知己知彼，百战不殆”。［5］敏：聪敏。［6］猎：涉猎，学习。［7］业贸迁：从事贸易活动。业，从事（职业）。贸迁，贩卖，贸易。［8］交接：打交道。［9］利病：利弊、优劣。［10］别考课：分科考试。［11］瘠土：贫瘠的土地。［12］税敛：税收，赋税。［13］司：管理。［14］仕学院：指大学。［15］更调：调换职务。［16］取士之法：指科举制度。［17］张靖达公：张树声，字振轩，安徽合肥人。随曾国藩、李鸿章、刘铭传镇压太平军，光绪年间曾任两江总督、两广总督兼署直隶总督。谥“靖达”。著有《张靖达公奏议》。张树声病故前所拟《遗析》引用郑观应《南游日记》“西方立国之本体用兼备”的观点。［18］驯致：渐渐达到。［19］竭蹶（jué）步趋：努力跟上对方的步子。竭蹶，走路艰难的样子。［20］中的：射中箭靶靶心，犹言中肯、确切。的，箭靶。

今译

六十年来，世界各国通商，中外人士心情急切，谈论维新、守旧、洋务、海防等问题，有的厚古薄今，有的舍本逐末。真正能洞察本源，深明大略的能有几人？《孙子》说："知己知彼，百战百胜。"这话虽小，可以喻大。我郑观应虽不聪敏，自幼读书史，长大后从事商业，对列强的无理要求感到愤慨，痛惜朝廷的失策。于是学习西方语言，远涉重洋，常与外国通都大邑的人士交往，了解他们的习尚，寻访他们的政教，考察他们的风俗利弊得失盛衰的原因。而后得知他们的治乱之源、富强之本，不全在船坚炮利，而在于议院上下同心，教养得法。兴办学校，广设书院，重视科技，分科考试，使人尽其才。研究农学，疏通水道，化瘠土为良田，使地尽其利。修造铁路，铺设电线，减轻赋税，保障商务，使物畅其流。凡管理专业事务的人，必须平素精通业务：当文官的必出自培养官吏的仕学院，当武官的一定出自培养军官的武学堂。不论文官、武官，可以升迁，不能调换职位，以便各自发挥所长，名副其实。这与我国科举取士的办法不同。张靖达公说得好："西方人立国讲本末，虽然礼乐教化远远不如中华，可是西方人善于体用结合，逐渐引导国家达到富强。在学校培育人才，在议院讨论政事，君民一体，上下同心，务实戒虚，先做好决策，然后行动，这是'体'。轮船火炮，洋枪水雷，铁路电线，这是'用'。而中国丢掉'体'去追逐'用'，无论怎样也赶不上西方的步伐。这样一来，即使铁甲舰成行，铁路四通八达，最后就靠得住吗？"这真是中肯的议论啊！

然我国[1]深仁厚泽，初定制度，尽善尽美，不知今日海禁[2]大开，势同列国[3]，风气一变，以至于此。《易》曰："先天而天弗违，后天而奉天时。"[4]"知进退存亡而不失其正者，其惟圣人乎？"[5]年来当道讲求洋务[6]，亦尝造枪炮，设电线，建铁路，开矿、织布，以起而应之矣。惟所用机器，所

聘工师，皆来自外洋。上下因循，不知通变。德相卑士麦[7]谓我国只知选购船炮，不重艺学，不兴商务，尚未知富强之本，非虚言也。彼西人之久居于中国者，亦曾著《局外旁观》《中西关系论略》《中美关系续论》《四大政》《七国新学备要》《自西徂东》等书。日本人论中外交涉，更有《隔靴搔痒论》十三篇。事杂言庞，莫甚于兹矣。

注释

［1］我国：我朝，古时候本朝人对本朝的尊称。［2］海禁：清廷下令东南沿海居民内迁50里乃至100里，禁止出海捕鱼、对外贸易，实行闭关锁国。［3］势同列国：出宋刘炎《迩言》卷九《今昔》："（诸葛）亮起隆中，吴、魏各有其国十五、六年矣，势同列国，乌得与周、汉比？"意谓海禁一开，西方列强入侵，我国不再占有主动权。［4］"先天"句：意思是对先天的天道不能违背，而对后天的天时则可因时制宜，有所改变。［5］"知进"句：意思是知道进退、存亡，而又不失掉正确原则的人，能称得上是圣人。［6］"年来"句：近年来局开始追求洋务自强。年来，近年来。当道，当局。讲求，研究，追求。洋务，晚清自上而下展开的从政治、经济、军事多方面向西方学习的改革运动。［7］卑士麦：现译作"俾斯麦"。奥托·爱德华·利奥波德·冯·俾斯麦，德国政治家，曾任普鲁士王国首相近30年，通过战争统一了德意志，并成为德意志帝国第一任宰相，人称"铁血宰相"。

今译

然而，我朝对天下人仁泽深厚，当初定下的制度尽善尽美，岂料今日东南沿海海禁开放，与西方列国形成对等关系，风气一下子全变，就沦落到这等地步。《易》说，先天不违天道，后天遵奉天时。懂得进退存亡的正理，不致发生偏差的，恐怕只有圣人了吧？近年来当局讲求洋务，也曾造枪炮、设电线、建铁路、开矿、织布等，采取不少具体措施以应付时局。可是所用机器，所聘工程师，都来自外洋。上下因循，不知变通。德国首相俾斯麦评论我国只知选购船炮，不重科技，不兴商务，尚未懂得富强之本。这并不是虚言。那些久居中国的西方人，也曾著《局外旁观》《中西关系论略》《中美关系续论》《四大政》《七国新学备要》《自西徂东》等书。日本人论述中外交涉，更有《隔靴搔痒论》十三篇，论事杂芜，言语淆乱，莫过于此书了。

夫寰海[1]既同，重译[2]四至，缔构[3]交错，日引月长，欲事无杂，不可得也。异族狎居[4]，尊闻狃习[5]，彼责此固，我笑子胶[6]，欲言无庞[7]，不可得也。虽然，众非之中，必有一是焉，江海不以大涵而拒细流，泰、华不以穷高而辞块壤。今使天下之大，万民之众，凡有心者各竭其知，凡有口者各腾其说，以待輶轩[8]之采。不必究其言出谁何，而第[9]问其有益乎时务与否，应亦盛世所弗禁也。

注释

［1］寰海：海内外。　［2］重译：翻译，指各国使臣及译

员。［3］缔构：与各国缔结政经关系。［4］狎居：很亲近地生活在一起。［5］尊闻狃（niǔ）习：见闻、习俗全不一样。［6］胶（xiāo）：同“嘐”，浮夸。［7］庞：杂乱，不统一。［8］輶（yóu）轩：轻车，常为古代使臣所乘坐。这里指地方长官。［9］第：仅仅。

今译

如今海内外交通，各种翻译人员从四面八方拥来，缔结各种政经关系，愈来愈多，要想太平无事，已不可得。异族亲近共处，见闻、习俗各不相同，那人指责这人固执守旧，我笑话你浮夸，要想和睦一致，已不可得。虽然，众非之中，必有一种是对的。江海不因自己深广，就拒绝细流，泰山、华山不以自己高大就不肯再添土块。现在应让天下有心的民众，各竭智慧，凡有口舌，纷纷发表意见，以供长官采纳。不必追究这话是谁说的，但问对当今要务是否有利，这应该也是盛世所不禁止的。

蒙[1]向与中外达人哲士游，每于耳酣酒热之余，侧闻绪论[2]，多关安危大计，且时阅中外日报所论安内攘外[3]之道，有触于怀，随笔札记。历年既久，积若干篇，犹虑择焉不精，语焉未详，待质高明[4]以定去取。而朋好见辄持去，猥[5]付报馆及《中西闻见录》中。曾将全作邮寄香港就正王紫诠广文[6]，不料竟为付梓[7]。旋闻朝鲜、日本亦经重刊。窃惧丑不自匿，僭且招尤[8]，复倩[9]沈穀人太史[10]、谢绥之直刺[11]，将原稿三十六篇删并二十篇，仍其名曰《易言》，改“杞忧生”为“慕雍山人”，意期再见雍熙之世。迄今十有九年，时势又变：屏藩[12]尽撤，强邻日逼，西藏、朝鲜危同累卵。而我国学校未兴，教育未备，工艺之精，商务之盛，瞠乎后于日本，感激时事，耿耿不能下脐[13]。自顾年老才庸，粗知易理，亦急拟独善潜修，韬光养晦，爰检旧箧[14]，将先后所论洋务五十五篇，请家玉轩京卿[15]、陈次亮部郎[16]、吴瀚涛大令[17]、杨然青茂才[18]，先后参定，付诸手民[19]，定名曰《盛世危言》。

注释

［1］蒙：作者自谦，愚昧，没有知识，见闻狭隘。 ［2］绪论：议论。 ［3］安内攘外：安定国内叛乱，抵御外敌侵凌。 ［4］高明：见解高明的人。 ［5］猥：谦辞，犹言“辱”。 ［6］王紫诠广文：王韬，号紫铨，中国晚清维新思想家。1887年主持香港《循环日报》期间，郑观应寄呈《易言》求序。王韬晚年任格致书院掌院，也曾请郑观应命考题。明清时期儒学教官别称“广文”。 ［7］付梓：付印，印刷。 ［8］僭（jiàn）且招尤：超越权限，就会招来罪祸。尤，祸害。 ［9］倩：请。 ［10］沈縠人太史：沈善登，字尚敦，号縠成、谷人。浙江桐乡人。清同治七年（1868）进士，钦点翰林院庶吉士，故称“太史”。 ［11］谢绥之直刺：谢家福，字绥之，号望炊，江苏吴县（今苏州）人。光绪初，募集赈灾款，得李鸿章赏识，补直隶同知。历任苏州电报局总办、招商局会办、上海电报局总提调等职。郑观应称其“言坊行表是吾师”，又赠《粤东水患甚于上年，

书此志感寄望炊主人》《次谢绥之直刺见赠韵》《晋豫奇荒，与严佑之、谢绥之筹赈感怀》《致苏州筹赈公所谢绥之书》等诗文。谢氏英年早逝，郑撰《挽谢绥之太守》志哀。郑著《易言》二十篇本即请沈縠人和他共同删订。谢氏因功补用直隶，故称“直刺”。［12］屏藩：藩属国，指朝鲜、缅甸、越南等相继落入日、英、法殖民者手中的属国。［13］下脐：忘怀，释怀。［14］箧：书簏，书箱。［15］家玉轩京卿：郑藻如，字志翔，号玉轩。郑观应同宗兄弟。清咸丰元年（1851）恩科举人，因组织团练镇压匪徒立功，赏内阁中书衔，曾国藩、李鸿章聘其为幕僚，办理洋务外交，历任内阁侍读学士、鸿胪寺卿、光禄寺卿、津海关道等职，赐赏花翎二品。光绪七年（1881）以三品官衔大臣任第二任出使美国大使，兼驻日斯巴尼亚（西班牙）、秘鲁大使。次年，针对美国“排华法案”，向美国总统提出抗议，要求否决议案。后因病请辞回国，归里养病。光绪六年（1880）11月，郑观应在是否接受上海机器织布局职务一事请教过他，郑观应《致津海关道郑玉轩观察书》言：“弟以市井庸才，遽蒙中堂过听阿好之言，札委会办。不量而入，固非郑重公事之道；若坚执辞委，力阻成议，亦非所以仰体宪意，曲全友情。”“进止甚难，日夕彷徨不能自释。”光绪十八年（1892），应邀为《盛世危言》作序。郑藻如授光禄寺卿衔，故称“京卿”。家，本家。［16］陈次亮部郎：陈炽，字次亮。江西瑞金人。清光绪八年（1882）举人。历任户部郎中、刑部郎中、军机处章京等。应邀为《盛世危言》作序，时任刑部郎中，故称“部郎”。［17］吴瀚涛大令：吴广霈，字剑华，安徽泾县人。清吏部尚书吴芳培的玄孙。早年任中国首任驻日公使何如璋的随员，继任驻神户副领事。返国任招商局文案，直隶候补知县，故称“大令”。吴广霈为《盛世危言》作跋，言“董校雠之役，僭注数语”。《盛世危言》附录吴文四篇。［18］杨然青茂才：杨毓辉，字然青。广东大埔人。格致书院肄业，任招商局文案，长期追随郑观应从事慈善事业。著有《寿椿庐富强刍议》八卷、《光绪丙午年交涉要览》等。古人称秀才为“茂才”。杨毓辉作《〈盛世危言〉跋》，亦言“得与吴瀚涛大令共事校雠”。《盛世危言》附录杨文一篇。 [19] 手民：雕版刻字工人。

今译

敝人一向与中外达人哲士交往，每在酒酣耳热之余，从旁听到不少议论，多关乎国家安危大计，并且时常阅览中外日报上所论安内攘外之道，心有感触，随笔札记。历年既久，积累下了若干篇，曾经顾虑选择不精，论说不详，想请教高明的人，以决定取舍。可是好友见了就拿去，承蒙交给报馆及《中西闻见录》。我曾将全部作品邮寄香港，请教王韬，不料竟被印刷成书。不久听说朝鲜、日本也已经重刊。我担心不能藏拙，又越权招祸，特请沈穀人太史、谢绥之直刺，将原稿三十六篇删去二十篇，仍用《易言》作书名，但作者名改“杞忧生”为“慕雍山人”，意思是期望再见康熙、雍正两朝盛世。迄今已有十九年，时势又变了：藩属国都已撤销，强邻日日进逼，西藏、朝鲜形势非常危险。而我国学校未兴办，教育未齐备，在工艺之精、商务之盛方面，眼看着落后于日本，感慨时事，耿耿不能忘怀。自知年纪老大、才能平庸，略懂世事变易的道理，也急于早作独善潜修、韬光养晦的打算，于是收拾旧书簏，将先后所论洋务的五十五篇，请本家玉轩京卿、陈次亮部郎、吴瀚涛大令、杨然青茂才，先后修订，交给排字工人，定书名为《盛世危言》。

自知愤激之词，不免狂戆[1]僭越之罪。且管窥蠡测[2]，亦难免举长略短，蹈舍己芸人[3]之讥。惟圣明在上，广开言路，

登[4]贤进良，直言无隐。窃愿比诸敢谏之木[5]，进善之旌[6]，俾人人洞达外情，事事讲求利病。如蒙当世巨公[7]，曲谅杞人忧天之愚，正其偏弊，因时而善用之，行睹积习渐去，风化大开，华夏有磐石之安，国祚[8]衍无疆之庆，安见空言者不可见诸行事，而牛溲马勃[9]，毋亦医国者所畜为良药也欤！

光绪十八年岁次壬辰暮春之初，罗浮山人香山郑观应自序于五羊城[10]居易山房。

注释

［1］狂戆（zhuàng）：狂妄愚鲁。　［2］管窥蠡（lí）测：比喻所见狭隘短浅。管窥，通过管子的小孔来看东西。蠡，瓠。蠡测，用瓢来测量水的多少。　［3］舍己芸人：语出《孟子·尽心下》：“人病舍其田而芸人之田，所求于人者重，而所以自任者轻。”意思是轻视自己、重视别人。　［4］登：进用。　［5］敢谏之木：当为“敢谏之鼓”。尧专为进善言者设置的一种鼓。《淮南子·主术训》：“尧置敢谏之鼓，舜立诽谤之木。”敢，有胆量，敢于。　［6］进善之旌：上古时代专门为进善言者发表意见而设置的一种旗帜。《史记·孝文本纪》：“古之治天下，朝有进善之旌，诽谤之木，所以通治道而来谏者也。”　［7］巨公：朝廷大臣。　［8］国祚：帝王之位，也指国家的命运。　［9］牛溲（sōu）马勃：两种草药。都被视作至贱无用的草药。牛溲，即车前草。马勃，即马屁勃，又名屎菰。　［10］五羊城：广州的别称。相传有五位仙人，身穿五色彩衣，分别骑着五色仙羊，拿着一茎六穗的稻谷种子，降临广州，将稻穗赠给当地人民。五位仙人腾空而去，五只仙羊化为石头，于是，广

州有了“羊城”“穗城”等别称。

今译

自知愤激的言论，不免有狂妄愚鲁、超越本分的罪过，而且，所见狭隘短浅，也难免会举出长处忽略缺点，招来贬低我国、抬高外人的嘲讽。幸好当今圣上贤明，广开言路，进用贤良，直言不讳。我愿像古代君主设的敢谏之木、进善之旌一样，使人人洞察外情，事事讲求好处与弊端。如蒙当世王公大臣，谅解我杞人忧天的愚鲁，修正我的偏颇，因时善用，很快就会见到积习逐渐除去，风气大开，中国安如磐石，国运昌盛无疆，怎见得空言者不可能付诸实际行动，牛溲马勃这样无用的东西不也可成为医国者手中的良药吗？

光绪十八年岁次壬辰暮春之初，罗浮山人香山郑观应自序于五羊城居易山房。

延伸阅读

刘崇敬《早期改良思想家诗文选译》：《〈盛世危言〉自序》一文，不仅详细叙述了成书的原委，而且更重要的是确立了他的改革维新的基本理论，即体用学说。郑氏引用《中庸》《孟子》《易经》中有关体用的论点，认为中庸之中，是体，是本，是不变易的根本原理；而因时制宜的时中，是用，是末，是可变易的权宜措施。体是先天的，不能违背天道；用是后天的，必须遵奉天时。并且体、用不可分离，同等重要，“无体何以立？无用何以行？”郑观应对西方经过长期的考察研究，发现西方的治乱之源、富强之本，不尽在船坚炮利这些用的措施，而在设议院、兴学校、讲农学、办水利、振商务等这些体的树立。因此，他借用德相俾斯麦的话，批评中国讲洋务，只知道选购船炮，不重艺学，不兴商务，没有抓住富强之本。也就是舍本逐末，没有处理好体用的关系。这在当时，无疑是一种正确的见解。（《早期改良思想家诗文选译》，巴蜀书社，1997年，第221页）

道器

解题

本文是《盛世危言》全书开篇第一篇，具有提纲挈领、阐明主旨的作用。在中国哲学体系中，“道”“器”作为一对哲学范畴，最早见于《易传》：“形而上者谓之道，形而下者谓之器。”历代学者认为，“道”是无形的，是万物运行的规律和法则，更是抽象的精神本体，是一种无形的存在；“器”则是具体的，甚至可以触摸的，是“道”的显现形态或物质载体。道于器中含，器乃道之显，二者互为依存又相辅相成，由此组成了彼此的辩证对立统一关系。在这一辩证关系中，需区分道器，且兼备体用，郑观应以西方之“体”为中国之“用”，将西方的“体”和“用”都纳入“器”的范畴，“道”虽不可变，但“器”可变，“法”可变，故政治改良也是一种“物态化”的精神活动，具有道器合一的典型特征。一切政治改良所包含的对世界本体的形而上思考，对思想观念和内心情感的表达，以及贯穿于改良活动过程中的种种思维规律和抽象法则，皆属于“道”；而一切艺术作品的具象形态及其物质媒介，以及对这些物质媒介的技术性操作体现出“器”的属性。西学目前虽因为接受中学的若干“皮毛”而暂时领先，但仅仅停留在“器”的层面，最终必然回归中国的“道”。这样一来，中国固有学术的定位，中国政治变革的基本定位，就很容易解决了。这一“中道西器”的表述，无疑促进了日后“中体西用”格式的定型，却也透露出了某些复杂的“内在心绪”：在不得不服西学先进性、科学性和有效性的同时，对中学的迂腐确实怀有一种恨铁不成钢的沮丧，另一方面却有一些“不甘心”，企盼国人奋起直追，争取快速发展，重新获得话语权、主导权。

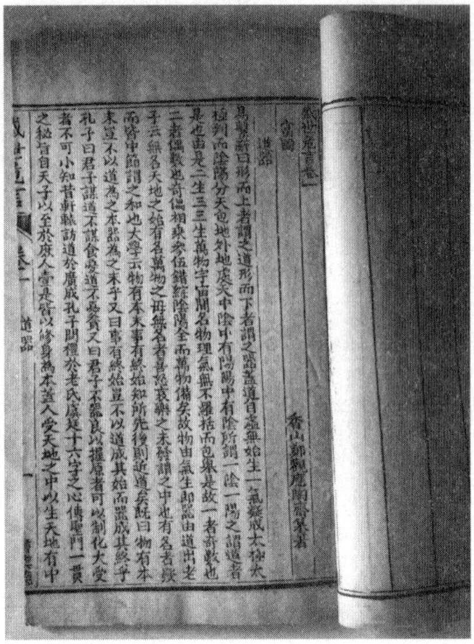

《道器》

《易·系辞》[1]曰："形而上者谓之道，形而下者谓之器。"盖道自虚无[2]，始生一气[3]，凝成太极[4]。太极判[5]而阴阳[6]分，天包地外，地处天中。阴中有阳，阳中有阴，所谓"一阴一阳之谓道"[7]者是也。由是二生三，三生万物，[8]宇宙间名物[9]、理气[10]，无不罗括而包举[11]。是故"一"者奇数也，"二"者偶数也，奇偶相乘[12]，参伍错综[13]，阴阳全而万物备矣。

注释

［1］《易·系辞》：先秦时期一部解说《周易》的书，一般称《易传·系辞》《周易·系辞》，相传为孔子所作，分为上、下篇，首次提出太极、两仪、道、器、神、几、意、象等哲学范畴，后世广泛运用。系，系属，指在《周易》爻卦之下写一段解说的话。辞，话语。形而上，无形的，抽象的。形而下，具体的，物质性的。　［2］虚无：道家认为"道"的本体就是"虚无"，能包容并衍生万物。《庄子·刻意》："夫恬淡寂寞，虚无无为，此天地之平，而道德之质也。"《文子·九守》："虚无者道之所居。"《淮南子·俶真训》："虚无者道之舍。"　［3］一气：指宇宙形成之初的混沌之

气，是构成天地万物的本原。《庄子·大宗师》：“彼方且与造物者为人，而游乎天地之一气。” ［4］太极：指出现在阴阳未分的混沌时期（无极）之后的宇宙原始的状态，而后能形成万物。 ［5］判：分别。 ［6］阴阳：古人从天地、日月、昼夜、男女、寒暑、上下等成对的自然现象中，总结出既对立又相关联的哲学认知，形成“阴阳”概念。传统观念认为，阴阳二仪代表一切事物最基本的关系，是自然界的客观规律、万物运动变化的本源，也是人类认识事物的基本法则。阴阳一体两面，彼此互藏化育，相感替换，不可执一以定象。 ［7］一阴一阳之谓道：出《周易·系辞上》：“一阴一阳之谓道，继之者善也，成之者性也。” ［8］“由是”句：出《老子》：“道生一，一生二，二生三，三生万物。”二，是指阴阳二仪。三，是指由阴阳冲突而产生的第三物，乃至万物。 ［9］名物：物体的名称。 ［10］理气：中国古典哲学的一对基本范畴。理，即天理，指事物的条理或准则。气，是指一种极细微的物质，是理的具体表现。理和气浑然一体，不可分离。宋朱熹《答黄道夫》：“天地之间有理有气。理也者，形而上之道也，生物之本也；气也者，形而下之器也，生物之具也。” ［11］罗括而包举：全部包括在内。罗括，囊括；包举，包含。 ［12］相乘：交叉错综。 ［13］参伍错综：出《周易·系辞上》：“参伍以变，错综其数。”大意是说交互错杂。参，三；伍，五。二者皆指变化不定的数。

今译

《周易·系辞》说，非形质的东西，是“道”；有形质的东西，是“器”。大概“道”来自虚无，开始的时候生成一股气，这种气凝结成“太极”。太极分为“阴”“阳”两部分。“天”在“地”外包着

“地”，“地”处在“天”的包围之中。“阴”的里面包含着“阳”，“阳”的里面包含着“阴”，这就是《易经》中所说的“一阴一阳就是道”。从此以后，二生三，三生万物，宇宙间的物体名称、理气等万事万物，无一不包罗进去了。所以，“一”是奇数，“二”是偶数，奇数和偶数融合在一起，参差交错，阴阳齐全，则万物具备了。

故物由气生，即器由道出。《老子》云：“无名，天地之始；有名，万物之母。”[1]无名者，“喜怒哀乐之未发，谓之‘中’也”；有名者，“发而皆中节，谓之‘和’也”。[2]《大学》云：“物有本末，事有终始。知所先后，则近道矣。”[3]既曰“物有本末”，岂不以道为之本，器为之末乎？又曰“事有终始”，岂不以道开其始，而器成其终乎？孔子曰：“君子谋道不谋食，忧道不忧贫。”[4]又曰：“君子不器。”良以[5]握原者可以制化[6]，大受者不可小知[7]。昔轩辕访道于广成[8]，孔子问礼于老氏[9]，虞廷十六字之心传[10]，圣门一贯之秘旨[11]，自天子以至于庶人[12]，壹[13]是皆以修身为本。

注释

［1］《老子》句：此句出《老子》：“道可道，非常道；名可名，非常名。无名，天地之始；有名，万物之母。”大意是说命名未定之前，是万物的起源；命名确定之后，是万物诞生的母体。 ［2］“无名”句：出《中庸》：“喜、怒、哀、乐之未发，谓之‘中’。发而皆中节，谓之‘和’。‘中’也者，天下之大本也。‘和’也

者，天下之达道也。”　［3］《大学》句：《大学》，原为儒家著作《小戴礼记》第三十二篇，相传为曾子所著，被宋儒分离出来，与《论语》《孟子》《中庸》合编为《四书》。此句出《大学》：“大学之道，在明明德，在亲民，在止于至善。知止而后有定，定而后能静，静而后能安，安而后能虑，虑而后能得。物有本末，事有终始。知所先后，则近道矣。”　［4］“孔子”句：出《论语·卫灵公》：“子曰：‘君子谋道不谋食。耕也，馁在其中矣；学也，禄在其中矣。君子忧道不忧贫。’”大意是说君子用心求“道”，不要花心思去求衣食。君子只担忧学不到“道”，不担忧贫穷。　［5］良以：恰恰因为。　［6］握原者可以制化：掌握事物变化规律的人可知控制转化方向。原，事物变化规律。制化，阴阳家基于五行相生相克、互相转化的原理，把转化引向好的方面称为“制化”。制，指制伏伤我者；化，指逢凶化吉。　［7］大受者不可小知：出《论语·卫灵公》：“君子不可小知，而可大受也；小人不可大受，而可小知也。”大意是说君子能从细小事物上察知道理，可承担重大责任。　［8］轩辕访道于广成：据《庄子·在宥篇》，广成子修行于崆峒山，黄帝专程前去求教，广成子授以治身为本、治国为末之理。黄帝一百岁时又曾拜访广成子，求长生之术。广成子，相传是黄帝时代的道家人物。轩辕，黄帝居轩辕之丘，故号轩辕氏。　［9］孔子问礼于老氏：据《庄子·天运篇》言，孔子五十一岁时问礼于老子，不三月即闻道。　［10］虞廷十六字之心传：尧帝向舜帝传授十六字治国修身心得，即《伪古文尚书》所记“人心惟危，道心惟微。惟精惟一，允厥执中”。虞廷，指唐尧、虞舜时期，古人以为太平盛世。《论语·泰伯》：“唐虞之际，于斯为盛。”心传，儒家内圣哲学的心法。　［11］圣门一贯之秘旨：儒家“一以贯之”的宗旨。出《论语·里仁》：“子曰：‘参乎！吾道一以贯之。’曾子曰：‘唯。’

子出，门人问曰：‘何谓也？’曾子曰：‘夫子之道，忠恕而已矣。’” ［12］庶人：平民。 ［13］壹：一，全都。

今译

所以说，万物皆由气生，也就是说器由道出。《老子》说，无名，是天地的原始；有名，是万物的根本。所谓“无名”，就是喜怒哀乐蕴藏不发，也叫作“中”；所谓“有名”，就是发出来了，都符合节律要求，也叫作“和”。《大学》说，万物都有根本有末端，万事都有起始和终结。知道先后秩序的道理，就非常接近“道”了。既然说“物有本末”，难道不应该以“道”为根本、“器”为末端吗？又说“事有始终”，难道不应该以“道”开始，以“器”当成结束吗？孔子说，君子要用心求道，不要花心思去求衣食。君子只要担忧学不到道，不必担忧贫穷。又说，君子不应像器物那样，仅仅限于某一方面的作用。恰恰因为掌握事物变化根本的人，可以控制变化的方向，承担重任的人不能仅有小聪明。过去黄帝去向广成子问道，孔子向老子问礼，尧帝向舜帝传授的十六字治国修身心法，圣人一以贯之的秘旨，从天子到平民百姓，都是一样的，都是以修身作为根本。

盖人受天地之中以生，天地有中，人亦同具[1]。秦、汉以降，三教[2]分途，均不识“中”为何说。《大学》云“止至善”[3]，止此“中”也；《中庸》云“得一善则拳拳服膺”[4]，服此“中”也。《易·系辞》云“成性存存，道义之门”[5]，存此“中”也。“致中和，天地位焉，万物育焉。”[6]此中国自伏羲、神农、黄帝、尧、舜、禹、汤、文、武以来，列

圣相传之大道，而孔子述[7]之以教天下万世者也。

注释

[1] 同具：同样，一致。 [2] 三教：儒、释、道三教。 [3] 止至善：出《大学》："大学之道，在明明德，在亲民，在止于至善。"郑玄注："止，犹自处也。"朱熹注："止者，必至于是而不迁之意。至善，则事理当然之极也。"大意是说处于最完美的境界。 [4] 得一善则拳拳服膺：出《中庸》："（颜）回之为人也，择乎中庸，得一善则拳拳服膺而弗失之矣。"大意是将"中庸"坚定地铭记在心。一善，中庸的益处。拳拳，奉持、紧握不舍、忠谨的样子。服，放着，铭记，衷心信奉。膺，胸，奉持于心胸之间。 [5] 成性存存，道义之门：出《周易·系辞》："子曰：易其至矣乎？夫易，圣人所以崇德而广业也！知崇礼卑，崇效天，卑法地。天地设位，而易行乎其中矣！成性存存，道义之门。"大意是说能成全万物的本性并保护其生存，就是通向道义的必然门径。 [6] "致中和"句：出《中庸》："致中和，天地位焉，万物育焉。"大意是人的道德修养达到不偏不倚、十分和谐的境界，也就符合"中庸"标准了，于是，天地各得其位，万物自然生育。致，达到。 [7] 述：传述，传承。

今译

人是在天地之中产生的。天地有一个中心，人也是一样。秦、汉以后，各种学说淆乱，均不知失中正之旨。《大学》说，止于至善。就是止于中和。《中庸》说，将“中庸”坚定地铭记在心。他所佩服的也是中庸之道。《易·系辞》所说的“成就仁善的德性，且不断涵养这种德性，就找到了进入天地之道及义理真谛的门户”，涵养的就是这种“中”啊。达到中和以后，天地就有序了，万物就孕育出来了。这是我们中国自伏羲、神农、黄帝、尧、舜、禹、汤、文王、武王以来，历代圣人传下来的大道，孔子（通过）转述这种大道来传教于天下万世。

西人不知大道，囿于[1]一偏。原[2]耶稣传教之初心，亦何尝非因俗利导[3]，劝人为善。惜其精义不传，二三生徒妄以私心附会，著书立说，托名[4]耶稣，剿袭[5]佛、老之肤言，旁参番、回[6]之杂教，敷陈[7]天堂、地狱之枝辞[8]，俚鄙固无足论，而又创设无鬼神之说。夫既无鬼神，则天堂地狱又复为谁而设？矧[9]别派分歧，自相矛盾，支离穿凿，聚讼至今，迄莫能折衷一是。究其流弊[10]，皆好事者为之，有识者断弗为所炫惑[11]也。

注释

［1］囿于：局限于，拘泥于。［2］原：探究原因。［3］因俗利导：顺着世俗的趋势加以诱导。［4］托名：假托别人的名字。［5］剿袭：抄袭。［6］番、回：西欧、阿拉伯。［7］敷陈：铺排描述。［8］枝辞：不正经或浮夸的话语。［9］矧（shěn）：况且。［10］流弊：由某事引起的坏作用。［11］炫惑：迷惑。

今译

西方人不懂中国的“道”，一直受到偏颇认知的限制。探究耶稣传教的初心，又何尝不是顺着世俗民心的趋势加以诱导，劝人行善。可惜他那精辟的理论没传下来，这些学生妄自以自己的私心穿凿附会，著书立说，假托耶稣的名字，肤浅地抄袭佛教、道家的言论，从侧面参考了西欧人、阿拉伯人的宗教学说，夸张描述天堂、地狱的不正经说法，这一粗鄙、不雅驯的学说根本不值得谈论，而且又创立了“无神论”。既然没有鬼神，那么，天堂、地狱又是为谁而设立呢？况且教派分歧严重，自相矛盾，支离破碎，穿凿附会，聚讼争论，到今天也没能得出一致的结论。探究其弊端，都是好事者的所作所为，有识之士断然不要被其迷惑。

夫道弥纶[1]宇宙，涵盖古今，成人成物，生天生地。虽《中庸》《周易》已详，要非俗儒所能知，岂后天形器之学[2]所可等量而观[3]。然《易》独以“形上”“形下”发明[4]之者，非举小不足以见大，非践迹[5]不足以穷神。自《大学》亡[6]《格致》一篇，《周礼》阙[7]《冬官》一册，古人名物[8]象数[9]之学，流徙而入于泰西，其工艺之精，遂远非中国所及。盖我务其本，彼逐其末；我晰其精，彼得其粗；我穷事物之理，彼研万物之质。秦汉以还，中原板荡，文物无存，学人莫窥制作之原，循空文而高谈性理。于是我堕于虚，彼征诸实。不知虚中有实，实者道也；实中有虚，虚者器也，合之则本末兼赅，分之乃放卷无具[10]。

注释

［1］弥纶：统摄，笼括。 ［2］形器之学：指光学、化学、数学、重学、天学、地学、电学等人类创造出来的学问，都是“道”的具体体现。 ［3］等量而观：等量齐观。 ［4］发明：阐明，阐述。 ［5］践迹：出《论语·先进》：“子张问善人之道。子曰：‘不践迹，亦不入于室。’”踩着前人的足迹，指蹈袭，因袭，再次体验。 ［6］亡：亡佚，散佚。 ［7］阙：通“缺”，缺失。 ［8］名物：出《周礼·天官·庖人》：“掌共六畜、六兽、六禽，辨其名物。”指事物的名称。 ［9］象数：易学术语，象指卦象、爻象及所象事物；数指阴阳数、爻数，是占卦的基础。 ［10］放卷无具：收放不够自如。卷，收起来。

今译

“道”统摄宇宙，包涵古今，既能生成人、生成物，又可生成天、生成地。即使《中庸》《周易》已有详细的论述，其精要依然不是平庸的读书人所能理解的，又岂是后天的形器之学能够等量齐观的。《易经》单单以“形质上的”和“形质下的”来阐发，不列举小的不足以展示大的，不体验形迹难以穷尽精神。自从《大学》没有了《格致》那一篇，《周礼》缺少了《冬官》那一册，古人名物、象数的学说流传到了西洋，他们工艺制作的精妙，已经远远不是中国所能达到的了。大概我们注重的是事物的根本，西洋人追求的是事物的末端；我们弄明白事物的精理，西洋人仅仅得到事物的皮毛；我们穷究事物的义理，西洋人钻研事物的形质。秦汉以后，中原动荡，文物不存，学者们没有人去研究制作的原理，只是循着空文去高谈所谓的性情。于是，我们堕入务虚一途，而西洋走向实证一端。

不知虚中有实，“实”就是道；实中有虚，“虚”就是器，虚、实结合在一起，本和末都包括在内，分开了就不够全面了。

昔我夫子不尝曰“由博返约”[1]乎？夫“博”者何？西人之所骛[2]格致诸门，如一切汽学、光学、化学、数学、重学、天学、地学、电学，而皆不能无所依据，“器”者是也。“约”者何？一语已足以包[3]性命[4]之原，而通天人之故[5]，“道”者是也。今西人由外而归中，正所谓“由博返约”。五方俱入中土[6]，斯即同轨、同文、同伦之见端[7]也。由是本末具，虚实备，理与数合，物与理融。屈计[8]数百年后，其分歧之教必寖[9]衰，而折入于孔孟之正趋[10]；象数之学必研精，而潜通乎性命之枢纽，直可操券而卜[11]之矣。

注释

［1］由博返约：出《论语·雍也》：“子曰：君子博学于文，约之于礼。”《孟子·离娄下》：“博学而详说之，将以反说约也。” ［2］骛：趋向，专攻。 ［3］包：概括，涵盖。 ［4］性命：中国古代哲学范畴，指万物的天赋和禀受，宋明理学家专意研究性命之学。 ［5］天人之故：出汉司马迁《报任少卿书》：“亦欲以究天人之际，通古今之变，成一家之言。”指自然和人事之间的相互关系。天，自然规律；人，人事；故，缘由，际遇。 ［6］“五方”句：外国的（学说思想）流入中国。五方，东、南、西、北、中五个方位，泛指外国；中土，指中国。 ［7］见端：初见端倪。 ［8］

屈计：屈指计算，扳着指头算。［9］寖：渐渐。［10］正趋：正确的方向，正道。［11］卜：预知，预见。

今译

孔子以前不是说过“由博返约”的话吗？什么是“博”？西人所从事的格致之学，如汽学、光学、化学、数学、重力学、天文学、地理学、电学等，都不能没有科学依据而凭空进行，属于“器”一类。什么是“约”？一句话足以概括性命的本原，通贯天界与人间的联系，属于“道”一类。如今，西人由偏外在的实证研究而归于中国学术，正是孔子所说的“由博返约”。五洲四海的学术思想都流入中国，这就可以初见统一车轨、统一语言文字、统一思想伦理的端倪了。这样，本末与虚实具备，性理与象数、物理融合。屈指算来，几百年后，西方带有分歧的学说一定会渐渐衰落，从而转入孔孟之教的正道；《周易》象数之学一定要精心钻研，在深层次贯通宋明理学的性理学说这一枢纽，直接可以稳操胜券，真是预料之中的了。

《新序》[1]曰：“强必以霸服，霸必以王服。”恭维[2]我皇上天亶聪明[3]，宅中驭外，守尧舜文武[4]之法，绍危微精一[5]之传，宪章王道[6]，抚辑[7]列邦，总揽政教之权衡，博采泰西之技艺。诚使设大、小学馆以育英才，开上、下议院以集众益[8]，精理商务，藉植富国之本；简练[9]水陆，用伐强敌之谋。建皇极于黄、农、虞、夏，[10]责臣工以稷、契、皋、夔[11]。由强企霸，由霸图王，四海归仁[12]，万物得所，于以拓车书[13]，大一统[14]之宏规而无难矣。猗欤休哉[15]！拭目而俟[16]之已。

注释

［1］《新序》：汉代刘向“采杂传行事”而成的一部“谏书”。邹振环《危言三种》按云：“今通行本《新序》遍检未见此语。”（《危言三种》，上海古籍出版社，2019年，第21页） ［2］恭维：对皇上的尊称，一般放在行文之始。 ［3］天亶聪明：出《尚书·泰誓上》：“亶聪明，作元后。元后作民父母。”后遂以“天亶”专指帝王的天性。 ［4］尧舜文武：分别指古代帝尧、舜、周文王、周武王，皆是传说中的贤王。 ［5］危微精一：《尚书·大禹谟》“人心惟危，道心惟微，惟精惟一，允执厥中”的省称，宋明理学视其为儒家道统的“心脉”。 ［6］宪章王道：出《礼记·中庸》：“仲尼祖述尧舜，宪章文武。”效法文王、武王的“王道”。 ［7］抚辑：又作“抚缉”，安抚缉和。 ［8］集众益：集思广益。 ［9］简练：演习、操练。 ［10］建皇极于黄、农、虞、夏：树立上古明君统治天下的“大中至正”之道。黄，黄帝；农，神农氏，炎帝；虞，舜帝；夏，大禹，其子建立中国第一个王朝夏朝；皇极，帝王统治天下的“大中至正”之道。 ［11］稷、契、皋、夔：传说中舜帝时代的贤臣，稷主管农业，契主管教育，皋主管刑法，夔主管礼乐。 ［12］归仁：归附仁政。 ［13］拓车书：开疆拓土，纳入中国版图。车，秦始皇推行的车同轨；书，秦始皇推行的书同文。 ［14］大一统：出《公羊传·隐公元年》：“何言乎王正月？大一统也。”大，尊大。一统，元始，万物（包括政治社会）

的本体。整个政治社会自下而上地归依于一个“形而上”的本体，从而获得一个超越性的存在价值，是解释王朝更替的“正当性”理论。后来引申为国家在政治和文化上的高度统一。 ［15］猗欤休哉：出《诗经·周颂·潜》：“猗欤漆沮。”后多作“猗欤休哉”“猗欤盛哉”，大意是多么美好呀！本为古代赞颂的套语。猗欤，感叹词。休，好。 ［16］俟：等待。

今译

《新序》说，强者必须用霸者来降服，霸者必须用王者来降服。我大清皇帝，天资聪明，身居朝廷，驾驭外国，恪守尧、舜、文王、武王传下来的法则，继承“高深精一”的心脉，效法王道，安抚各国，总揽政治、教育的权力，广泛引进西方的科学技术。果真能设立大小学堂，培育英才，设置上、下议院来集思广益，精心管理商业，以培植富国的根本；演习训练水军和陆军，采取讨伐强敌的策略；坚持黄帝、炎帝、舜、禹“大中至正”的王道，责令臣子效仿稷、契、皋、夔等古代贤臣。由强盛而称霸，由称霸而实现王道，四海各国归附仁政，万物都得到归宿，这样一来，推行开疆拓土、实现大一统的宏伟蓝图，就不是什么难事了。多么美好啊，大家拭目以待吧！

延伸阅读

夏东元《郑观应志》：本文从《易·系辞》“形而上者谓之道，形而下者谓之器”发论，引述道家、儒学关于天地万物，道为根本的理念，用以解释天地万物之生成、发展，所谓“物有本末，事有终始。知所先后，则近道矣”。希望从“本源”上去把握、理解社会纷繁的事物，发现并抓住历史发展的规律，为近代中国所面对的“千年未遇之变局”寻找新的出路。文中，郑观应指出，“原耶稣传教之初心，亦何尝非因俗利导，劝人为善”，所坚持的与中国上古的“道”并无二致。只是到了后来，他的门徒“私心附会”才使“西人”“不知大道，囿于一偏”。中国本来既注重“大道”，也重视“名物象数之学”，由于秦汉以来中原战事不断，学人“循空文而高谈性理”，以致“堕于虚”而失之实，器用不如“西人”，一时被动挨打，其实这只是暂时的。郑观应认为，目前“西人”也已经意识到自己虽然在“一切汽学、光学、化学、数学、重学、天学、地学、电学”方面有所成就，但毕竟“无所依据”，器用虽好，却迷失了使用方向，他们最终还是要“由博返约”，回归人类共同的价值观，即中国的“道”所蕴含的“同轨、同文、同伦”的原则上来；而中国又将会理性地坚持自己对“道”的追求，更学习“西人”先进的器用，也必将自强起来，融入世界文明的潮流。因此，他满怀信心地说：“恭维我皇上天亶聪明，宅中驭外，守尧舜文武之法，绍危微精一之传，宪章王道，抚辑列邦，总揽政教之权衡，博采泰西之技艺。诚使设大、小学馆以育英才，开上、下议院以集众益，精理商务。藉植富国之本；简练水陆，用伐强敌之谋。建皇极于黄、农、虞、夏，责臣工以稷、契、皋、夔。由强企霸，由霸图王，四海归仁，万物得所，于以拓车书大一统之宏规而无难矣。”《盛世危言》八卷本篇后有增写附言，就“道”“器”的辩证关系作进一步的引申，强调中西社会必将在“我师彼法”“彼师我道”中走向“一道同风”的境界。（《郑观应志》，广东人民出版社，2009年，第235页）

议院上

解题

本文题名，五卷本作《议院》，十四卷增入《议院下》，故易名《议院上》，约定稿于1901年春天。文后加两段按语，并附录《今古泰西诸国设立议院源流》和《答某当道设议院论》二文。武英殿大学士、军机大臣瓜尔佳·文祥创办同文馆、总理外国事务衙门，对于西学有所体会，于病笃时密疏大计数事，其中谈到了西方议院制度。时在1875年。这是中国最高领导层首次议论如何借鉴宪政制度，改革施政，具有“里程碑”意义。郑观应也对这一课题进行了长久的观察与思考，并及时调整自己的思路，因此，本文可视为其政治变革思考的一个阶段性成果。郑观应全面观察了近代西方国家发展演进的史实，据此划分出君主国、民主国和君民共主国这三类政体，指出“君民共主国”（即“君主立宪国”）正是因了“公议政事之院”的制度设计，才实现了政治正义原则与高效运作原则完美统一的机制。郑观应又以英国为例，介绍了议院的组织构成、议员遴选、议政程序、国王与议院的关系等，指出英国在近代国际社会体系内的成功，完全得益于议院特有的“上通下达”的政治角色。郑观应旗帜鲜明提倡设议院，在论证过程中一空依傍，批驳了传统中国制度设计的缺陷，明确提醒作简单的“中西比附”于事无补，亟须取资“西学”，方能打破目前的政治僵局，从根本上改革封建专制统治，具有一定的现实意义和进步意义。尤其是他在文中试图证明君臣关系必将再度进入“和谐”，实现上古三代之治，流露出了对于人性、新兴君臣关系及未来政治新貌的乐观态度，颇可见出政治理想主义者的浪漫情怀。

议院者[1]，公议政事之院也，“集众思，广众益”，[2]用人行政，一秉至公[3]，法诚良，意诚美矣。无议院，则君民之间势多隔阂，志必乖违[4]。力以权分，权分而力弱，虽立乎万国公法[5]之中，必至有公不公、法不法，环起交攻之势。[6]故欲借公法以维大局，必先设议院以固民心。

注释

［1］议院者：此句前八卷本增“盖闻立国之本在乎得众；得众之要在乎见情。故夫子谓：人情者圣人之田，言理道所由生也。此其说谁能行之，其惟泰西之议院”。［2］集众思，广众益：今省作“集思广益”，出三国蜀诸葛亮《教与军师长史参军掾属》：“夫参署者，集众思，广众益也。”大意是集中群众的智慧，广泛吸收有益的意见。集，集中；思，思考，意见；广，扩大。［3］一秉至公：出明张居正《答工部郎中刘公伯燮言用人毁誉》：“仆近来用人处事，一秉大公。”大意是言论行事全秉公心。一，全部；秉，秉持。［4］乖违：分离，反常。［5］万国公法：国际法。［6］必至有公不公、法不法，环起交攻之势：十四卷本作“必仍至于不公不法，环起而陵蔑之”。

今译

议院，就是公众议论政事的机构。集众思，广众益，用人行政一律秉公办事，方法实在高明，用意实在完美。没有议院，那么，君民之间势必存在许多隔阂，意见必然互相抵触。若按权利分配势力，权利一分散，势力必然削弱，虽立于万国公法之中，也必定会出现公与不公、法与不法互相矛盾的情况，所以要借助国际法来维持大局，必先设立议院以巩固民心。

泰西各国咸设议院，每有举措，询谋佥同[1]：民以为不便者不必行，民以为不可者不得强。朝野上下，同德同心，此所以交际邻封[2]，有我薄人，无人薄我。人第见其士马之强壮，船炮之坚利，器用之新奇，用以雄视[3]宇内；不知其折冲[4]御侮，合众志以成城，制治[5]固有本也。考议政院各国微有不同，大约不离乎[6]分上、下院者。近是上院以国之宗室[7]、勋戚及各部大臣任之，取其近于君也。下院以绅耆[8]、士商才优望重者充之，取其近于民也。选举之法惟从公众。遇有国事，先令下院议定，达之上院；上院议定，奏闻国君，以决从违[9]。如意见参差[10]，则两院重议，务臻[11]妥协而后从之。凡军国大政，君秉其权；转饷度支[12]，民肩其任。无论筹费若干，议院定之，庶民从之，纵征赋过重，民无怨咨，以为当共仔肩[13]襄办军务。设无议院，民志[14]能如是乎？

注释

［1］询谋佥（qiān）同：出《尚书·大禹谟》："官占，惟先蔽志，昆命于元龟。朕志先定，询谋佥同，鬼神其依。"大意是咨询、商议都一致。佥，众人，大家。 ［2］邻封：指邻国。 ［3］雄视：骄傲地俯视。 ［4］折冲：使敌人的战车后撤，指制敌取

胜。冲，冲车，战车的一种。［5］制治：制定各种法令进行统治。《尚书·周书·周官》："制治于未乱，保邦于未危。"唐孔颖达疏："治，谓政教。"［6］不离乎：不外乎。［7］宗室：皇室成员。［8］绅耆（qí）：受尊敬的老人。绅，乡绅；耆，古人六十岁曰"耆"，泛指年长者。［9］从违：同意和反对。违，反。［10］参差：不一致。［11］臻：达成，成功。［12］转饷度支：军饷和财政。转饷，运送军粮，指军饷。度支，经费开支，指财政。［13］仔肩：担负责任。《诗经·周颂·敬之》："佛时仔肩。"汉郑玄笺："仔肩，任也。"［14］民志：民众的意愿。

今译

西方各国都设议院，每有行政措施，一定要征得众人的同意：民众以为不便的措施不必实行，民众以为不可的措施不能勉强实行。朝野上下，同心同德，所以与邻国交往时，只有我可轻视别人，没人轻视我。人们仅见他兵马强壮，船炮坚利，器用新奇，以此雄视天下；却不知他制敌御侮，众志成城，治理国家真有坚实的根本啊！考察议政院，各国稍微有一点不同，大概不外乎分上、下两院。近年来上院大都是由皇室成员、有功勋的皇亲国戚及各部大臣担任，看重的是他们接近君主。下院由年老绅士、士子、商人中才高望重的人担任，看重的是他们接近民众。选举的办法完全依照公众意愿。遇有国家大事，先让下院讨论决定，递交上院；上院议论决定，再上奏国君，（由国君）最终裁决同意或反对。如果国君不同意，就让两院重议，务必达到一致后才认可。凡是军国大政，国君掌握大权；粮饷财政支出，民众负担责任。不管筹费多少，议院一旦决定，百姓服从。纵使征收赋税过重，民众也没有怨言，认为这是理所当然共同要承担的责任，并协助办好军务。如果没有议院，民意能是这样吗？

然博采旁参[1]，美国议院则民权过重，因其本民主也。法国议院不免叫嚣[2]之风，其人习气使然。斟酌损益[3]适中经久者，则莫如英、德两国议院之制。英之上议院，人无定额，多寡之数因时损益，盖官不必备，惟其贤也。其员皆以王、公、侯、伯、子、男及大教师[4]与苏格兰世爵为之，每七年逐渐更易，世爵则任之终身。下议院议员则皆由民间公举，举员之数，视地之大小，民之多寡。举而不公，亦可废其例，停其举，以示薄罚。下议院为政令之所出，其事最繁，员亦较多，大约以四五百人为率。惟礼拜日得告休沐[5]，余日悉开院议事。大暑前后则散院避暑于乡间，立冬或立春则再开院。议员无论早暮，皆得见君主：上议院人员独见，下议院人员旅见[6]。议院坐次，宰相大臣等同心者[7]居院长之右，不同心者居左，中立者则居前横坐。各国公使入听者皆坐楼上。德之规制大概亦同。盖有议院揽庶政[8]之纲领，而后君相、臣民之气通，上下堂廉之隔[9]去，举国之心志如一，百端皆有条不紊，为其君者恭已南面[10]而已。故自有议院，而昏暴之君无所施其虐，跋扈之臣无所擅其权，大小官司无所卸其责，草野小民无所积其怨，故断不至数代而亡、一朝而灭也。

注释

［1］博采旁参：广泛地采集、参考（他人的意见）。旁，广

泛。 ［2］叫嚣：大声吵闹。 ［3］斟酌损益：处理事宜掌握好分寸。损，减少；益，增加。 ［4］大教师：大主教。 ［5］休沐：古代官员每过数日（或五日或十日）休息、沐浴一日。 ［6］旅见：多数人一起觐见。旅，众多。 ［7］同心者：指执政党人。 ［8］庶政：政务。 ［9］堂廉之隔：指君臣之间的隔阂。堂，皇帝所坐的正殿。廉，臣下立殿下侧边。 ［10］恭己南面：出《论语·卫灵公》："无为而治者，其舜也与？夫何为哉？恭己正南面而已矣。"大意是恭谨律己进行（无为）统治。

今译

不过广泛采纳众议，美国议院则民权过重，这是因为美国本是民主国家；法国议院不免有叫嚣吵闹的风气，这是由法国人习气形成的。处理政务把握适中原则且坚持久的，没有能比得上英、德两国议院制的了。英国的上议院，议员人数没定额，人数多少随时有所增减，大约是这一官位不必常备，只看他贤能与否。其成员完全由王、公、侯、伯、子、男爵及大主教和苏格兰世爵担任，每七年逐渐调换，世爵终身担任。下议院议员都由民间选举，选举的议员人数，视乎所在地区的大小、民众的多寡而定。选举不公，也可作废，停止选举，以示小小的惩罚。下议院是制定、发出政令的地方，事务繁多，议员人数较多，大约以四五百人为准。只有礼拜天才能休息，其余的日子都要开院议事。大暑前后暂时休会，去乡下避暑，立冬或立春再开院。议员无论早晚，均可觐见君主：上议院议员单独觐见，下议院议员集体觐见。议院开会座次，宰相、大臣等执政党成员坐在院长之右，反对党成员居左，无党派人士则居前排横坐。各国公使旁听的都坐楼上。德国议院规制大概也与此相同。大概由于议院掌握一切政务纲领，然后君相、臣民互通声气，上下之间隔阂消除，全国人心如一，百事都能有条不紊地展开，君主只管端坐朝堂。所以自打有了议院，昏暴的君主就不能任意施行暴虐统治，骄横跋扈的大臣就无法独断专权，大小官吏都不能推脱责任，草野小民也就不会心存积怨，所以，这样的国家断然不至于传数代君主就亡、传一朝就灭了。

中国历代帝王继统[1]，分有常尊，然而明良喜起[2]，吁咈[3]赓歌，往往略分[4]言情，各抒所见，所以《洪范》稽疑[5]，谋及庶人；盘庚迁都[6]，咨于有众。盖上下交则为泰[7]，不交则为否[8]。天生民而立之君，君犹舟也，民犹水也，水能载舟，亦能覆舟，伊古[9]以来，盛衰治乱之机总此矣。况今日中原大局，列国通商，势难拒绝，则不得不律[10]之以公法。欲公法之足恃，必先立议院，达民情，而后能张国威，御外侮。《孙子》[11]曰："道者使民与上同欲"，"可与之死，可与之生，而不畏危也"。即英国而论，蕞尔[12]三岛，地不足当中国数省之大，民不足当中国数省之繁，而土宇[13]日辟，威行四海，卓然为欧西首国者，岂有他哉！议院兴而民志合、民气强耳。

注释

[1] 继统：继承大统，指即帝位。统，大统，帝业，帝位。 [2] 明良喜起：出《尚书·虞书·益稷》："庶尹允谐，帝庸作歌。曰：'敕天之命，惟时惟几。'乃歌曰：'股肱喜哉！元首起哉！百工熙哉！'皋陶拜手稽首飏言曰：'念哉！率作兴事，慎乃

宪，钦哉！屡省乃成，钦哉！’乃赓载歌曰：‘元首明哉，股肱良哉，庶事康哉！’又歌曰：‘元首丛脞哉，股肱惰哉，万事堕哉！’帝拜曰：‘俞，往钦哉！’”孔传：“股肱之臣喜乐尽忠，君之治功乃起。”大意是君明臣良，政治昌盛，国泰民安。喜起，指君臣协和，政治美盛。［3］吁咈（fú）：不以为然，不甚满意。［4］分：名分。［5］《洪范》稽疑：出《尚书·周书·洪范》，大意是帝王遇到疑难，需占卜时，还要同卿士和庶人商量。［6］盘庚迁都：出《尚书·盘庚》：“盘庚五迁，将治亳殷。民咨胥怨，作《盘庚》三篇。”大意是商代国君盘庚决定迁都于殷，以避水患，民有怨言，盘庚便作告谕加以劝导。［7］上下交则为泰：出《周易·泰》：“天地交，泰。”魏王弼注：“泰者，物大通之时也。”大意是天地之气融汇祥和，万物各遂生通泰。［8］否（pǐ）：坏。［9］伊古：自古，古来。伊，语气词，无实义。［10］律：遵守，遵循法律。［11］《孙子》：又称《孙子兵法》，春秋末期军事家孙武著。此二句原作“道者使民与上同意”，“可与之死，可与之生，而不畏危”。［12］蕞（zuì）尔：形容国土极小。《左传·昭公七年》：“郑虽无腆，抑谚曰蕞尔国，而三世执其政柄。”［13］土宇：疆土，国土。

今译

中国历代帝王继位登基，虽在名义上享有永恒不变的九五之尊，但凡明君良臣出现，就会像舜和皋陶一样，舜虽听见皋陶的逆耳之言，仍然继续对歌，往往忽略名分的区别而重感情的交流，可以各抒己见，所以《洪范》记载帝王有疑难，要同百姓商量；商王盘庚迁都，臣民有怨言，还要出告谕劝说。上下相通，则天下太平；不相通，就不太平。上天生民，为他们立君，君好比船，民好比水，水能载船，也能翻船，自古以来，盛衰治乱的道理全在这里呀。何况今日中国大局，是列国前来通商，势难拒绝，不得不按公法办事。要使公法可靠，必先设立议院，沟通传达民情，而后才能张扬国威，抵御外侮。《孙子》说，“道”就是使百姓与国君有一致愿望，可一起死，可一起生，不怕危险。就拿英国来讲，小小三岛，国土面积不足中国数省之大，国民不足中国数省之多，但领土日益扩张，威行四海，成功成为西欧第一强国，哪有什么奥秘啊！议院兴起，民意得以聚合，民气变得强大罢了。

中国户口[1]不下四万万，果能设立议院，联络众情，如身使臂，如臂使指[2]，合四万万之众如一人，虽以并吞[3]四海无难也。何至坐视彼族越九万里而群逞披猖[4]，肆其非分之请，要以无礼之求，事无大小，一有龃龉[5]，动辄称戈[6]，显违公法哉！故议院者，大用之则大效，小用之则小效者也。

注释

［1］户口：指人口总数。　［2］如身使臂，如臂使指：出《汉书·贾谊传》：“令海内之势如身之使臂，臂之使指，莫不制从。”大意是就像身体带动手臂，手臂带动手指一样，喻指挥自如，得心应手。　［3］并吞：吞并。　［4］披猖：猖狂。　［5］龃（jǔ）龉（yǔ）：牙齿参差不齐，喻意见不合。　［6］称戈：出《尚书·牧誓》：“称尔戈，比尔干，立尔矛，予其誓。”本谓举起戈矛，后指动武，发动战争。

今译

中国总人口不下四个亿，果真能设立议院，联络民情，如身体指挥手臂，手臂指挥手指，联合四亿人如一人，就是吞并四海也没有困难啊。何至于今天坐视列强远涉九万里来到中国一起逞凶，肆意提出非分的要求，作出无礼要挟，不分事情大小，一有不合，就动干戈，显然违背国际法！所以，议院是大用就见大效，小用就会生小效。

夫国之盛衰系乎人才，人才之贤否视乎选举，议院为国人所设，议员即为国人所举。举自一人，贤否或有阿私[1]；举自众人，贤否难逃公论。且选举虽曰从众，而举主[2]非入本籍至十年以后，及年届三十，并有财产身家，善读书，负名望者，亦不得出名保举[3]议员，其杜弊之严又如此。考泰西定例，议员之论刊布[4]无隐，朝议一事，夕登日报，俾众咸知，论是则交誉之，论非则群毁[5]之。本斯民直道[6]之公，为一国取贤之准，人才辈出，国之兴也勃焉。诚能本中国乡举里选之制，参泰西投匦[7]公举之法，以遴[8]议员之才望，复于各省多设报馆，以昭议院之是非，则天下英奇之士、才智之民，皆得竭其忠诚，伸其抱负。君不至独任其劳，民不至偏居于逸，君民相洽，情谊交孚[9]。天下有公是非，亦即有公赏罚，而四海之大，万民之众，同甘共苦，先忧后乐，若理一人，上下一心，君民一体，尚何敌国外患之敢相陵侮[10]哉？

注释

［1］阿私：自私，不公道。《晏子春秋·问下十九》：“晏子对曰：‘正士处势临众不阿私，行于国足养而不忘故。’” ［2］举主：推荐者。《晋书·应詹传》：“今凡有所用，宜随其能否而与举主同乎褒贬，则人有慎举之恭，官无废职之吝。” ［3］出名保举：具名推荐。 ［4］刊布：刊登，公布。 ［5］毁：批评，抨击。 ［6］直道：犹正道，正确道理、准则。 ［7］投匦（guǐ）：投票。匦，匣，箱。 ［8］遴：选。 ［9］交孚：互相信任。《周易·睽》：“睽孤，遇元夫，交孚，厉无咎。”王弼注：“同志相得而无疑焉，故曰交孚也。” ［10］陵侮：凌辱。

今译

国家的盛衰在于人才，人才的贤与不贤要看选举。议院为国人所设，议员就应当由国人选举。一人来选，其贤与不贤或许不公道；众人来选，贤与不贤就难逃公论了。而且选举虽说是少数服从多数，可是推荐人如不是在本地居住十年以上，且年满三十，并有财产身家和一定文化程度，负有名望者，不能具名保举议员。杜绝作弊是多么的严密。按西方定例，议员的言论公开刊登没有隐瞒，早上议定一事，晚夕登上日报，让大众都知道。说得对，大家赞赏；说得不对，群起抨击。本着国民直言的公道，作为一国选贤的准绳，于是人才辈出，国家勃然兴盛起来了。真能按照中国古代乡举里选的制度，参考泰西投票公选的办法，以选举有才望的议员，再在各省多设报馆，及时报道议院的是非，那么天下的英奇之士、才智之民，都能竭尽忠诚，施展抱负。君主不至于一个人担负劳累的政务，民众不至于偏于安闲，君民融洽，互相信任。天下有公论是非，也就是有公道赏罚，而四海之大，千万民众，同甘共苦，先忧后乐，就像管理一个人一样，上下一心，君民一体，哪还会有什么敌国外患敢来欺凌呢？

或曰："汉之议郎[1]，唐、宋以来之台谏御史[2]，非即今西国之议员乎？"不知爵禄赐诸君上，则不能不顾私恩；品第出于高门[3]，则不能悉通民隐[4]。而籍贯不可分，素行[5]不可考，智愚贤否不能一律，则营私植党，沽名罔利[6]之弊生焉。何若议院官绅均匀，普遍举自民间，则草茅之疾苦周知，彼此之偏私悉泯，其情通而不郁[7]，其意公而无私，诸利皆兴，而诸弊皆去乎？故欲行公法，莫要于张国势；欲张国势，莫要于得民心；欲得民心，莫要于通下情；欲通下情，莫要于设议院。中国而终自安卑弱，不欲富国强兵，为天下之望国也则亦已耳，苟欲安内攘外，君国子民[8]持公法以永保太平之局，其必自设立议院始矣！

注释

[1] 议郎：秦汉官名，为顾问应对、参与朝政。 [2] 台谏御史：唐宋时期监察机构谏院、御史台，在北宋元丰改制后二者职责出现"台谏合一"的态势。 [3] 高门：指权贵。 [4] 民隐：民众的痛苦。《国语·周语上》："先王非务武也，勤恤民隐而除其害也。"三国吴韦昭注："隐，痛也。" [5] 素行：平日的品行。《汉书·王尊传》："素行阴贼，恶口不信，好以刀笔陷人于法。" [6] 罔利：渔利。 [7] 郁：郁结，不通畅。 [8] 君国

子民：君民。君国，即君位且驭其国；子民，臣民。

今译

有人说：“汉朝的议郎，唐、宋以来的台谏御史，不就是今日西方国家的议员吗？”殊不知中国古代官员爵禄由朝廷赐给，就不能不顾私恩；官位品第出于高门，就不能完全了解民众疾苦。而且不分籍贯，不考察平日里的行为，智慧和愚钝、贤良和奸佞又很不一样，于是结党营私、沽名渔利的弊端就产生了。怎么能比得上议院官绅配备适当，普遍由民众选举，熟悉民众疾苦，彼此偏私完全消除，情通不阻，意公无私，兴利除弊呢？所以要施行公法，没有比张大国势更重要的了；要张大国势，没有比得民心更重要的了；要得民心，没有比通民情更重要的了；要通民情，没有比设议院更重要的了。中国若一直自己甘心卑弱，不想富国强兵，成为天下的强盛国家也就算了，如果要安内攘外，君民维持公法永保太平的局面，那他就必须从设立议院开始。

延伸阅读

文祥《密陈大计疏》：说者谓各国性近犬羊，未知政治，然其国中偶有动作，必由其国主付上议院议之，所谓谋及卿士也；付下议院议之，所谓谋及庶人也。议之可行则行，否则止，事事必合乎民情而后决然行之。自治其国以此，其观他国之废兴成败亦以此。倘其国一切政治皆与情相背，则各国始逞所欲为，取之恐后矣。中国天泽分严，外国上议院、下议院之设，势有难行，而义可采取。（《清史稿·文祥传》，中华书局，1976年，第11691页）

郑观应《议院》按语一：或谓：“议政院宜西不宜中，宜古不宜今。”此不识大局，不深知中外利病者之言耳。余尝阅《万国史鉴》，考究各国得失盛衰，而深思其故。盖五大洲有君主之国，有民主之国，有君民共主之国。君主者权偏于上，民主者权偏于下，君民共主者权得其平。凡事虽有上、下院议定，仍奏其君裁夺：君谓然，即签名准行；君谓否，则发下再议。其立法之善，思虑之密，无逾于此。此制既立，实合亿万人为一心矣。试观英国弹丸之地，女主当国，用人行政皆恃上、下院议员经理，比年得人土地已二十倍其本国。议院之明效大验有如此者。所以君民共主之国，普天之下十居其六，君主之国十居一二，民主之国十居二三耳。今日本行之亦勃然兴起，步趋西国，陵侮中朝。而犹谓议院不可行哉？而犹谓中国尚不可亟行哉？噫！傎矣！（《郑观应集·盛世危言》，中华书局，2014年，第91—92页）

刘崇敬《早期改良思想家诗文选译》：郑观应跟王韬一样，他把近代西方国家的政体分为三类：君主国、民主国和君民共主国。君民共主国即通常所谓君主立宪国。郑观应明确指出：君主国权偏于上，民主国权偏于下，唯有君民共主国，权才得其平，最为理想。而设立议院又是实现君民共主最完善的机制。立足于这个基本观点，郑氏在《议院上》一文中，开宗明义，首先提到“议院者，公议政事之院也”，然后，从现实和逻辑两方面反复论证设议院的重要性。他强调说：“故欲行公法，莫要于张国势；欲张国势，莫要于得民心；欲得民心，莫要于通下情；欲通下情，莫要于设议院。”并以英国为例，对西方议院的组织构成、议员遴选、议政程序，以及国王与议院的关系等，都一一作了详细评介。最后，他批评有些人把汉朝的议郎，唐、宋以来的台谏御史与近代议员混同的糊涂看法；驳斥了有人认为议院宜西不宜中、宜古不宜今的错误见解。在当时封建君主专制的统治下，提倡设议院，实具有一定的进步意义。（《早期改良思想家诗文选译》，巴蜀书社，1997年，第211页）

自强论

解题

此文选自《盛世危言》八卷本，作者题下自注：“甲午后续。”不免令读者产生该文系针对“甲午战争”而补写的错觉。实际上，该文是对1900—1901年激烈的政治动荡的回应，约作于1901年春天。光绪二十六年十二月初十（1901年1月29日），远在西安行在的慈禧太后发布上谕，表示要更法令、破锢习、求振作、议更张，实行“新政”。两江总督刘坤一及盛宣怀、张謇、沈曾植、何嗣焜等人拟就《变法平议》，梁启超在1901年4月29日《清议报》上刊《督抚行新政之意见》一文，披露了部分内容。郑观应自言：“今朝廷有更新之诏，微闻主议者略举数端。”此文就是在这“略举数端”的框架下写就的。他认为“法令不更，锢习不破”的后果是不可想象的，故举凡朝章国故、吏治民生、学校科举、军政财政，皆有所论列，而重中之重乃是建构一个新的重“法治”、轻“人治”的政治秩序。文中“议院”“民权”“立宪”等新名词，奔泻于笔端，模塑了一个新的论述构架，对于论说文的“近代化转型”具有一定的推进作用。

中国当此危极之时，而求安图治[1]，上下皆知非自强不可，而自强非变法不可。论者谓变法之易，莫如专制政治。所言不为无见，然蒙谓专制政治[2]，究不如立君政治[3]之公。何则？专制政治即君主之国，乾纲独断[4]，令出而人莫敢违。是惟开创[5]之君，圣神英武[6]，知人善任，百官不敢舞弊，书吏[7]不敢营私，虽用压力[8]而天下治安。若在守成[9]之主，暴虐淫逸，昏昧无知，全恃威重[10]，不顾是非，坐使奸蠹[11]弄权，吏胥骫法[12]，而天下大乱。观汉高祖之所以兴，秦二世之所以亡，可知治乱之原[13]矣。

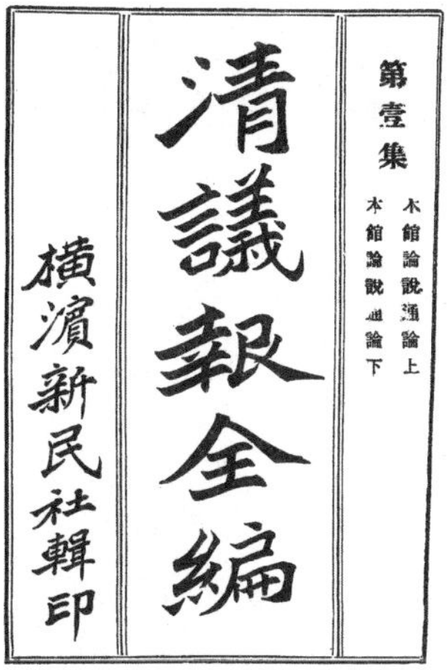

《清议报》

注释

［1］图治：想办法把国家治理好。明刘基《郁离子·千里马》："今之用人也，徒以具数与？抑亦以为良而倚以图治与？" ［2］专制政治：专制制度从质的方面讲，是指以统治者单方面的利益为目的的制度，与共和制对立。 ［3］立君政治：君主立宪制。 ［4］乾纲独断：形容封建帝王独自掌握决策，容不得他人插手。乾纲，朝纲，君权。 ［5］开创：指开国。 ［6］圣神英武：指皇帝圣明勇武。英武，英俊勇武。 ［7］书吏：清朝内外各官署吏员总称，在朝廷各机构者称"部办"。属雇员性质，秉承主官意旨办事，往往凭借着对文书处理和档案管理的垄断与控制，大肆营私舞弊，成为清代的一大弊政。 ［8］压力：武力镇压。 ［9］守成：谨守前人的成就和业绩。《诗经·大雅·凫鹥序》："《凫鹥》，守成也。太平之君子，能持盈守成，神祇祖考安乐之也。"唐孔颖达疏："言保守成功，不使失坠也。" ［10］威重：威权，威严。 ［11］奸蠹：行为不法

的小人。［12］吏胥骫（wěi）法：底层胥吏乱法。吏胥，又作"胥吏"，低层官僚机构中的各类办事人员和差役。骫法，枉法。［13］原：缘由。

今译

中国正值这个非常危急的时刻，要谋求国家的安定和治理，上上下下都知道非自强不可，而想要自强，非变法不可。讨论的人说变法最容易入手的地方，没有比得上改革专制政治的了。他们所说的不能说没有见地，但我说这专制政治终究不如君主立宪制公平。为什么呢？专制政治就是君主制的国家，君主独揽大权，命令一旦发出而没有人敢违抗。这只有那些开国之君，神圣英武，知人善任，（因此）百官不敢舞弊，书吏不敢营私。即使使用武力镇压，国家仍然能够安定。至于那些守成的君主，暴虐淫逸、昏庸愚昧无知，全靠威势压迫，不顾是非，眼睁睁地看着奸臣弄权，官吏枉法，致使天下大乱。看看汉高祖的建国，秦二世的亡国，就可以知道治乱的缘由了。

立君政治者，即君、民共主之国，政出议院，公是公非，朝野一心，君民同体，上无暴虐之政，下无篡逆[1]之谋。英、德二国驯致[2]富强，日本变法借材异域，比利士、瑞士列入万国保护之中，遵斯道耳。古云："有治人而后有治法。"[3]可与专制政治互相发明。惟纯常子[4]《自强论》云"有治法而后有治人"，则与立君政治为近矣。

注释

[1]篡逆：篡位谋反。篡，篡位；逆，造反。 [2]驯致：亦作“驯至”，逐渐达到。 [3]“古云”句：出《荀子·君道》：“有乱君，无乱国；有治人，无治法。” [4]纯常子：文廷式的别号，出《庄子·山木》：“纯纯常常，乃比于狂。”

今译

君主立宪制，就是国君和人民共同掌握国家的权力，国家政策由议院制定。大家认为正确的就执行，大家认为错误的就否决，朝野一心，君民同体。上无暴虐的政治，下无篡位的阴谋。英、德二国渐渐走上富强之路，日本变法依靠从外国引进有才能的人，比利时、瑞士列入万国保护之中，走的都是这条路。古人说：“有了治理国家的人，才有治理国家的法律。”这可以和专制政治互相发挥阐明。只有纯常子《自强论》中所说的“有了治国的法律，才有治国的人”，才与君主立宪制相近了。

今朝廷有更新[1]之诏，微闻[2]主议者略举数端，曰亲贵[3]游历；科举改章[4]；广设学校；考取优生，肄业泰西，各专一艺；讲武备；开议院；改律例；定商律、报律；开报馆；译西书；改官制；设巡捕；广邮政；维持圜法[5]；广开矿产；行印花[6]；用民兵；重农工；保商务；开银行；行钞票等事。凡此皆二十年前余《易言》《危言》中分类论及，惜守旧者恶谈西法，维新者不知纲领。而政府志在敷衍，惮[7]于改革，不求中外利病[8]是非，只知安富尊荣，保其禄位。行政之人尤安于苟

且，无论如何美政，由朝廷饬下[9]督、抚，由督、抚饬下司、道，由司、道饬下府、县。府、县召书吏以一纸告示城乡，略加新名[10]饰耳目，此外寂无举动矣。甚或前任所为，后任裁撤。虽创之费巨，成之日久，皆所勿恤[11]。此由于中国从无立君政治耳。

注释

［1］更新：改革。［2］微闻：隐隐约约地听到。［3］亲贵：皇亲国戚。［4］改章：改变章程规定，改革。［5］圜法：币制，货币政策。［6］印花：即印花税，一种对收据、合同、凭证及权利许可证等文件征收的税种，通过在文件上贴印花税票或加盖税章以证明完讫纳税义务。［7］惮：忌惮。［8］利病：利弊、优劣。［9］饬下：下敕文命令。［10］新名：新名词，新的说法。［11］恤：体恤，顾惜。

今译

如今朝廷颁布改革的诏令，我也隐约听到一些主要的议论，大致有以下几个方面：皇亲贵戚游历各国；改革科举制度；广泛开办学校；核选优秀学生去西洋留学，使他们各自精通一项技艺；研究武器装备；设立议院；改革律例；制定商律、报律；开办报馆；翻译西方书籍；改革官制；设立巡捕；推广邮政业务；维护货币法；广泛开采矿产资源；推行印花税；使用民兵；重视农业和工业；保护商务；开办银行；印行钞票；等等。这些都在我二十年前所写的《易言》《危言》中分类论述过。可惜守旧的人讨厌谈论西洋的做法，维新的人又不知道怎样去做。而政府只是在敷衍了事，害怕改革，不研究中外的利弊是非。只知道安福尊荣保全自己的禄位。执行政策的人更是安于现状。美好的政令都是由朝廷下达给督抚，由督抚下达给司道，由司道下达给府县，府县召来一般书吏在城乡中贴上一张告示，略加新的说法，掩人耳目，除此以外，再也没有别的举动了。甚至前任官员所做的事，后任官员（就将其）撤销了。虽然开创时花费巨大，已经做了很长时间，也不可惜。这是由于中国从来没有实行君主立宪制。

夫立君政治，除俄、土二国外，专制政体在今日称各国例外之政体，将来亦不得不变。俄早议有宪法，但未行耳。文明诸国无不从同。惟君主与民主之国，宪法微有不同。查日本宪法，系本其国之成法，而参以西法，中国亟宜仿行，以期安攘[1]。或谓恐失君权。不知君主之国，如英、德议院，所议之事与君不合者，可置[2]不行。昔英儒矮利斯托路氏云：“政府之强大，古则尚力，今则尚德，反是则势涣国衰。”故皆设宪法而开议院。沪上葡萄牙国总领事华君告余曰：“中国欲拒外侮，务在合群。我国穷民少全得此益。”中国不能自强，由于上下离心。篇中拟立宪法，冀当轴者合群图治[3]，以顺人心，虽参用西法，实亦三代[4]之遗规也。

注释

［1］安攘：“安内攘外”之省。［2］置：搁置。［3］图治：把国家治理好。［4］三代：指夏、商、周三个朝代，通称“上

古三代”。“三代之治”，在儒家看来就是最高的政治境界，是后人一定要效法的典范。

今译

就君主立宪制而言，除沙皇俄国、土耳其两国外，专制政体在今天被视为“各国例外”的政体，将来也会不得不变的。俄国早就议定了宪法，只是没有施行罢了，各文明国家无不趋同。君主国与民主国，在宪法上略有不同。考察日本的宪法，是用本国现成的法律，并参考西方法律而成的。中国应马上依照实行，以达到安内攘外的目的。有人说恐怕会失去君权，实际上他不知道君主立宪制国家，如英、德的议院，所议的事情与君主不合的，可以搁置不行施。过去英国学者矮利斯托路说：“政府的强大，古代崇尚利益，现在崇尚道德，反之则势力涣散，国家衰败。”所以都设立宪法，开办议院。上海葡萄牙总领事华君告诉我说：“中国想抗拒外来侵略，一定要联合民众。我们国家贫穷，人民很少，全得益于此。”中国不能自强，由于上下离心。文中拟定的宪法，希望当局联合民众，想办法治理好国家，来顺应民心。虽然参用了西洋的做法，实际上也是上古夏商周三代遗留下来的规制。

延伸阅读

夏东元《郑观应志》：此篇是八卷本所增，“甲午后续”亦同时所加。在本文中，郑观应首先指出，中国要“求安图治”，就要自强，要自强，“非变法不可”。专制政治“究不如立宪政治之公”，“立君政治者，即君民共主之国，政出议院，公是公非，朝野一心，君民同体，上无暴虐之政，下无篡逆之谋。英、德二国驯致富强，日本变法借材异域，比利士、瑞士列入万国保护之中，遵斯道耳。”郑观应批评了当局虽然有一些变法举措，如“亲贵游历，科举改章；广设学校；考取优生，肄业泰西，各专一艺；讲武备；开议院；改律例；定商律、报律；开报馆；译西书；改官制；设巡捕；广邮政；维持圜法，广开矿产；行印花；用民兵；重农工；保商务；开银行；行钞票等事”，但其目的只是保住眼前利益，“志在敷衍，惮于改革，不求中外利病是非，只知安富尊荣，保其禄位。行政之人尤安于苟且，无论如何美政，由朝廷饬下督、抚，由督、抚饬下司、道，由司、道饬下府、县。府、县召书吏以一纸告示城乡，略加新名饰耳目，此外寂无举动矣。甚或前任所为，后任裁撤。虽创之费巨，成之日久，皆所勿恤。”针对这些现象，郑观应主张，应学习日本，尽快实行君主立宪的政治制度，才能改变目前“上下离心”的现状，实现自强的目的。《自强论》有两篇附录：一篇题为《胶报〈论普国中兴事略〉》；另一篇题为《薛叔耘星使〈变法论〉》，原为十四卷本《交涉下》附录，八卷本移作《自强论》附录，前篇是郑观应从报纸中选录的文章，介绍普国“破除旧制”“刻意图新”“凡民皆有自主之权”，而使国力增强，战胜法国军队，成为“地球中第一等强国”的历史，用作中国自强的借鉴，后篇再次强调变法图强的重要性。《自强论》还有节录两篇，第一篇题为《国民报·公义》，是郑观应从《国民报》节录的文章，探讨世界上一些国家的亡国原因，举了犹太、波兰、印度为例子，指出亡国的根本原因是“皆由其士民颓敝，不早振奋，膜视国事，故驯至受此惨辱而不能自立也”。提醒国人要有所作为，以免蹈人覆辙。第二篇节录题为《纯常子〈自强论〉》，文章认为：“吾愿论自强者当求所以然之故，勿为一二新论所锢，勿袭一二陈言而自以为得”，应当实事求是，与时俱进。（《郑观应志》，广东人民出版社，2009年，第242页）

西学

解题

此文原列八卷本《盛世危言》卷二“礼政”的第一篇，约作于洋务运动如火如荼开展的十九世纪七八十年代。作为题名的“西学”，亦即西方学术体系，是切入“学习西方”这一全新时代主题时，必须正面阐述的课题。此文以“西学中源”说为假设前提，别具匠心地创设出天学、地学、人学三层构成体系，而以“人学”统摄洋务论、变法论。在郑观应看来，天地江河亘古不变，其所涵盖对象是确定的。但人类社会不断演变进步，中西文化交流从未中断，中国学术传播到西方，西人有所接受，有所创新，在创造发明诸多学术门类的基础上，发展出许多新的“政教刑法”范畴，实在再自然不过了。这一论述技巧，将敏感的政治改革问题，纳入“人学”的范畴，进而置于“道”的统摄范围之外，有效地规避了对“道亦不变”论的正面触碰。“中道西器”“西学中源”的论调，看似迂腐，实则十分智慧，能将最大的可行性空间留给“学习西方”的洋务运动，为中国实现近代化转型奠定坚实的物质基础。

今之自命正人[1]者，动[2]以不谈洋务[3]为高，见有讲求西学者，则斥之曰名教罪人[4]、士林败类[5]。噫！今日之缅甸、越南，其高人亦岂少哉！其贤者蹈海而沉湘[6]，不贤者觍颜而苟活[7]耳。沟渎之谅[8]，于天时、人事何裨[9]乎？且今日之洋务，如君父之有危疾[10]也，为忠臣孝子者[11]，将百计求医而学医乎？抑痛诋[12]医之不可恃，不求不学，誓以身殉，而坐视其死亡乎？然则[13]西学之当讲不当讲，亦可不烦言[14]而解矣。

注释

[1]自命正人：自命为正人君子。自命，自我标榜；正人，正人君子，正派的人。 [2]动：每每，往往。杜甫《赠卫八处士》："人生不相见，动如参与商。" [3]洋务：指近代中国向西方学习，在政治、经济、外交、军事、文化等方面进行变革的活动。 [4]名教罪人：儒家的罪人。名教，儒教。 [5]士林败类：读书人中的败类。士林，儒者，读书人。 [6]蹈海而沉湘：跳海，自沉湘水。将缅甸、越南的贤者比作投江自尽的屈原。 [7]覥（miǎn）颜而苟活：厚着脸皮苟活。 [8]沟渎（dú）之谅：出《论语·宪问》："岂若匹夫匹妇之为谅也，自经于沟渎而莫之知也。"大意是偏狭的见解。沟渠，形容狭小、偏窄。 [9]裨：裨益，益处。 [10]危疾：病危。疾，疾病。 [11]为忠臣孝子者：当忠臣孝子的人。 [12]痛诋：痛骂。 [13]然则：连词，用在句子开头，表示既然如此。 [14]烦言：多费口舌，浪费言语。

今译

当今自以为是正人君子的人，动不动以不谈洋务为清高，一遇到求西学的，就斥之为"名教罪人""士林败类"。唉！今天缅甸、越南，他们的"高人"难道还少吗？贤良的蹈海而沉没，不贤良的厚着脸皮苟活。

固执于偏狭之见，对于天时、人事有什么益处呢？况且今日的洋务，就好比君父得了危重的疾病，努力作忠臣孝子的，是将千方百计地求医或学医呢，还是痛加诋毁医术不可靠，不求不学，发誓以身殉父，坐等君父死亡呢？既然如此，那么，西学应当讲或不应当讲，也就不必多费唇舌而自然明白了。

古[1]曰："通天、地、人之谓儒。"又曰："一物不知，儒者所耻。"[2]今彼[3]之所谓"天学"者，以天文为纲，而一切算法、历法、电学、光学诸艺，皆由天学以推至其极[4]者也。所谓"地学"者，以地舆[5]为纲，而一切测量、经纬、种植、车舟、兵阵诸艺，皆由地学以推至其极者也。所谓"人学"者，以方言文字为纲，而一切政教、刑法、食货[6]、制造、商贾[7]、工技诸艺，皆由人学以推至其极者也。皆有益于国计民生，非奇技淫巧[8]之谓也。此外，有剽窃皮毛[9]、好名嗜利[10]者，则震惊他人之强盛，而推崇过当，但供谈剧[11]，亦实不能知其强盛之所以然。此则无本之学[12]，不足登大雅之林[13]也。

注释

[1] 古：古人，指汉儒扬雄。此句出《扬子法言》："通天、地、人谓儒。"古人将天、地、人称为"三才"，是万物的中心，一切创造的起点。　[2] 一物不知，儒者所耻：明宋濂《曾公神道碑铭》："一物不知，儒者所耻。"大意是真正的儒者应该是博学

的，一旦对某一事物不够了解，定会感到羞愧。［3］彼：对方，指西方。［4］极：极其精密。［5］地舆：地理。汉刘向《淮南子·原道训》：“以地为舆，则无不载也。”大意是说把大地比作车舆，可以负载万物。后人遂称大地为“地舆”。［6］食货：原指粮食、货物等经济活动，后指国家财政。［7］商贾：商人。古人有“行商坐贾”的说法。［8］奇技淫巧：新奇的技艺、奇巧的作品。奇，奇巧，有趣的；技，技巧；淫，过分的，易令人沉迷、上瘾的。［9］剽窃皮毛：抄袭表面的、肤浅的东西。剽窃，抄袭；皮毛，指肤浅的（东西）。［10］好（hào）名嗜利：喜好名声、贪财。嗜，嗜好，贪图。［11］谈剧：谈资，谈笑。［12］无本之学：没有根基的、肤浅的学问。［13］大雅之林：即大雅之堂。大雅，主流的高雅文化。

今译

古人说：“通天地人之谓儒。”又说：“一物不知，儒者所耻。”现代西方所说的“天学”，是以天文为纲，而一切算法、历法、电学、光学等科学，都由天学推演发展而来。所说的“地学”，是以地理为纲，而一切测量、经纬、种植、车舟、兵阵等科学，都由地学推演变化而出。所说的“人学”，以方言文字为纲，而一切政教、刑法、食货、制造、商贾、工技等科学，都由人学推导、演绎而成。这些都有益于国计民生。并非奇技淫巧的无用之学。此外，有些剽窃皮毛、贪名图利的人，对西方人的强盛感到震惊，推崇过分，（其实）不过是提供虚空清谈的谈资，实际上根本不知道西方人强盛的原因。这是无本之学，不能够登上大雅之堂。

夫所贵乎通儒者，博古通今，审时度势[1]。不薄待[2]他人，亦不至震骇[3]他人；不务匿[4]己长，亦不敢回护[5]己短，而后能建非常之业，为非常之人。中外通商已数十载，事机迭出[6]，肆应[7]乏才，不于今日急求忠智之士，使之练达[8]西国制造、文字、朝章[9]、政令、风化，将何以维[10]大局、制[11]强邻乎？且天下之事业、文章、学问、术艺，未有不积小以成高大，由浅近而臻深远者，所谓“合抱之木，生于毫末；九层之台，起于垒土；千里之行，始于足下”[12]是也。西人谓华人所学西法，皆浅尝辄止[13]，有名无实[14]。盖总其事者[15]，不精其学，未识师授优劣，课艺[16]高下，往往为人朦昧[17]，所以学生每况愈下，不如人。

注释

[1]审时度势：观察分析时局变化，预估情况变化。审，仔细研究；时，时局，时机；度，估计；势，大势，发展趋势。[2]薄待：对（对方）很冷漠，不够大方。[3]震骇：震惊，吓坏了。[4]匿（nì）：隐藏。[5]回护：袒护、辩护（缺点）。[6]事机迭出：行事的时机不断出现。事机，政务、军事的重要转机；迭，重叠地，不断地。[7]肆应：善于应对各种急务。[8]练达：熟练，娴熟。[9]朝章：朝廷典章制度。[10]维：维持。[11]制：制伏。[12]“合抱……足下”句：出《老子》。合抱，一人双手合抱，比喻树干粗大；毫末，毫厘，细枝末节，比喻极其幼小的树苗；累土，堆叠泥土。[13]浅尝

辄（zhé）止：稍微尝试一下就停下来，指不深入钻研。辄，就。［14］有名无实：出《庄子·则阳》："有名有实，是物之居；无名无实，在物之虚。"大意是仅有空名，实际上并非如此，外在名声与实质内容极不一致。［15］总其事者：总管西学的人。总，总管，掌管。［16］课艺：原指科举八股制艺，这里泛指课程内容。［17］矇昧：蒙蔽，欺骗。

今译

通儒所看重的，在于博古通今，审时度势。不薄待他人，也不至害怕他人；不隐藏自己的长处，不袒护自己的短处，而后才能建立非常的功业，成为非常的人。中外通商，已数十年之久了，行事的转机不断出现，善于应对各种急务的人才始终缺乏，不在今日急着去寻求忠于国家、智能高超的人，让他们通晓西方的制造、文字、国家典章制度、政令、风化，将凭什么来维持大局、制服强大的邻国呢？况且天下的事业、文章、学问、艺术，没有不是积细小以成就高大，由浅近发展到深远的，《老子》所说的"合抱的大树，生于幼小的树苗；九层的高台，起于堆叠的泥土；千里之行，始于足下"，就是这个意思。西方人评论华人学习西法，都是浅尝辄止，有名无实。掌管西学教育之事的人，不懂业务，不知道老师教课水平的优劣，课程内容水平的高下，往往受他们的蒙蔽，所以学生的学习每况愈下，仍不如人。

论泰西之学[1]，派别条分[2]，商政、兵法、造船、制器，以及农、渔、牧、矿诸务，实无一不精，而皆导其源[3]于汽学、光学、化学、电学。以操[4]御水、御火、御风、御电之权

衡[5]，故能凿混沌[6]之窍，而夺造化[7]之功。方其授学伊始[8]，易知易能，不以粗浅为羞，反以躐等[9]为戒。迨[10]年日长，学日深，层累[11]而上，渐沉浸于史记、算法、格致[12]、化学诸家。此力学者之所以多，而成名者亦弥众[13]也。今人自居[14]学者，而目不睹诸子之书，耳不闻列朝之史，以为西法[15]创自西人，或诧为[16]巧不可阶[17]，或斥为卑[18]无足道。噫！异矣！

注释

[1] 泰西之学：西学。泰西，极远的西方。泰，又作“太”，极其，极远。 [2] 派别条分：学科发展源流清楚，脉络明晰。派，流派，源流；条，条理，脉络；别、分，辨别清晰。 [3] 导其源：发源，由某处发展而来。 [4] 操：操纵，掌握。 [5] 权衡：法度，权利，枢要。 [6] 混沌：蒙昧无知的样子。 [7] 造化：天地间的创造者。 [8] 伊始：开始。 [9] 躐（liè）等：越级，反超。 [10] 迨（dài）：等待，待到。 [11] 层累：层层累积，指一级一级研读上去。 [12] 格致：物理学。 [13] 弥众：越来越多。弥，越来越（多）；众，众多。 [14] 自居：以……自居，自以为了不起。 [15] 西法：西方学术方法。 [16] 诧为：惊讶地认为。 [17] 巧不可阶：极其精巧，不可能模仿、学习。阶，登上，靠近。 [18] 卑：低级。

今译

论起西学，它的源流脉络明晰，商政、兵法、造船、制造器物，以及农、渔、牧、矿诸多行业，实际上无一不精，而这些行业都是从汽学、光学、化学、电学发展而来的，掌握控制水、火、风、电的机制，才能凿开混沌的窍门，取得巧夺造化的功效。当开始教学时，先学容易懂、容易会的，不以知识粗浅为羞耻，反而以超越知识深浅等级为戒律。等到年岁大了，学得深了，由浅入深一级一级积累增加，逐渐沉浸在史记、算法、格致、化学诸门类的学习中。这就是努力学习的人多起来，成名成家的也越来越多的原因。如今有些以学者自居的人，眼睛不读诸子百家的书籍，耳朵不听历代各朝的历史，以为西法全由西人创造，有的对西法感到惊异，认为精巧至极，不可能赶上，有的人贬斥（西法）低级，无足道哉。唉！都不对啊！

昔大挠[1]定甲子，神农[2]造耒耜，史皇[3]创文字，轩辕[4]制衣冠，蚩尤[5]作五兵[6]，汤[7]作飞车，挥[8]作弓，夷牟[9]作矢，当其创造之始，亦何尝不惊人耳目，各树神奇？况夫星气之占始于臾区[10]，勾股之学始于隶首[11]，地图之学始于髀盖[12]，九章之术[13]始于《周礼》。不仅此也，浑天[14]之制，昉于玑衡[15]，则测量有自来矣。公输子[16]削木人为御，墨翟[17]刻木鸢而飞，武侯[18]作木牛流马，则机器有自来矣。《秋官》象胥[19]，郑《注》译官[20]，则翻译有自来矣。阳燧[21]取明火于日，方诸[22]取明水于月，则格物有自来矣。一则化学，古所载“烁金、腐水、离木”[23]，“同，重、体、合、类”[24]，“异，二体、不合、不类”[25]，此化学之出于我也。一则重学，古所谓“均。发均悬，轻重而发绝，其不均也；均，其绝也莫绝”[26]，此重学之出于我也。一则光学，古[27]云：“临鉴立影”，“二光夹一光”，“足被下光，故成影于上，首被上光，故成影于下”，“近中，所鉴大影亦大；远中，所鉴小影亦小。”此光学之出于我也。一则气学，《亢仓子》[28]：“蜕地之谓水，蜕水之谓气。”此气学之出于我也。一则电学，《关尹子》[29]：“石击石生光，雷电缘气以生，亦可为之。”《淮南子》[30]：“阴阳相薄为雷，激扬为电。磁石引针，琥珀拾芥。”此电学之出于我也。

注释

［1］大挠：相传是黄帝时代的人，创造了甲子纪年法，即以天干、地支相配，纪述年日，六十年一个轮回。甲，十天干第一位；子，十二地支第一位。 ［2］神农：炎帝，姓姜，号神农氏，是中国农业、医药业的发明者。耒耜（sì），农业耕种器具的总称。耒，耕具的把柄；耜，爬犁的锋刃。 ［3］史皇：即仓颉，相传是黄帝时代的史官，发明文字。 ［4］轩辕：黄帝，姓公孙，居轩辕之丘，号轩辕氏。 ［5］蚩（chī）尤：相传是古代南方九黎部落首领，发明青铜兵器。 ［6］五兵：指矛、戟、钺、楯、弓矢等兵器。 ［7］汤：商汤王，商朝的缔造者。晋张华《博物志外国》：“奇肱国，其民善机巧，以杀百禽，能为飞车从风远行。汤破其车，不以视民。十年东风至，乃复作车遣返。其国去玉门关四万里。” ［8］挥：相传是黄

帝时代的人，发明了弓。［9］夷牟：相传是黄帝时代的人，发明了箭。［10］臾区：相传是黄帝时代的史官，主占星相。［11］隶首：相传是黄帝时代的史官，发明勾股弦定律。［12］髀（bì）盖：古代天文历算著作《周髀》倡“盖天”之说，认为天似覆盆，中央高，四周低，盖住大地，故简称“髀盖”。髀，古时测量日影的表。［13］九章之术：我国最古老的算法，又称“九章算术”“九数”。《周礼·地官·保氏》：“养国子以道，乃教之六艺……六曰九数。”［14］浑天：我国古代的一种天体学说，认为天体形状像鸟卵，天包地像卵包黄。天一半在地上，一半在地下，南北两极固定在天的两端，日、月、星辰绕着两极轴旋转。［15］昉（fǎng）于玑（jī）衡：从玑衡（的发明）开始。昉，天初亮，引申为起始；玑衡，即璇玑玉衡抚辰仪，我国古代一种观测天象的仪器，代指天文学；玑，天玑，北斗七星之一。［16］公输子：鲁班，姓公输，名班，春秋时鲁国著名木匠，故称鲁班、公输子。《论衡》说他曾制作木车马及木人御者，可载其母。［17］墨翟（dí）：战国时鲁国人，曾为宋国大夫，主张兼爱非攻，是墨家学派的创始人。《韩非子》：“墨子为木鸢，三年而飞，一日而败。”鸢，老雕。［18］武侯：三国时蜀相诸葛亮死后谥忠武侯。晋陈寿《三国志·蜀志·诸葛亮传》：“亮性长于巧思，损益连弩，木牛流马，皆出其意。”木牛流马能负“一岁粮”。［19］《秋官》象胥：《周礼·秋官·象胥》：“象胥掌蛮夷闽貉戎狄之国使，掌传王之言而谕说焉，以和亲之。”［20］郑《注》译官：汉郑玄《三礼注》：“通夷狄之言者曰象胥。”泛指翻译官员。［21］阳燧（suì）：古代利用太阳光取火的凹面铜镜。严复《救亡决论》：“方诸、阳燧，格物所宗；烁金、腐水，化学所自。”［22］方诸：古人在月下承露取水的器具。［23］烁金、腐水、离木：出《墨子·经说上》：“五。金水土火，火离然，火铄金，火多也。金靡炭，金多也。金之府木，火离木。”烁，铄，熔化；腐，府，聚集；离，附丽。很多晚清士人持“西学中源”说，如清黄遵宪《日本国志》卷三十二《学术志·西学》：“若夫一切格致之学，散见于周秦诸书者尤多。余考泰西之学，墨翟之学也，尚同、兼爱、明鬼、事天，即耶稣《十诫》所谓敬事天主、爱人如已。他如‘化征易’‘若蛙为鹑’‘五合水火土，离然铄金、腐水、离木’‘同，重、体、合、类’‘异，二体、不合、不类’，此化学之祖也。‘均。发均县，轻重而发，绝，不均也；均，其绝也莫绝’，此重学之祖也。‘临鉴立景’，‘二光夹一光’，‘足敝下光，故成景于上；首敝上光，故成景于下’，‘鉴近中，则所鉴大；远中，则所鉴小’，此光学之祖也。皆著《经》上、下篇。”《皇朝经世文三编》卷十一《学术下·中西格致源流论》：“《墨子》曰‘化征易’‘若蛙为鹑’‘五合水火土离然铄金腐水离木’，《亢仓子》曰‘蜕地之谓水，蜕水谓之气’以及‘阳燧取火，方诸取水’之类，非合于西人之化学乎？《墨子》曰‘均。发均悬，轻重而发绝，不均也；均，其绝也莫绝’‘临鉴立景，二光夹一光，足被下光，故成景于上，首被上光，故成景于下’，岂非合于西人之化学、光学乎？”梁启超《变法通论·论不变法之害》：“腐水离木，均发均县，临鉴立景，蜕水谓气，电缘气生，墨翟、亢仓、关尹之徒，非西儒也。” ［24］同，重、体、合、类：出《墨子·经说上》：“同，重、体、合、类。”重，重名；体，局部；合，聚合；类，类别。 ［25］异，二、不体、不合、不类：出《墨子·经说下》：“异，二、不体、不合、不类。同、异而俱于之一也”，“同，二名一实，重同也；不外于兼，体同也；俱处于室，合同也；有以同，类同也。异，二必异，二也。不连属，不体也。不同所，不合也。不有同，不类也。”异，不同；二，区别，二者不能等同。［26］“均。发均悬”句：出《墨子·经说下》：“均。发均悬，轻重而发绝，其不均也；均，其绝也莫绝。”均，平均用力；发，头发丝；县，悬；绝，断。［27］古：指《墨子》。《墨子·经说下》：“临鉴而立，景到，多而若少。”大意是面对镜子，可出现影像。鉴，铜镜。又，“二光夹一光”中的二光，是指直射光、侧射光；一光，是指同一个光源。又，“足被下光，故成景于上，首被上光，故成景于下”，大意是说脚遮蔽了下面的光线，就投影在墙壁上方；头遮蔽了上面的光线，就投影在墙壁的下方。被，蔽；景，影子。［28］《亢仓子》：书名，相传为老子的弟子亢仓（即庚桑楚）所作。清黄遵宪《日本国志》卷三十二《学术志·西学》：“《亢仓子》曰：‘蜕地谓之水，蜕水谓之气。’《关尹子》曰：‘石击石生光，雷电缘气而生，可以为之。’《淮南子》曰：‘黄埃青曾赤丹白礜元砥，历岁生澒。其泉之埃，上为云。阴阳相薄为雷，激扬为电。上者就下，流水就通，而入于海。炼土生木，炼木生火，炼火生云，炼云生水，炼水反土。’中国之言电气者又详矣。”蜕，变化出来。［29］《关尹子》：书名，相传为周尹喜所作。［30］《淮南子》：书名，汉淮南王刘安所作。薄，接近，激扬。

今译

当年大挠定甲子，神农造耕具，仓颉创文字，轩辕制衣冠，蚩尤作兵器，汤造飞车，挥制弓，夷牟造箭，当这些创造发明开始时，又何尝不惊人耳目，各显出神奇之处呢？星气学说由臾区创立，勾股定律由隶首发明，地图学自髀盖发端，九章算术从《周礼》开始。不仅如此，浑天仪起于玑衡，可见测量之学由来已久，公输子削木人驾车，墨翟刻木鸢而飞，武侯作木牛流马，从此也就有了机器。《秋官》中提到象胥，郑玄注释称为“译官”，可见翻译由来已久。阳燧镜取明火于太阳，方诸盘取明水于月亮，可见格物由来已久。就化学来讲，古书所载炼金、腐水、离木，同重体合，类异二体，不合不同类。这是化学出自我国的说法。就重学来讲，古人所谓均发，若头发的粗细坚柔不均，以发悬物，发就断了，若均匀相等，就不断。这是重学出自我国的说法。再就光学来讲，古人说面对铜镜就可现影，二光夹一光，脚被下光，所以成影于上；头被上光，所以成影于下；近照所看见的物大，影亦大；远照所看见的物小，影亦小。这是光学出自我国的说法。就气学来讲，《亢仓子》说：“水从土中变化而出，气由水变化而来。”这是气学出自我国的说法。就电学来讲，《关尹子》说：“石击石生光，雷电由气生成，也能生光。”《淮南子》说：“阴阳相碰成雷，猛烈撞击生电。磁石吸引指针，琥珀能放大芥粒。”这是电学出自我国的说法。

古神圣[1]兴物[2]以备民用：曰形、曰象、曰数、曰器、曰物，皆实征诸事[3]，非虚测其理也。童子就学，教以书数，究理精艺[4]，实基于此。自学者骛虚而避实，遂以浮华无实之八股，与小楷试帖[5]之专工，汩没性灵[6]，虚费时日，率天下而入于无用之地，而中学日见其荒，西学遂莫窥其蕴矣。不知我所固有者，西人特[7]踵[8]而行之，运以精心，持以定力[9]，造诣精深，渊乎莫测[10]。所谓“礼失而求诸野”[11]者，此其时也。近人江慎修[12]融贯中西测算，兼能制造奇器，尝制木牛以耕，造木驴代步，应声筒之制亦先生创之。谁谓中人巧思独逊西人哉？以中国本有之学还之于中国，是犹取之外厩，纳之内

厩[13]，尚鳃鳃[14]焉谓西人之学中国所未有，乃必归美[15]于西人。西人能读中国书者不将揶揄[16]之乎？

注释

［1］神圣：圣人。［2］兴物：创造万物。［3］实征诸事：通过事实加以验证。实征，实证。［4］究理精艺：探究万物原理法则，精通学术。艺，儒家六艺，儒家经书。［5］小楷试帖：指明清科举考试规定以小楷整体书写诗赋八股文试帖。［6］汩（gǔ）没性灵：埋没个人的灵性。汩，湮灭，埋没；性灵，人的性情、智慧。［7］特：只不过。［8］踵：脚后跟。指紧紧跟随。［9］定力：坚定的信念、毅力。［10］渊乎莫测：高深莫测。渊，精深。［11］礼失而求诸野：出《汉书·艺文志》：“仲尼有言：‘礼失而求诸野。’方今去圣久远，道术缺废，无所更索，彼九家者，不犹愈于野乎！”大意是朝廷礼仪失落了，但可在周边少数民族地区找到。［12］江慎修：江永，字慎修，江西婺源人，清代著名学者，著述颇丰，发明很多。［13］取之外厩，纳之内厩：出《公羊传·僖公二年》：“马出自内厩，系之外厩尔，君何丧焉！”大意是不过把马从内厩牵出来，系在外厩罢了，没有任何损失。厩，马厩，马房。［14］鳃（xǐ）鳃：亦作“偲偲”或“葸葸”，忧虑、恐惧的样子。［15］归美：称许，赞美。［16］揶（yé）揄（yú）：嘲笑、戏弄。

今译

古代圣人创造万物供民使用，分为形、象、数、器、物等，都经过事实验证，不空对空探究道理。儿童上学，教诗书、数学，探究万物原理，娴熟经典，实际上正扎根于此。以学者自居的人，却避实就虚，于是专攻浮华无实的八股以及小楷试帖，埋没了个人的灵性，虚度光阴，引导天下学子进入无用之地，中国本土学术日见荒废，西学更没人探讨其深蕴了。殊不知我国原有学术，西人不过是跟随效仿实行罢了，精心运用，坚持不懈，造诣精深，高深莫测。《论语》所说的“礼失而求诸野”，大概正是今天这个时候得到体现了。近人江慎修融会贯通中西测算，并能制造奇器，曾经制造木牛耕地，造出木驴代步，应声筒也是由江先生创造的。谁能说中国人的精巧构思比西方人差呢？将中国本有的学术还给中国，这就好比把马从外厩牵出，拴到内厩一样，何必忧虑地说西人之学中国从来未有，一定要归美于西人呢。能读中国书籍的西人会不嘲讽讥笑我们吗？

尤有进焉者：国于天地，必有与立，盛衰兴废，各有所以致此之由。学校者人才所由出，人才者国势所由强，故泰西之强，强于学，非强于人也。然则欲与之争强，非徒在枪炮战舰也，强在学中国之学，而又学其所学也。今之学其学者，不过粗通文字语言，为一己谋衣食，彼自有其精微广大[1]之处，何尝稍涉藩篱[2]？故善学者必先明本末，更明所谓大本末而后可。以西学言之，如格致、制造等学其本也[3]，语言文字其末也。合而言之，则中学其本也，西学其末也。主以中学，辅以西学。知其缓急，审其变通，操纵刚柔，洞达政体。教学之效，其在兹乎。

注释

［1］精微广大：出《中庸》："君子尊德性而道问学，致广大而尽精微，极高明而道中庸。"大意是说善问好学，达到宽广博大的高宏境界，同时又深入到精细详尽的细微之处，这才是一种符合"中庸之道"的极高明的和谐。广大，广博深厚的境界。精微，精细微妙的境界。［2］藩篱：指学问的边界。［3］如格致、制造等学其本也：作者自注："各国最重格致之学，英国格致会颇多，获益甚大，讲求格致新法者约十万人。"

今译

更进一步说：一国立于天地之间，必有其立国的道理，国家的盛衰兴废，各有其造成盛衰兴废的原因。学校是培养人才的地方，人才是国家强大的重要因素，所以说西方之强，强在学校方面，不是强在人的方面。因此，要想与西方争强争胜，不能局限在枪炮船舰方面，还应强（重视）学习中国固有的学术，尤其应在学习它所应当学的内容。如今学西学的人，不过粗浅地学通西方文字语言，为自己谋求衣食而已，西方自有其精微广大之处，中国学者何尝稍有触及过西学的藩篱？所以，善于学习的人必先明了其本末，更要明了其大本末才行。就西学来说，如格致、制造等学，这是本，语言文字是末，综上所述，中学为西方之本，西学为西方之末。以中学为主，以西学为辅，分清事物发展的轻重缓急，详察事物发展变通，掌握刚柔相济的方法，明察政体得失，教学的功效，就在于此啊！

延伸阅读

石峻《郑观应的〈盛世危言〉》：郑观应在他的《〈盛世危言〉初刊自序》中，把他全书的宗旨和内容作了概括的说明，就是他认为国家“富强之本，不尽在船坚炮利”，必须进一步学习西方，使“人尽其才”，“地尽其利”，“物畅其流”。在《西学》一篇中，特别强调了科学是“中国本有之学”，又明确地反对了当时两种阻止向西方学习的不正确的态度：一种是认为很难学会的苟安心理，另一种是认为不值得学的保守思想。出于他是一个改良主义者，虽然一方面提倡“西学”，但是又称“中学其本也，西学其末也，主以中学，辅以西学”，明确地表示无须根本推翻现行的政治制度和全盘接受资产阶级的学术思想。作者认为当时中国不如西方，像铁路、电报、邮政、银行、开矿、船政、纺织，乃至防海、练兵等无不一一谈到。而且又进一步地提到议院、考试、吏治、公法、税则等有关政治改革的方案和设立日报、医院等具体措施，实在是一个比较全面的计划。但他在全书第一篇冠以“道器”，又慎重地申明所变的只不过是“器”，而不是“道”。（《读书月报》，1957年第11期）

夏东元《郑观应志》：本文中，郑观应针对国内某些自命清高者“动以不谈洋务为高，见有讲求西学者，则斥之曰名教罪人，士林败类”现象，指出“今日之洋务，如君父之有危疾也，为忠臣孝子者，将百计求医而学医乎？抑痛诋医之不可恃，不求不学，誓以身殉，而坐视其死亡乎？”作为解决国内弊病的重要良方。首先，郑观应把西学分为天学（即算法、历法、电学、光学），地学（即测量、经纬、种植、车舟、兵阵），人学（即政教、刑法、食货、制造、商贾、工技），认为西方学说“派别条分”“无一不精”。而中国人对待西学“皆浅尝辄止，有名无实。盖总其事者，不精其学，未识师授优劣，课艺高下，往往为人矇昧，所以学生每况愈下，不如人”。因此主张：国家要强盛，必须做到“学校者人才所由出，人才者国势所由强，故泰西之强强于学，非强于人也。然则欲与之争强，非徒在枪炮战舰也，强在学中国之学，而又学其所学也”。他还指出：“中学其本也，西学其末也。主以中学，辅以西学。知其缓急，审其变通，操纵刚柔，洞达政体。教学之效，其在兹乎。”《西学》的附录有三篇，一是《英士李提摩太〈七国新学备要论〉》，介绍英、法、德、俄、美、日、印七国的学校情况，其中包括学习内容、学生年龄、学校的数目、上各类学校所需的费用等。在这篇附录后面，郑观应针对当时轻视西学的说法写了一段附言，强调当今中国面临千年未遇之困局，要解决问题，要“御外侮，固邦本”，就必须废时文，兴实学，重西学。要“广方言馆、同文馆”，“罗致英才”，把西方学说的精髓学到手。第二篇附录是郑观应写的《中国宜求格致之学论》，文章回顾了三代以来、唐宋以前中国重视实学的教育传统，又以西方为例，证明讲求格致之学的国家总是能走向强盛。强调必须“勤求典学，惟日孜孜，上下一心，励精图治，将见格物致知，穷理尽性，帑项不虞其支绌。庶几泄千古未尽之藏，宇宙永庆升平，不且巩万祀无疆之业哉！”第三篇附录是郑观应所撰《华人宜通西文说》，指出国人掌握西方语言，便于学习先进思想、技术，及与列强交流沟通，对本国有极大好处。（《郑观应志》，广东人民出版社，2009年，第236—237页）

商务三

解题

此文选自《盛世危言》“户政”，是系列商务专论的第三篇。作者从数十年的经商体认出发，认为西方商人在中国取得的巨大成功，恰与中国传统商业的日益凋敝成反比，其结症就在于商业理论的差异。为此，他撰写了《商战》《商务》《商船》《厘捐》《银行》等系列论文，建构了一个较为完整的商业理论框架，凸显了近代中国经济所面对的两大主题：一是中国社会业已开启了从传统农本经济向近代商业社会的根本性转变，二是中国商人应紧密关注世界格局的变化，在学好并适应“新经济”的同时建立起全新的商业组织和团体。此文针对传统中国重农抑商的种种弊端，采用对比手法，描述西洋、日本经过近代化转型，致力于拓展海外贸易，终至富国强兵的过程，并以此为“参照系”畅论中国商务改革的基本构架及未来不可限量的前景，甚至作出了与东西方列强竞争于寰宇的大胆预言。这一富有体系性构架的论述，能警醒广大国人，能振奋广大国人，更产生了为商人正名、为商人请命的历史作用。

中国以农立国[1]，外洋以商立国。农之利，本也；商之利，末也，此尽人而能言之也。古之时，小民各安生业[2]，老死不相往来[3]，故粟布交易[4]而止矣。今也不然，各国并兼[5]，各图利己，藉[6]商以强国，藉兵以卫商。其订盟立约[7]，聘问往来[8]，皆为通商而设。英之君臣又以商务开疆拓土，辟美洲，占印度，据缅甸，通中国，皆商人为之先导。彼不患我之练兵讲武[9]，特[10]患我之夺其利权。凡致力于商务者，在所必争。可知欲制西人以自强，莫如振兴商务。安得谓商务为末务哉？

注释

［1］立国：建立国家。［2］生业：谋生的职业。［3］老死不相往来：出《老子》：“邻国相望，鸡犬之声相闻，民至老死不相往来。”大意是说人们彼此不交往。［4］粟布交易：以粮食、布匹交易为代表的以物易物形式。［5］并兼：兼并，侵吞别国的领土或别人的产业。［6］藉：借助。［7］订盟立约：订立盟约，签订条约。［8］聘问往来：外交出使往来。［9］讲武：讲习军事。［10］特：只，但。

今译

中国以农业立国，西方以商业立国。农业上的利是本，商业上的利是末，这是每个人都能说得出来的道理。古代的时候，老百姓各自维持自己的谋生职业，老死不相往来，所以只限于粮食和布匹的易货交易。现今则不同了，各国纷纷兼并他国土地，各国为了自己的利益，借商业活动来强国，借兵力来保卫商业。订立盟约，外交访问往来，都是为了通商采取的措施。英国君臣通过商务活动开拓疆土，开辟美洲，占领印度，占据缅甸，进入中国，都是以商人作为先导。他们并不担心我国练兵讲武，只害怕我国夺取他们在商业方面的利权。凡是从事商务的人，对利权都在所必争。由此可知要想制服西人以实现中国自强，不如振兴商务，怎么能说商务是不重要的“末务”呢！

我中国自军兴[1]而后，厘金、洋税收数，溢于地丁[2]，中外度支[3]仰给于此。夫用[4]出于税，而税出于商，苟[5]无商，何有税？然中外司会计之臣[6]苟不留心商务，设法维持，他日[7]必致税商交困而后已。四海困穷，民贫财尽，斯历代之所由衰乱也。

注释

[1]军兴：打仗，指重要的战争。 [2]“厘金”句：厘金、关税的总收入超过了农业的地丁税。厘金，又称厘捐，19世纪中叶至20世纪30年代中国的一种商业税，主要是在水陆交通要道设立关卡，征收货物通过税。洋税：又称关税，指对外贸易方面的税收；溢，多于；地丁，清代按地亩和人口合并征收的农业税。 [3]中外度支：内政、外交所需财政资金的调配、支付。 [4]用：国用，国家财政支出。 [5]苟：假如。 [6]司会计之臣：掌控财政的臣子。会计，指财政管理。 [7]他日：日后，将来。

今译

我国自从平定太平天国以来，厘金、关税的收入，超过了农业的地丁税，内政、外交所需要的一切财政支出，均靠此支给。既然国用出于税，而税出于商，如果没有商，怎能有税收？然而朝廷内外掌管财政的官吏，如果不留心商务，设法维持税收，将来一定陷入税商交困的境地。国家穷困，百姓贫穷，国财用尽，这是历代衰乱的根由。

查[1]英国设商部[2]专理其事，于商务讲求最精，故收效亦最巨。法、美踵其迹，而亦步亦趋，均臻[3]富强。德于数十年前师法英人，设商学以教贸易，并立博物院罗致[4]各国货物，以藉资效法而广见闻[5]，故商学堂中人才蔚起，而德之商务大兴。奥国[6]近亦讲求，分为三类：一则银行典质货物暨保险各事，二则制造各法及销售运货脚价[7]，三陆地转运之法并邮政电报各事。是以泰西各国商务日振，国势日强，民生日富。然各国工力悉敌[8]，出入损益[9]，厥势维均[10]，则不得不以亚洲各国为取财之地、牟利之场，此亦必然之势也。

注释

［1］查：考查。 ［2］商部：商务部。 ［3］臻：达到。 ［4］罗致：搜罗，收集。 ［5］广见闻：增广见闻。 ［6］奥国：奥地利。 ［7］脚价：运输费。 ［8］工力悉敌：劳动力资源差不多对等。工力，人力，劳动力。 ［9］出入损益：进入口的减低和增加。损益，盈亏。 ［10］厥势维均：势均力敌。厥，这；维均，大致均衡。

今译

经考查可知，英国设置商务部，专门管理商务，对商务研究最精密，所以收效也最大。法、美紧跟英国之后，亦步亦趋，都实现了富强。德国在数十年前效法英国，设商学堂来教授贸易，并建立博物院收集各国货物，以供学者效法，增长见闻，因此商学堂中人才蓬勃兴起，德国的商务随之大大发展。奥地利近来也重视研究商务，分为三类：一是有关银行典当货物及保险业务；二是有关各种制造方法及销售运货费用；三是有关陆地转运办法及邮政电报事宜。正因为如此，西方各国商务日益振兴，国势日渐强大，民生日益富裕。然而，西方各国劳动力水平大致相当，进出口盈亏大致均衡，所以不得不以亚洲为取财、牟利的地方，这也是一种必然的趋势。

夫亚洲各国贫弱者无论[1]矣，其最大者惟中国，次则日本。故挟全力而俱东[2]，争开口岸，勒订[3]条约。设领事以资保护，屯兵舶以壮声威。或勒免关卡税厘，或侵占小民生计，取求无厌，要挟多端，必遂其欲而后已。日本初亦受其朘削[4]，至大藏省[5]尽余纸钞，金银日稀，国势已形岌岌[6]。厥后其王游历各国[7]而归，窥见利病之故，乃下令国中大为振作，讲求商务，臣民交奋[8]，学西洋之制造，以抵御来源，仿中国之土货，以畅销各国。表里[9]图利，而国势日兴，纸钞悉数[10]收回，府库金银充溢。此日本近日通商之实效也。日本既避通商之害，反受通商之益，于是亚洲大国受其害者惟中国而已。

注释

［1］无论：暂且不论。 ［2］俱东：全部向东（侵略）。［3］勒订：逼迫签订。 ［4］朘（juān）削：搜刮，剥削。 ［5］大藏省：近代日本设置的主管财政、金融的中央部委。 ［6］岌岌：很危险的样子。 ［7］其王游历各国：指日本在1871年12月23日派出以右大臣外务卿岩仓具视为特命全权大使，以大藏卿大久保利通、参议木户孝允、工部大辅伊藤博文、外务少卿山口尚方为副使的48人暨50余名留学生随行的大型使团，展开长达一年十个月的参访英美十二国之行。后来，大久保利通、伊藤博文都当上了日本首相。 ［8］交奋：纷纷奋激。 ［9］表里：指日本国内外。 ［10］悉数：全部。

今译

亚洲那些又贫又弱的国家可以不谈，其中最大的只有中国，其次是日本。因此，西方各国倾全力向东方扩展，争相开辟通商口岸，强迫中国签订条约。设立领事馆加以保护，屯兵舰以壮声威。或者强迫减免关卡税厘，或者侵占百姓的生计，掠夺无厌，多方要挟，一定要满足其欲望才肯作罢。日本一开始也受西方各国的剥削，以至于大藏省仅剩下些纸钞，金银日渐稀少，国势已岌岌可危。后来，日本大臣游历考察西方各国回来，找到了利弊的根源，于是下令全国极力振作起来，讲求商务，臣民共同奋斗。学习西洋制造技术，以抵御西洋来的货源；仿造中国的土货，以畅销各国；日本国内外纷纷谋利，国势日兴，纸钞全部收回，国库充满了金银。这就是日本近来开放通商收到的实效。日本既避开了通商的害处，又收到了通商的益处，于是，亚洲各大国之中受洋人之害的只有中国而已。

夫以日本之小，且交[1]受其益；以中国之大，乃重[2]受其害者，何哉？病在讲求商务之无人耳。推原[3]其故，上在官而下在商。官不能护商，而反能病[4]商，其视商人之赢绌[5]也，如秦人视越人之肥瘠[6]。私橐[7]虽充，利源已塞。此弊之在上者也。至于商则愚者多，而智者寡；虚者多，而实者寡；分者多，而合者寡；因者多，而创者寡；欺诈者多，而信义者寡；贪小利者多，而顾全大局者寡。此疆彼界，畛域攸分[8]，厚己薄人，忮求[9]无定，心不齐，力不足，故合股分而股本亏，集公司而公司倒。此弊之在下者也。

注释

［1］交：交易，通商。　［2］重：重复，不断。　［3］推原：研究其原因。　［4］病：损害。　［5］赢绌：盈（利）亏（损）。　［6］如秦人视越人之肥瘠：就好像秦国人不关心越国人的贫富一样。比喻漠不关心。此句作者自注：“封雇商船，强令承役，只图自利，罔恤民生。”　［7］私橐（tuó）：私囊。　［8］畛（zhěn）域攸分：划分界限。畛域，界限，领域；攸，置于动词之前，构成名词性词组，相当于“所”。　［9］忮（zhì）求：嫉忌且贪得无厌。

今译

以日本这样一个小国，尚且因通商而受益；以中国这样一个大国，反而深受其害，这是为什么呢？毛病出在中国没人讲求商务啊！探求其根本原因，上在于官而下在于商。官不能护商，而反能害商。官方看待商人经营的盈亏，犹如秦人毫不关心越人的贫富。自己的腰包装满了，却堵塞了税利的来源。这个弊端发生在上面官方上。至于商人，其中愚蠢的多，而聪明的少；务虚的多，而实干的少；分散经营的多，而合作经营的少；因循守旧的多，而开拓创新的少；欺诈的多，而守信义的少；贪图小利的多，而顾全大局的少。此彼经营界线分明，划分经营地盘，厚己薄人，贪得无厌；心不齐，力量一定不足，所以合资股份而股本亏，集资办公司而公司倒。这个弊端发生在下面商人身上。

欲求利国，先祛[1]二弊；欲祛二弊，先自上始。必于六部[2]之外，特设一商部，兼辖[3]南、北洋通商事宜[4]。南、北洋分设商务局于各省水、陆通衢[5]，由地方官公举素有声望之绅商为局董，凡有所求，力为保护。先讲种植、制造，次讲贩运、销售，如种茶树棉、养蚕缫丝、织布纺纱、制造毡毯诸事；倡立鸦片、煤、铁、磁器、火油诸公司，必使中国所需于外洋者，皆能自制；外国所需于中国者，皆可运售。而又重订税则，厘正捐章[6]，务将进口之税大增，出口之税大减，则漏卮可以渐塞，膏血[7]可以收回。此其权之在上，而必大为变通者也。

注释

[1]祛：治病，去除。　[2]六部：传统中国中央礼、兵、吏、户、工、刑这六部。　[3]辖：管辖。　[4]南、北洋通商事宜：清政府按中美《望厦条约》、中法《黄埔条约》规定，在1844年

10月设置“五口通商大臣”，后分设南、北洋通商大臣。南洋办理通商事务大臣，初驻广州，后驻上海，管理广州、厦门、福州、宁波、上海五口对外通商、交涉事务，由两江总督兼任。北洋通商大臣驻天津，管理天津、牛庄（后改营口）、登州（后改烟台）三口与外通商事务，由直隶总督兼任。［5］通衢：交通枢纽之地。［6］厘正捐章：修订捐纳的章程。厘正，修订，改正。［7］膏血：指国家税收。

今译

要想有利于国家，先要除去这两个弊端；要想除去这两个弊端，先要从上头开始。一定要在六部之外，特设一个商部，兼管南、北洋通商事宜。南、北洋在各省水、陆要道分设商务局，由地方官公开选举素有声望的绅士和商人为商务局董事，凡有所求，极力保护。先讲求种植、制造，其次讲求贩运、销售。如种茶、种棉、养蚕、缫丝、织布、纺纱、制造毡毯等项；倡立鸦片、煤铁、瓷器、煤油等公司，一定要使中国所需要的外洋货物，都能自己制造；外国所需的中国货物，都可运输出去销售。并且重新制订税则，修改厘捐章程，务必使进口税大增，出口税大减，这样就可以逐渐堵塞漏洞，收回国家税款。这些权力都在上面，都是一定要大力变通的。

至于下，则必于商务局中兼设商学，分门别类，以教殷商[1]子弟：破[2]其愚，开其智；罚其伪[3]，赏其信[4]；劝其创[5]，戒其因[6]；务其大，箴[7]其小，使豁然[8]于操奇逐赢[9]之故。而后分者可合，散者可聚，小者可大，拙者可

巧，诈者可信，贫者可富，废者可兴。再由各府、州、县札饬[10]各工商设立商务公所。须如王君紫诠所云：“毋恃官势，毋杂绅权。”当听[11]工商仿西法投筒自举[12]商董。所举商董，或一月一会，或一月两会。会日洞启重门[13]，同业咸集，藉以探本业之隆替[14]，市面之赢绌，与目前盛衰之故，日后消长[15]之机。勿作浮谈[16]，勿挟私意，何者宜补救，何者宜扩充，以类相从，各抒己见。司董[17]择其切当可采者，汇而记之于册，一存会所，一存商务局。每年每季仿外国商务工艺报，刊印成编，分遗同业户各一本，俾考市廛[18]之大局，知趋避之所宜。夫而后百货通，百废举矣。商务局凡有所见，咨禀于南、北洋通商大臣。倘遏抑[19]不通，即径达商部。一年一次汇禀情形，商部统计盈虚，上达天听[20]。如是则兴废当，谋画周，上下之情通，官商之势合，利无不兴，害无不革，数十年后中国商务之利有不与欧西并驾者，吾不信也。

注释

[1]殷商：富商。殷，殷实，富裕。 [2]破：破除。 [3]伪：作伪，伪造。 [4]信：诚信。 [5]创：创新，原创。 [6]因：因袭，因循守旧。 [7]箴：劝诫。 [8]豁然：明白，精通。 [9]操奇逐赢：出《汉书·食货志上》：“商贾大者积贮倍息，小者坐列贩卖，操其奇赢。”颜师古注：“奇赢，谓有余财而蓄聚奇异之物也。”大意是说谋取利益。 [10]札饬：

下达文书命令。［11］听：听任。［12］投筒自举：在竹筒里投签进行选举。［13］洞启重门：出晋左思《蜀都赋》："华阙双邈，重门洞开。"大意是把层层大门打开。洞，洞开。重门，层层设门。［14］隆替：兴衰。［15］消长：衰退与成长。［16］浮谈：空谈。［17］司董：董事长。［18］市廛（chán）：市镇上商店集中的地方。［19］遏抑：阻挠，压制。［20］天听：指皇帝的听闻。

今译

至于下，一定要在商务局中兼设商业学校，分门别类，教育殷实商人的子弟：破除他们的愚昧，开启他们的智慧；惩罚他们作伪，奖赏他们诚信；鼓励他们创新，力戒他们因循守旧；致力于大事业，少考虑小利益，使他们明了谋利的经商之道。而后分散者可以合作，散居者可以聚拢，小的可做大，笨拙者可以变巧，欺诈者可以有诚信，贫穷者可以变富，不振者就可以兴业。再由各府、州、县下令各工商，设立商务公所。必须像王韬所说的那样："不要仰仗官势，不要掺杂绅权。"应当让工商业者仿照西法投票自选商董。大家选出的董事，或一月开一次会，或一月开两次会。开会时，敞开大门，同行业的人聚集在一起，以便共同研究本行业兴隆衰败情形，市面买卖的盈亏，与目前盛衰的原因和日后消长的契机。不作空谈，不带成见，哪些该补救，哪些应扩充，按类归纳，各抒已见。董事长选择其中切实可行的意见，汇记成册，一册存商会所，一册存商务局。每年每季，仿照外国商务工艺报刊，刊印成编，分别送给同业，每户一本，以便了解商业市场的大局，及时决定经营适当进退的策略。这之后就可做到百货畅通、百废兴起了。商务局每有见解，立即请示汇报给南、北洋通商大臣。倘若受到阻挠、压制，即可直接上报商部。一年一次汇报情况，商部统计盈亏，上奏皇帝。如此一来，就会兴废适当，谋划周详，上下之情相通，官商之势相合，利无不兴，害无不除。数十年后，中国商务之利不能与西洋各国并驾齐驱，我是不相信的。

更有说者，轮船招商一局[1]，实为中国振兴商务之权舆[2]。查泰西各国，轮船通商只准径到一埠[3]，其余沿海、沿江各处，乃该国民船自有之利，外人不得侵夺。今各国轮船无处不到，获利甚厚，喧宾夺主，害不胜言。我朝廷宜设法保护商民，并换去关上洋人，庶无[4]偏护，如日本国家设法卫商，使外来争利者亏本自退。载货水脚[5]因争载而递减者酌复其旧，则中国商船之利悉归我有。否则仿外国例，岁助商船公司带书信箱水脚银百万两[6]，多造坚固快利之船，分走通商口岸及华人寓居之埠，如南洋诸岛、北洋、海参威及朝鲜、日本各口，皆可以运我土货，畅销各国。又准公司添派小轮船，往来各省内河。船中驾驶、管轮[7]，悉用华人，以免滋事，遇有战务[8]可仿西例报效国家。如是则利权渐收，商途日辟。中国地大物博，宁第[9]与各国争雄海上已哉！即他年大一统之机缄[10]，亦权舆于是矣！

注释

［1］轮船招商一局：轮船招商局是中国近代第一家官督民办的企业，创建于1872年，主营中国沿海、长江的航运业务，也部分承担国家漕运任务，即“揽载为第一义，漕运为第二义”，一举打破外

资轮船公司的垄断。［2］权舆：起点，萌芽。［3］埠：商埠，码头。［4］庶无：差不多没有。［5］水脚：水路运输货物的费用。［6］“岁助”句：作者自注：“欧洲各国通例：凡邮船往来归公司办理，而书札一项惟朝廷独擅利权。然传递又赖轮船，故国君皆助给经费，计法国每年拨给一百零四万三千五百十三磅，德国一百万磅，俄国四十五万磅，意国四十万磅，英国六十六万五千磅，日本八十八万元。”［7］管轮：轮机长。［8］战务：战争。［9］宁第：岂止。宁，岂，难道；第，仅。［10］机缄（jiān）：气运、契机。

今译

更可以重点说一下的是，轮船招商局实为中国振兴商务的起点。考察西方各国的有关规定，轮船通商只准开到指定的那一个商埠，其他沿海、沿江各处，都是该国民船自有的利权，外人不得侵夺。如今外国轮船在我国无处不到，获利甚厚，喧宾夺主，为害多得说不完。朝廷应当设法保护商民，并撤换海关聘用的洋人税务司，免得洋人袒护外商，就像日本设法保护商业，使外来争利者亏本自行退出。水路载货运费因争载而递减的，酌情恢复原来的运费规定，这样中国商船之利就完全归我所有了。否则，仿照外国的惯例，每年补助商船公司带书信箱的水运费银百万两。多造坚固快利的轮船，分别驶往各通商口岸及华人聚居的城市，如南洋诸岛、北洋、海参崴（现称符拉迪沃斯托克）及朝鲜、日本各口岸，都可以运输我国的土货，畅销各国。还应准许公司添置小轮船，往来各省内河。船上的驾驶、轮机长，都用华人，以免滋生事端，遇到战事，可仿照西方惯例报效国家。这样做，利权渐收，商业途径日益扩大。中国地大物博，难道仅止于与各国争雄海上吗？将来大一统的契机，也就从这里开始了！

延伸阅读

刘崇敬《早期改良思想家诗文选译》：本文首先批判了传统的“农本”“商末”观点之不当，提出“欲制西人以自强，莫如振兴商务”的主旨。紧接着，论证了近代西方各国之所以富强，亚洲诸国之所以贫弱的根由，指出西方各国之所以富强，在于重视商务，英国开风气之先，法、美、德、奥步踵其后，遂不可一世；亚洲诸国之所以贫弱，在于轻视商务，遂变成西方各国的“取财之地，谋利之场”。日本觉醒，急起直追，“既避通商之害，又受通商之利”，逐渐变贫为富，化弱为强。亚洲诸国受害最大的只有中国，“病在讲求商务之无人耳”。然后，郑氏强调，要想效法西方，振兴商务，利国利民，必须除去上在官、下在商的两大弊端。他认为在上的官要懂商、恤商，朝廷应在六部之外，特设商部，主持商政；在下的商，应通过商业教育，破愚开智、罚伪赏信、劝创戒因、务大箴小，掌握“操奇逐赢”的经营之术，并集思广益，及时交流市场信息。如此则上下情通，官商势合，利兴害除，数十年后，中国商务定能与欧西并驾齐驱。这些先进的见解和主张，至今犹有一定的参考价值。

（《早期改良思想家诗文选译》，巴蜀书社，1997年，第182页）

商战上

解题

此文原列《盛世危言》卷五“户政”，是郑观应商业思想体系建构中最富个性的一篇。商战，是郑观应的一大“发明”，在他看来，这是在商业领域内回击东西方列强经济入侵的正义之举。作者站在宏大的世界市场高度，罗列出了十个可与东西方列强进行“商战”的领域，一一作出细致入微的东西比较，揭示出西方人的劣势，彰显出中国的优势之所在，巧妙运用孙膑战法，一定能取得最终的胜利。全文正义凛然，气势如虹，而又表现出高度的中国智慧，即善用“攻守之势”易变的规律，以务实而灵活的思路布局商战，处理阶段性战役与总体性战争的辩证关系。全文文字表达铿锵有力，字句之间流转着特殊的韵律之美。

自中外通商以来，彼族动肆横逆[1]，我民日受欺凌，凡有血气，孰不欲结发厉戈[2]，求与彼决一战哉！于是购铁舰，建炮台，造枪械，制水雷，设海军，操陆阵，讲求战事，不遗余力，以为而今而后，庶几水栗而山詟[3]乎。而彼族乃哑哑然[4]窃笑其旁也，何则？彼之谋我，噬膏血匪[5]噬皮毛，攻资财不攻兵阵[6]，方且[7]以聘盟[8]为阴谋，借和约为兵刃。迨至精华销竭[9]，已成枯腊[10]，则举之如发蒙[11]耳。故兵之并吞，祸人易觉，商之掊克[12]，敝国无形。我之商务一日不兴，则彼之贪谋亦一日不辍[13]。纵令猛将如云，舟师林立，而彼族谈笑而来，鼓舞而去，称心餍欲[14]，孰得而谁何之哉！吾故得以一言断之曰：“习兵战不如习商战。”

注释

[1] 横逆：横流逆行，指无理取闹。 [2] 厉戈：磨戈。厉，通“砺”，打磨。 [3] 水栗而山詟（zhé）：使洪水感到恐惧，令大山慑服。栗，通“慄”，发抖、战栗；詟，通“慑”，恐惧、害怕。 [4] 咥（xì）咥然：笑貌。 [5] 匪：通“非”。 [6] 兵阵：排兵布阵。 [7] 方且：尚且。 [8] 聘盟：出使结盟。 [9] 销竭：消耗殆尽，枯竭。 [10] 枯腊：极其干枯。腊，极。 [11] 发蒙：尚在启蒙的学童，指小孩子。 [12] 掊（póu）克：亦作“掊剋”，搜刮。 [13] 辍：停止。 [14] 餍（yàn）欲：满足私欲。餍，吃饱，满足。

今译

自中外通商以来，西方列强动不动就肆意横行霸道，我中华民族日日受到他们的欺凌，凡是有血气的人，谁不愿盘上头发、磨快刀戈，跟他们决一死战呢！于是购买铁甲舰，建筑炮台，造枪械，制造水雷，设立海军，操练陆军兵阵，研究战争策略，可谓不遗余力，以为从今以后，差不多就可令江河发抖、大山慑服了。然而，西方列强却站在一旁暗中嘲笑我们，这是为什么？因为洋人对我国的图谋，是吸噬膏血，而不是啃皮毛，是劫掠资财，不是攻打兵阵。他们以外交结盟为阴谋，借缔结和约为兵刃，等到把你的精华消耗殆尽，干枯已极，要制服你就像对待小孩子一般。所以，使用兵力吞并，祸害人们，容易发觉；而运用商务榨取，拖垮一个国家，却在不知不觉之中。因此，我国的商务一日不兴起，洋人的贪谋也就一日不会停止。纵令猛将如云，舟师林立，而列强谈笑而来，鼓舞而去，欲望满足，称心如意，谁能把他怎么样！所以我得出这样一个结论，用一句话下断言："习兵战不如习商战。"

然欲知商战，则商务得失不可不通盘[1]筹画，而确知其消长盈虚[2]也。《孙子》曰："知彼知己，百战百胜。"[3]请先就我之受害者，缕析[4]言之，大宗有二：一则曰鸦片，每年约耗银三千三百万两；一则曰棉纱、棉布两种，每年约共耗银五千三百万两。此尽人而知为巨款者也。不知鸦片之外又有杂货，约共耗银三千五百万，如洋药水、药丸、药粉、洋烟丝、吕宋[5]烟、夏湾拿[6]烟、俄国美国纸卷烟、鼻烟、洋酒、火腿、洋肉脯、洋饼饵、洋糖、洋盐、洋果干、洋水果、咖啡，其零星莫可指名者尤夥[7]。此食物之凡为我害者也。洋布之外，又有洋绸、洋缎、洋呢、洋羽毛、洋漳绒、洋羽纱、洋被、洋毯、洋毡、洋手巾、洋花边、洋钮扣、洋针、洋线、洋伞、洋灯、洋纸、洋钉、洋画、洋笔、洋墨水、洋颜料、洋皮箱箧、洋磁、洋牙刷、洋牙粉、洋胰、洋火、洋油，其零星莫可指名者亦夥。此用物之凡为我害者也。外此更有电气灯、自来水、照相玻璃、大小镜片、铅铜铁锡煤斤、马口铁、洋木器、洋钟表、日规[8]、寒暑表[9]，一切玩好奇淫之具，种类殊繁，指不胜屈。此又杂物之凡为我害者也。以上各种类皆畅行各口，销入内地，人置家备，弃旧翻新，耗我资财，何可悉数！是彼族善于商战之效既如此。

注释

[1] 通盘：全盘，全局。 [2] 消长盈虚：出《周易·彖》："剥，剥也，柔变刚也。'不利有攸往'，小人长也。顺而止之，观象也。君子尚消息盈虚，天行也。"大意是消下去、长起来，圆满起来、削减下去。这是天道循环的表现。 [3]《孙子》句：《孙子》，先秦军事思想家孙武所著《孙子兵法》。此句出《孙子兵法》："故知胜有五：知可以战与不可以战者胜，识众寡之用者胜，上下同欲者胜，以虞待不虞者胜，将能而君不御者胜。此五者，知胜之道也。故曰：知己知彼，百战不殆；不知彼而知己，一胜一负；不知彼不知己，每战必殆。" [4] 缕析：一条条分开来（讲）。 [5] 吕宋：菲律宾的吕宋岛，生产优质香烟叶。 [6] 夏湾拿：古巴首都哈瓦那的旧译，出产优质雪茄烟。 [7] 夥：多。 [8] 日规：日晷，测算日影拟测时间的装置。 [9] 寒暑表：即温度计。

今译

然而，要明白商战，那么对商务的得失不可不作通盘筹划，确切知道商务消长盈虚的规律。《孙子兵法》说："知己知彼，百战百胜。"现在先就我国遭受的害处一条条分析来说，大宗有二：一是鸦片，每年约耗银三千三百万两；二是棉纱、棉布两种，每年约共耗银五千三百万两。这是人尽皆知的巨款。其实，很多人不知鸦片之外还有各种杂货，约共耗银三千五百万（两），如洋药水、药丸、药粉、洋烟丝、吕宋烟、哈瓦那烟、俄国美国纸卷烟、鼻烟、洋酒、火腿、洋肉脯、洋饼饵、洋糖、洋盐、洋果干、洋水果、咖啡，其他零星叫不出名称的更多。这是食物方面给我国带来的害处。除洋布之外，又有洋绸、洋缎、洋呢、洋羽毛、洋线绒、洋羽纱、洋被、洋毯、洋毡、洋手巾、洋花边、洋纽扣、洋针、洋线、洋伞、洋灯、洋纸、洋钉、洋画、洋笔、洋墨水、洋颜料、洋皮箱包、洋瓷、洋牙刷、洋牙粉、洋肥皂、洋火、洋油，其他零星叫不出名称的也不少。这是在日常用品方面给我国带来的害处。此外，还有电气灯、自来水、照相玻璃、大小镜片、铅铜铁锡煤斤、马口铁、洋木器、洋钟表、日规、寒暑表，一切用于玩乐奇技淫巧的东西，种类繁多，指头都数不过来。这又是杂货方面给我国带来的害处。以上各种货物皆畅行我国各个口岸，销往内地，人人购置，家家备用，弃旧翻新，耗费我国的钱财，无法计算。西方列强善于商战的成效，大致如此。

而就我夺回之利益数之，大宗亦有二：曰丝，曰茶。计其盛时[1]，丝价值四千余万两，今则减至三千七八百万两；茶价值三千五百余万两，今仅一千万两；杂货约计共值二千九百万两。罄[2]所得丝、茶全价，尚不能敌鸦片、洋布全数，况今日茶有印度、锡兰、日本之争，丝有意大利、法兰西、东洋之抵[3]，衰竭可立待乎！次则北直[4]之草帽辫、驼毛、羊皮、灰鼠，南中[5]之大黄、麝香、药料、宁绸、杭缎及旧磁器，彼族零星贩去，饰为玩好而已。更赖出洋佣工暗收利权少许，然亦万千中之

十百耳，近且为其摈绝[6]，进退路穷。是我之不善于商战之弊又如此。总计彼我出入，合中国之所得尚未能敌其鸦片、洋布二宗，其他百孔千疮，数千余万金之亏耗胥归[7]无着，何怪乎中国之日惫哉！

注释

［1］盛时：贸易最兴旺的时候。［2］罄：全部。［3］抵：正面冲突，竞争。［4］北直：北方的直隶省，大约相当于今河北、天津地界。［5］南中：本指云南、贵州、四川西南部，此处泛指南方。［6］摈绝：拒绝，排挤。［7］胥归：归还，垫付。

今译

而就我夺回的利益来算，大宗也有两项：丝和茶。按贸易兴盛时期计算，丝价值四千余万两，现今减至三千七八百万两；茶叶价值三千五百余万两，如今只有一千万两；杂货约共值二千九百万两。把丝、茶加在一起的全部价值，尚抵不过鸦片、洋布价值的总数。何况如今茶有印度、锡兰、日本的竞争，丝有意大利、法兰西、东洋的正面冲突，丝茶贸易日益衰竭的形势指日可见。其次，北方的草帽辫、驼毛、羊皮、灰鼠，南方的大黄、麝香、药料、宁绸、杭缎及旧瓷器，洋商零星贩去，只是当作装饰品来欣赏而已。还要依靠出洋当雇工暗收少许利益，但也不过万千中之十百而已，况且近来已遭排挤，进退的路子都没有了。这是我国不善于商战的弊病。总计彼我进出口数，合中国之所得尚不能抵外国鸦片、洋布二宗，其他百孔千疮，数千余万金亏耗的归还却全无着落，难怪中国正日益衰败呢！

更有绝大漏卮[1]一项，则洋钱是也。彼以折色之银[2]，易我十成之货，既受暗亏，且即以钱易银，虚长洋价，换我足宝[3]，行市眴变[4]又遭明折。似此层层剥削，节节欺绐[5]，再阅[6]百十年，中国之膏血既罄，遂成羸痿癃病[7]之夫，纵有坚甲利兵，畴能[8]驱赤身枵腹[9]之人，而使之当前锋、冒白刃哉？

注释

[1] 漏卮（zhī）：滤酒的酒器，喻利权外泄。 [2] 折色之银：掺进铅锌或锡的银子。 [3] 足宝：足金的元宝。 [4] 眴（xuàn）变：转瞬之变。 [5] 欺绐（dài）：欺骗。 [6] 阅：经过。 [7] 羸痿癃病：老弱病残。羸，瘦弱；痿，肢体麻木；癃，年迈且易疲惫。 [8] 畴能：安能，怎能。 [9] 枵（xiāo）腹：空腹，喻饥饿。

今译

更有一项绝大利权外溢的漏洞，就是洋钱。洋人用非纯色的银钱，换取我十成的银钱，既已吃了哑巴亏，又被他们以洋钱换取金银，抬高洋钱的价值，换掉我足赤的金银，行市转瞬一变，又遭到明晃晃的折损。像这样层层剥削，节节欺骗，再过百十年，中国的膏血就要枯竭，变成瘦弱萎缩的病夫，纵有坚韧盔甲和锋利兵器，谁能统率赤身空腹的人，叫他们上前线冲锋打仗呢？

夫所谓“通”者，往来之谓也，若止有来而无往，则彼通而我塞矣。“商”者，交易之谓也，若既出赢而入绌，则彼受商益而我受商损矣。知其通塞损益，而后商战可操胜算也。独是[1]商务之盛衰，不仅关物产之多寡，尤必视工艺之巧拙，有工以翼[2]商，则拙者可巧，粗者可精。借楚材以为晋用[3]，去所恶而投其所好，则可以彼国物产仍渔[4]彼利。若有商无工，纵令地不爱宝，十八省[5]物产日丰，徒弃已利以资彼用而已。即今力图改计，切勿薄视商工，特设商部大臣总其成，兼理工艺事宜。务取其平日公忠体国、廉洁自恃、长于理财、无身家之念者方胜厥任。并通饬[6]各省督、抚，札谕[7]各府、州、县官绅及各处领事，仿西法由各艺各商中公举殷商及巧工设为董事，予以体面，不准地方官借此要求。凡有商务、工务应办之事，可随时禀报商务大臣。或商务大臣不公，有循私自利之心，准各省商务局绅董禀呈军机[8]转奏，庶下情上达，不至为一人壅蔽[9]也。

注释

[1]独是：单是，特别是。 [2]翼：辅助。 [3]借楚材以为晋用：出《左传·襄公二十六年》：“晋卿不如楚，其大夫则贤，皆卿材也。如杞梓、皮革，自楚往也。虽楚有才，晋实用之。”楚国的人才为晋国所用，喻本国人才外流到别国，为其工作。 [4]渔：获利。 [5]十八省：清朝行政区划长期沿用十八个省份的基本格

局。［6］通饬：通令，朝廷统一下达的命令。饬，同“敕”，命令。［7］札谕：以文书形式下达指令。［8］军机：即清中后期中央决策机构军机处。［9］壅蔽：遮蔽。

今译

平常所说的“通”，就是互相往来的意思，若只有来而没有往，那就是别人通畅、我们闭塞了。平常所说的“商”，就是交易的意思。若支出多而收入少，那就是别人取得了商业上的利益而我们反受到了商业上的损害了。只有懂得商业上通畅与闭塞、损害与收益的道理，然后打商战才有可能稳操胜券。特别是商务的盛衰，不仅关乎物产的多少，尤其还要看工艺技术的巧拙，有工业辅佐商业，那么，拙者可变精巧，粗者可变精密。借用楚国的人才在晋国使用，去除所厌恶而投其所好，就可以利用外国的物产，获取外国的利益。若有商业而没有工业，即使地下宝藏纷纷出现，十八省的物产日见丰富，也只能是遗弃本国的资财，让外国利用而已。如今大力推行改革大计，切不可轻视商业和工业，应特设商部大臣加以全面管理，并兼管工艺事项，一定要选择公正爱国、廉洁自守、擅长财政事物、没有身家牵挂的人，才能够胜任这个职务。并且通报各省督、抚，文告各府、州、县官绅及各处领事，仿照西方人的办法由各行各业推举富商和技工为董事，给予荣誉，不准地方官借机干涉。凡有商务、工务应办的事，可随时禀报商务大臣。倘若商务大臣办事不公，有循私自利的地方，准许各省商务局乡绅董事呈告军机处，转奏皇上，使下情上达，不至受到一人的隔绝蒙蔽。

古语[1]云：“独任生奸，偏听成乱。”可不戒欤！既设商

务局以考其物业，复开赛珍会[2]以求其精进，赏牌匾以奖其技能。考《易》言“日中为市”[3]，《书》言“懋迁有无”[4]，《周官》有布政之官、贾师之职[5]，《大学》言生财之道[6]，《中庸》有来百工之条[7]，是商贾之学具有渊源。太史公传《货殖》于国史[8]，洵有见也。

注释

[1]古语：出汉邹阳《狱中上梁王书》：“偏听生奸，独任成乱。昔鲁听季孙之说逐孔子，宋任子冉之计囚墨翟，夫以孔、墨之辩，不能自免于谗谀，而二国以危，何则？众口铄金，积毁销骨也。”大意是过于任用一个人会导致奸臣的出现，偏听某些人会导致政治动乱。 [2]赛珍会：展览会。 [3]《易》言“日中为市”：出《周易·系辞下》：“日中为市，致天下之民，聚天下之货，交易而退，各得其所。”日中为市，白天开设集市。 [4]《书》言“懋迁有无”：出《尚书·益稷》：“懋迁有无，化居。”懋迁，贸易。懋，同“贸”。 [5]《周官》有布政之官、贾师之职：出《周礼·夏官司马第四》：“外内乱，鸟兽行，则灭之，正月之吉，始和，布政于邦国都鄙，乃悬政象之法于象魏，使万民观政象，挟日而敛之，乃以九畿之籍施邦国之政职。”布政之官掌管货币的收支。又，《周礼·地官司徒第二》：“贾师各掌其次之货贿之治，辨其物而均平之。展其成而奠其贾，然后令市。”贾师之职，掌管平定物价。 [6]《大学》言生财之道：出《大学》：“是故君子先慎乎德。有德此有人，有人此有土，有土此有财，有财此有用。德者本也，财者末也。外本内末，争民施夺。是故财聚则民散，财散

则民聚。是故言悖而出者，亦悖而入；货悖而入者，亦悖而出。”又：“生财有大道，生之者众，食之者寡，为之者疾，用之者舒，则财恒足矣。仁者以财发身，不仁者以身发财。未有上好仁而下不好义者也，未有好义其事不终者也，未有府库财非其财者也。孟献子曰：‘畜马乘不察于鸡豚，伐冰之家不畜牛羊，百乘之家不畜聚敛之臣。与其有聚敛之臣，宁有盗臣。’此谓国不以利为利，以义为利也。长国家而务财用者，必自小人矣。彼为善之，小人之使为国家，灾害并至。虽有善者，亦无如之何矣！此谓国不以利为利，以义为利也。” ［7］《中庸》有来百工之条：出《中庸》：“凡为天下国家有九经，曰修身也，尊贤也，亲亲也，敬大臣也，体群臣也，子庶民也，来百工也，柔远人也，怀诸侯也。修身则道立，尊贤则不惑，亲亲则诸父昆弟不怨，敬大臣则不眩，体群臣则士之报礼重，子庶民则百姓劝，来百工则财用足，柔远人则四方归之，怀诸侯则天下畏之。”来，同“徕”，招徕。百工，各行各业的工匠。 ［8］太史公传《货殖》于国史：司马迁撰《史记》设《货殖列传》。太史公，司马迁；货殖，商业活动；国史，指《史记》，《货殖列传》为《史记》卷一百二十九、列传第六十九。

今译

古话说，过于任用一个人会导致奸臣的出现，偏听某些人会导致政治动乱。不能不警惕呀！既已设商务局来研讨商务，再开展览会以求精进，颁发牌匾以奖励改进技能（的人）。按《易经》上有“日中为市”的话语，《尚书》有“懋迁有无”的说法，《周官》记载布政之官和贾师之职，《大学》讲过生财之道，《中庸》有“来百工”的条目，所以说商贾之学源远流长。太史公在国史上为商人立传，实在具有远见卓识啊！

商务之纲目[1]，首在振兴丝、茶二业，裁减厘税[2]，多设缫丝局，以争印、日之权，弛令[3]广种烟土，免征厘捐，徐分毒饵之焰，此与鸦片战者一也。广购新机，自织各色布匹，一省办妥，推之各省，此与洋布战者二也；购机器织绒毡、呢纱、羽毛洋衫裤、洋袜、洋伞等物，炼湖沙造玻璃器皿，炼精铜仿制钟表，惟妙惟肖，既坚且廉，此与诸用物战者三也。上海造纸，关东[4]卷烟，南洋[5]广蔗糖之植，中州[6]开葡萄之园，酿酒制糖，此与诸食物战者四也。加之制山东野蚕之丝茧，收江北之土棉以纺纱，种植玫瑰等香花，制造香水、洋胰[7]等物，此与各种零星货物战者五也。六在遍开五金、煤矿、铜、铁之来源，可一战而祛。七在广制煤油，自造火柴，日用之取求可一战而定。整顿磁器[8]厂务，以景德之细窑[9]，摹洋磁之款式，工绘五彩，运销欧洲，此足以战其玩好珍奇者八。以杭、宁之机法，仿织外国绉绸[10]，料坚致而价廉平，运往各国，投其奢靡之好，此足以战其零星杂货者九。更有无上妙着[11]，则莫如各关鼓铸[12]金、银钱也，分两成色，悉与外来逼肖无二，铸成分布，乃下令尽收民间宝银、各色银锭，概令赴局销毁，按成补水[13]，给还金、银钱币，行之市间，既无各色锭银，自不得不通用钱币。我既能办理一律，彼讵能[14]势不从同，则又可战彼洋钱，而与之工力悉敌者十也。

注释

［1］纲目：大纲和细则。 ［2］厘税：清末民初实行的一种商业税，分坐厘（征货物交易税）、行厘（征货物通过税）两种。因税率按货值抽若干厘，故称“厘税”，又叫“厘捐”“厘金”。自咸丰三年（1853）起征，至1931年裁撤。 ［3］弛令：放松禁令。 ［4］关东：山海关以北的辽宁、吉林、黑龙江及内蒙古部分地区的总称。 ［5］南洋：泛指福建、两广等沿海地区。 ［6］中州：中原地区。 ［7］洋胰：肥皂的俗称。 ［8］磁器：瓷器。 ［9］细窑：烧制精品瓷器的小窑口。 ［10］绉绸：织出皱纹或压制皱纹的绸子。 ［11］妙着：妙招，高招。 ［12］鼓铸：铸造。鼓，鼓风提高冶炼炉温。 ［13］补水：差价补贴。 ［14］讵能：怎能。

今译

商务的总纲与细则，首先在于振兴丝、茶二业，裁减厘税，多设缫丝局，加强与印度、日本的竞争，放宽禁令广种烟土，免征厘捐，慢慢减少鸦片大量走私的气焰，这是与外国人进行的鸦片战，是第一种商战。多购新机器，自制各色布匹，一个省份办妥当了，推广到各省去，这是与外国人进行的洋布战，是第二种商战。多购买机器，中国自己纺织绒毡、呢纱、羽毛洋衫裤、洋袜、洋伞等物，烧炼湖沙以制造玻璃器皿，炼精铜仿制钟表，惟妙惟肖，既结实又廉价，这是与外国人进行的日用品战，是第三种商战。上海造纸，关东卷烟，南洋广种蔗糖，中州多开葡萄园，酿酒制糖，这是与外国人进行的食物战，是第四种商战。再加上制山东野蚕的丝茧，收江北土棉以纺纱，种植玫瑰等香花，制造香水、肥皂等物，这是与外国人进行的各种百货战，此其五。六在遍开五金、煤矿，铜、铁的来源可一战而胜。七在广制煤油，自造火柴，日用的需要可一战而定。整顿瓷器厂，用景德镇的细窑，模仿洋瓷的款式，描绘五彩，运销欧洲，这足以战胜外国玩好珍奇的物品，此其八。用杭州、宁波的机法，仿织外国的绉绸，质料坚密而价格平廉，运往各国，投其奢靡之好，这足以战胜外国的零星杂货，此其九。更有无上妙着，不如各关鼓铸金、银钱，分量、成色，都与外来的一模一样，铸成后分发各地，再下令尽收民间宝银、各色银锭，一律送交制币局销毁，然后按成色补发，还给金、银钱币，时间久了，市场上既无各色锭银，自然不得不通用钱币。我既能一律办理，洋人怎能不顺势跟从，这是战胜洋钱而与洋钱工力相敌者，此其十。

或曰：“如此兴作[1]诚善，奈经费之难筹何？”则应之曰：我国家讲武备战数十年来，所耗海防之经费，及购枪械船炮与建炮台之价值，岁计几何，胡不[2]移彼就此。以财战不以力战，则胜算可操，而且能和局永敦[3]，兵民安乐，夫固在当局者一转移间[4]耳。第商务之战，既应藉官力为护持，而工艺之兴，尤必藉官权为振作。法须先设工艺院，延[5]欧洲巧匠以教习之，日省月试以督责之，技成厚给廪饩[6]以优奖之，或具图说，请造作，则藉官本[7]以兴创之，禁别家仿制以培植之。工既别类专门，艺可日新月异。而后考察彼之何样货物于我最为畅销，先行照样仿制，除去运脚，价必较廉，我民但取便日用，岂必贵人贱己，则彼货之流可一战而渐塞矣。然后更视其所必需于我者，精制之而贵售之。彼所必需断不因糜费[8]而节省，则我货之源可一战而徐开矣。大端[9]既足抵制，零星亦可包罗，盖彼务贱，我务贵；彼务多，我务精。彼之物于我可有可无；我之物使彼不能不用。此孙子上驷敌中，中驷敌下，一屈二伸之兵法也。[10]惟尤须减内地出口货税，以畅其源；加外来入口货税，以遏其流。用官权以助商力所不逮，而后战本固、战力纾也。

注释

［1］兴作：着手兴办，兴建。［2］胡不：何不。［3］永敦：永远和睦。［4］一转移间：即一转念间，一下子。［5］延：延请，聘请。［6］廪饩：薪金及粮食补贴。［7］官本：官方资助的本金。［8］糜费：费钱，花大价钱。［9］大端：大宗（货物）。［10］“此孙子”句：《史记·孙子吴起列传》载：齐将田忌与齐公子赛马，孙膑对田忌说：“今以君之下驷与彼上驷，取君上驷与彼中驷，取君中驷与彼下驷。”上驷敌中，中驷敌下，田忌取得一败二胜成绩，就是“一屈二伸”的兵法。孙子，即孙膑，战国时齐国军事家，因受膑刑（即割去膝盖骨），称孙膑；屈，战败。伸，战胜。

今译

有人说：“这样兴办诚然是好事，无奈经费难筹啊？”我答复道：我国家讲武备战，数十年来所消耗的海防经费，以及购枪械、船炮与建炮台的费用，一年该有多少，为何不把那笔费用移到这里。用财战不用力战，既可操胜算，而且能永保和局，兵民安乐。这只不过是当局者在一转念间就可决定的事罢了。既然是商务之战，应当借官方的势力来护持，那么工艺之兴必须借官方的权力来振作。办法是必须先设工艺院，聘请欧洲的巧匠来当教师，对学生日察月考进行督促，学成了技术就多给津贴予以奖励，或者绘出详细的图则说明，聘请人制作，须借官本加以资助，禁止别人仿制，专门培养这一类人。这样做，工既分门别类，艺又可日新月异。而后考察外国哪种货物在我国最为畅销，先行照样仿制，除去运费，价格必定较低廉，我们的民众只会购买（货品）方便日用，不一定看重外国货而看低自己的货，外国货的进口渠道便可经过这一战而渐渐堵塞了。然后再看看外国对我国货物的需求，精心制造，高价出售。外国所必需的货物绝不会因花钱多而有所节省，于是我国出口货源就可经这一战而慢慢打开了。大宗货物已足以抵制，零星百货也可掌控了，外国货追求价格低，我国货则追求价格高；外国货以量多取胜，我国货则以质精取胜。外国货对于我国而言可有可无，我国货却让外国人不能不用。这就是孙膑上驷敌中、中驷敌下，一败两胜的兵法。只不过必须减轻内地出口货税，让货源畅通起来；加重外国进口货税，遏阻流通渠道。运用官方的权力，来帮助商业力量够不着的地方，然后商战的根基就坚固了，商战的力量就充裕了。

考日本东瀛[1]一岛国耳，土产无多，年来效法泰西，力求振作，凡外来货物悉令地方官讲求，招商集股，设局制造，如有亏耗，设法弥补，一切章程，听商自主，有保护而绝侵挠，用[2]能百废具举。所出绒布各色货物，不但足供内用，且可运出外洋，并能影射[3]洋货而来售于我。查通商综核表，计十三年中共耗我二千九百余万元。光绪四年至七年此四年中，日本与各国通商进出货价相抵外，日本亏二十二万七千元。光绪八年至

十三年此六年，进出相抵，日本赢五千二百八十万元。前后相殊[4]如此，商战之明效可见矣。彼能悉除出口之征，增入口之税，以故西商生计日歉[5]，至者日稀，邻之厚，我之薄也。

注释

[1] 东瀛：东海，后专指日本。 [2] 用：因此。 [3] 影射：仿造，冒充。 [4] 相殊：相差。 [5] 歉：歉收。

今译

按说日本只是东海上的一个小小岛国，国产货物并不多，近年来学习西方，努力追求振兴国力，凡是外国来的货物，都令地方官员努力研究，招商集股，设立工厂制造，如有亏损，设法弥补，一切章程，都由商人自己作主，官方只有保护，绝不干涉阻挠，因此能百废俱兴。所生产的绒布（等）各色货物，不但足以供给国内需要，而且还可运出外洋，并冒充洋货在我国售卖。核查通商综合表，合计十三年内（日本）令我国亏损二千九百余万元。光绪四年至七年这四年中，日本与各国通商进出货价相抵外，日本亏损二十二万七千元。光绪八年至十三年这六年中，进出口相抵，日本赢利五千二百八十万元。前后相差如此之大，商战的明显效益可以看出来了。日本又完全免除出口税，增加进口税，因此西方商人的生意日见亏损，来日本经商的人也渐渐少了。这是东邻日本的长处，恰恰是我国的薄弱环节啊！

夫日本商务既事事以中国为前车[1]，处处借西邻为先导。我为其拙，彼形其巧。西人创其难，彼袭其易。弹丸小国，正未

可谓应变无人，我何不反经为权[2]，转而相师，用因为革[3]，舍短从长，以我之地大物博、人多财广，驾而上之，犹反手[4]耳。夫如是则中国行将独擅亚洲之利权，而徐及于天下。国既富矣，兵奚不强！窃恐既富且强，我纵欲邀彼一战，而彼族且怡色下气[5]，讲信修睦，绝不敢轻发难端矣。此之谓决胜于商战。

注释

［1］前车：前车之鉴，借鉴。 ［2］反经为权：改变老一套做法，改革维新。经，指不移的道理；权，权宜，变通。 ［3］用因为革：变沿袭为改革，变旧为新。因，沿袭。 ［4］反手：易如反掌。 ［5］怡色下气：和颜悦色，低声下气。

今译

日本商务事事以中国为借鉴，处处借西方为先导。我们做得笨拙，日本后来做得灵活；西人创造发明比较艰难，日本后来抄袭仿制显得容易。这样一个弹丸小国，还不能说缺乏应变的人才，我（国）为何不变墨守祖制为权宜变通，转而学习日本，化因循为革新，舍短从长呢！以我之地大物博、人多财广，赶上和超过列强易如反掌。果真能这样做，则中国行将独霸亚洲的利权，并逐渐扩大到全球。国家富了，兵怎会不强！我内心里推测，既富且强之后，我国若放纵意念想邀列强决一战，他们必然和颜悦色，低声下气，重讲信义，修复和睦关系，绝对不敢轻率挑起事端了。这就叫作决胜于商战。

延伸阅读

刘崇敬《早期改良思想家诗文选译》：（郑观应提出）“彼务贱，我务贵；彼务多，我务精”等宝贵的经营策略，并概括出与外国进行贸易的十大商战纲要。最后他发出了“兵之并吞，祸人易觉；商之掊克，敝国无形”“习兵战不如习商战”，决胜于商战的呼声。这是全文立论的宗旨，也是郑观应商战救国思想的核心。（《早期改良思想家诗文选译》，巴蜀书社，1997年，第169页）

龙碧秋《中国近代商业史话》：在经济思想方面，郑观应也是重商论者。他首先提出了同资本主义国家进行商战的理论，并对护商政策作了较为详细的论述，他主张以商业为四民之网，用发展商业来维护国家的独立。郑观应在王韬提出“兵力”和“商力”的基础上作了进一步的发挥，提出“兵战”和“商战”两个概念，可见他对资本主义国家用商品输出进行经济侵略的实质，是有深刻认识的。他把兵战称为“有形之战”，把商战称为“无形之战”。因此，他提出“习兵战，不如习商战”，并主张双管齐下。郑观应根据“兵战沿标，商战沿本”的观点，进一步提出“决胜于商战”的口号。并批判和揭露了清王朝的商业政策是“不惟不能助商，反贾削之，遏抑之”，“但有商之虐政，并无护商之良策法”。这就是中国商务不能振兴的根本原因。郑观应在《盛世危言》一书中还提出了许多护商主张：（1）裁撤厘金局，实行保护关税政策，并从外国人手中收回海关管理权；（2）设立商部管理商务，各省设立商务总局和分局，商局由商人代表主持“一切商情准其面商当道，随时保护”；（3）商人有自由投资的权利。“凡通商口岸，内省腹地，共应兴铁路，轮舟、开矿、种植、纺织、创造之处，一体准民间开设，无所禁止，或集股，或自办，悉听其便，全以商贾之道行之，绝不拘以官场体统”；（4）国家兴办重要企业向商人集股时，要对股金保护利息；（5）提高商人的政治地位，大兴商务有成效的由国家发给“称颂功牌”，“品行刚方行李中节者，人必举以为议员”。综上所述，可知郑观应的“商战论”是以商人（主要是民族商业资本）为主力，通过发展工业来振兴商务，以对抗外国侵略者以商品输出为武器而进行的经济侵略。“决胜于商战”的观点集中反映了郑观应对发展民族资本主义经济的迫切要求。（《中国近代商业史话》，中国商业出版社，1991年，第208—210页）

张锡勤《戊戌思潮论稿》：所谓“商战”，就是经济竞争、贸易竞争。要想在商战中获胜，首先必须增强自己的经济实力，在经济上变弱为强。维新派大力呼吁社会财富转化为资本，民间自由兴办企业，实现工业化和农业、交通的近代化，奖励科技发明，提高产品质量，降低产品成本，目的正在于此。他们又指出，增强经济实力固然是商战之本，但逐步取消帝国主义在华的经济特权，限制其经济侵略，也很重要，两者应同时进行。从长远来说，自由贸易的确有助于一国的生产和发展。这是因为，在国际竞争的压力下，就不得不去努力提高本国产品的质量，降低产品的成本，生产更新更好的产品。就此而言，保护贸易、保护关税政策的确具有不利于本国生产发展的一面。然而，是否实行保护贸易、保护关税政策又必须考虑具体的国情，从具体国情出发。（《戊戌思潮论稿》，中国财富出版社，2012年，第286页）

《盛世危言续编》选读

上摄政王请速行立宪书

解题

此文选自《盛世危言后编》卷三"立宪"，作于1910年初。郑观应上书的同时，还在1910年2月23日致书盛宣怀，催促其一起行动："摄政王采纳群言，准各省臣民上书，凡由邮政局递到之函，无论何处来者，一概不准阻拦，并不许擅拆等谕。务祈早日饬即缮发，以免落人后，是为至祷。"但清政府以君主为中心的统治阶级为了标榜民主和自由，把有关的一切法律程序和政治活动都规定为选举的形式，却通过各种方式将统治阶级的意志上升为国家意志并反映在宪法中，使其根本利益以宪法的形式得以定型化，其后果直接导致民主流于形式而失去实质内容，沦为假民主。光绪三十二年（1906），立宪派开始结成组织推动君主立宪。1908年8月27日颁布《钦定宪法大纲》，预备立宪，期限为9年。《钦定宪法大纲》包括"君上大权"14条，规定皇统永远世袭，皇权不可侵犯；皇帝总揽国家立法、行政、司法大权，统率陆海军，亲自裁定对外宣战、议和、签订条约等外交事项；有权召集和解散议会；诏令限制人民自由；法律议案未经皇帝核准，不得施行；附"臣民权利义务"9条，皆为人民"义务"之规定，如纳税、服兵役等，但无自由言论、出版、集会、结社等公民权利。宣统元年（1909），各省奉命设立咨议局，但多由立宪派主持。宣统三年（1911）5月，清政府组成皇族内阁，以九年为期，彻底暴露了继续集权皇室的守旧态度。这出政治闹剧，在当时广受质疑和抨击。摄政王爱新觉罗·载沣，道光帝之孙、醇亲王奕譞之子、光绪帝同父异母弟、宣统帝之父。光绪十六年（1890）袭醇亲王爵，三十四年（1908）初任军机大臣，11月因子溥仪入承帝位，任监国摄政王，次年代理陆海军大元帅。辛亥革命爆发，辞摄政王职，闭门家居。他对溥仪投靠日本，进行了猛烈抨击，拒绝与日本侵略者合作。立宪，又称“宪政”，特指君主国家制定宪法、实行议会制度的政体，这一以宪法为中心的民主政治，最基本的要求是政府应受制于宪法以及公民权利的广泛保护。

窃闻[1]古人有言：“海不让水潦以成其大，林不让枉挠以成其崇，圣人不辞其负薪之言以广其名。”[2]曩者[3]，贤王[4]秉节[5]出洋，道经上海，官应不揣愚昧，曾托前工部侍郎张翼[6]代呈《盛世危言》二十部。幸蒙赐览，不胜欣抃[7]。今更有负薪之言，愿为殿下[8]陈[9]之。

注释

[1]窃闻：我私下里听说。窃，作者自谦。 [2]“古人”句：出《文子》：“夫天地不怀一物，阴阳不产一类，故海不让水潦以成其大，山林不让枉挠以成其崇，圣人不辞其负薪之言以广其名。夫守一隅而遗万方，取一物而弃其余，则所得者寡，而所治者浅矣。”让，揖让，拒绝；潦，路上的积水；枉挠，弯曲（的树木）；崇，高大；负薪，肩扛柴火。 [3]曩（nǎng）者：以前。 [4]贤王：对摄政王载沣的尊称。 [5]秉节：手持节仗。光绪二十七年（1901）正月，初拟委派载沣专程赴德国道歉。六月五日，慈禧正式下令载沣以头等专使大臣赴德，并任前内阁侍读学士张翼及精通

德语的副都统荫昌为参赞，随同载沣出访。节，古代使臣所持的符节。［6］工部侍郎张翼：张翼，字燕谋，原为醇亲王奕譞的侍从，后为载沣心腹。光绪年间升任工部侍郎，多次为清政府放粮，主持“中国第一佳矿”的开平矿，也曾主持慈禧太后陵墓的修建。1901年7月，张翼陪载沣从上海搭乘邮轮前往德国，曾代郑观应呈新版《盛世危言》一书。［7］欣忭（biàn）：欢欣，高兴。［8］殿下：对摄政王载沣的尊称。［9］陈：陈说。

今译

我私下里听古人说，海不辞小小的路边积水最后成其为大海，山林不辞弯曲的树木最后成其高大，圣人不辞负薪者的言谈最后宣传了他的名声。以前，贤王您出使西洋，途经上海，我官应不揣愚昧，曾经托前工部侍郎张翼代为呈上拙作《盛世危言》二十部。很荣幸承蒙您阅览，我感到不胜欢欣。今天，我还有一些低微的心里话，希望向殿下您陈说。

夫亚圣论治，贵在乘时；[1]管子图功，急济民望。[2]今群情之孜孜翘企[3]者，谓一立宪政，则远人服[4]而党祸[5]消。犹以九年期限为太远也。当此民志[6]喜新，群嚣[7]未息，内忧先泯，外患方平，然非速顺民情，难求安内。

注释

［1］“亚圣”句：出《孟子·梁惠王上》：“不违农时，谷不可胜食也。数罟不入洿池，鱼鳖不可胜食也。斧斤以时入山林，材木不

可胜用也。谷与鱼鳖不可胜食，材木不可胜用，是使民养生丧死无憾也。养生丧死无憾，王道之始也。五亩之宅，树之以桑，五十者可以衣帛矣。鸡豚狗彘之畜，无失其时，七十者可以食肉矣。百亩之田，勿夺其时，数口之家可以无饥矣。谨庠序之教，申之以孝悌之义，颁白者不负戴于道路矣。七十者衣帛食肉，黎民不饥不寒，然而不王者，未之有也。狗彘食人食而不知检，途有饿莩而不知发；人死，则曰：'非我也，岁也。'是何异于刺人而杀之，曰：'非我也，兵也。'王无罪岁，斯天下之民至焉。"亚圣：儒者对孟子的尊称；治，国家治理；时，自然的时机，合适的时间节点。［2］"管子"句：出《管子·牧民》："政之所兴，在顺民心。政之所废，在逆民心。民恶忧劳，我佚乐之。民恶贫贱，我富贵之，民恶危坠，我存安之。民恶灭绝，我生育之。能佚乐之，则民为之忧劳。能富贵之，则民为之贫贱。能存安之，则民为之危坠。能生育之，则民为之灭绝。故刑罚不足以畏其意，杀戮不足以服其心。故刑罚繁而意不恐，则令不行矣。杀戮众而心不服，则上位危矣。故从其四欲，则远者自亲；行其四恶，则近者叛之，故知予之为取者，政之宝也。"图功，图谋建功立业；济，救济，帮助；民望，民众的心愿、要求。［3］孜孜翘企：一心一意盼望。孜孜，勤勉，不懈怠；翘企，翘头踮足，形容急切盼望的样子。［4］远人服：出《论语·季氏》："夫如是，故远人不服，则修文德以来之。"此处指西方人归服。［5］党祸：指立宪派所推动的政治运动。［6］民志：民意，民心。［7］群嚣：指公众舆论。

今译

亚圣孟子论述国家治理，看重的是尊重和准确把握自然时间；管子希望追求的功绩，却在救济百姓之所急，以符合百姓的期待。今天，全国民众一心一意盼望的，说是一旦君主立宪成功，西方人就会服悦，立宪派的政治运动就会消失。还是以为九年期限实在太远了。当此民意喜欢新变之际，公众舆论不易平息；如若国内的忧患先行消灭，外国的祸患才会平定下来，但不迅速顺应民意，很难求得国内的安定。

官应以为，先筹[1]安内之法，莫若早开国会，颁布宪法，预建议院，饬举[2]议员。惟议员虽出自公举，而人才必须由资政院[3]选定，规则严颁，庶无滥举。盖议院之利弊在议员，而议员之优劣在人格。倘所举为端正历练[4]、通明中外之士，群情瞻依[5]，固不必如日本维新迟至十年始设，则因我国地大人众，谙习[6]外情者为数已多。使知朝庭毅行[7]宪政，决不迟延，斯人心悦服，党祸自息，内乱悉平矣。

注释

［1］筹：筹划，谋划。　［2］饬举：下令选举。饬，敕。　［3］资政院：清政府在预备立宪期间设置的中央咨议机关。1907年（光绪三十三年）筹设，1910年（宣统二年）10月正式开院，由清廷指派议员和各省咨议局推选议员各一百人组成，设总裁二人，以王公大臣特旨简充；副总裁二人，以三品以上大员特旨简充。该院虽有议决预算、决算、税法、公债以及制定法规和弹劾大臣之权，但议决事项须具奏请旨可否，貌似资产阶级议会，实为清政府御用机关。武昌起义后，该院推举袁世凯为内阁总理，借以抵制革命。清帝退位后解散。　［4］历练：在政治上有全面的锻炼且富有经验。　［5］瞻

依：瞻仰依恃。表示对尊长的敬意。［6］谙习：熟习。［7］毅行：毅然推行。

今译

我郑官应认为，先要筹划安内的法子，不如早早开办国会，颁布宪法，预先建好议院，下令选举议员。但是议员虽然是公举出来的，是否是符合要求的人才则由资政院来选定，选举规则严格制定和颁布，希望不要出现滥选。原因是议院的优劣在于议员，而议员的优劣恰恰在于人格的高下。倘若选举出来的是人品端正、政治经验丰富、充分了解中外情况的人，民众瞻仰归依，当然不必如日本明治维新那样推后十年才开始，主要是因为我国地大人多，熟习外国情形的人也为数很多了。使民众知道朝廷毅然实行宪政，决不迟疑，这样一来，人们心悦诚服，党祸自然平息，内乱就全都平定了。

次为御外[1]之法。亟设水、陆军大学堂，延聘水、陆军教习[2]，考取各省有志之士入堂肄业[3]。并设大制造船械枪炮厂，所聘工师宁[4]悬重赏，务令创造新式，自出心裁。而由水陆学堂成材者考验之后，须派出外洋阅历[5]，循格[6]授官，方能去从前之虚谬[7]，而足与外人争胜也。又通饬各省设韬略馆，令大、小兵官朝夕研究，兼仿行德、法练民兵之法，庶免临时召募，有“不教而战”[8]之讥。如是认真，自然不受邻敌挟制[9]矣。

注释

［1］御外：抵御外辱、抵御列强的入侵。［2］教习：教师，教官。［3］肄业：修习课业。［4］宁：宁可。［5］阅历：去西方军队实习或见习。［6］循格：依照有关规定。格，格律。［7］虚谬：虚妄、荒谬。［8］“不教而战”：出《论语·子路》：“子曰：以不教民战，是谓弃之。”三国蜀诸葛亮《将苑·习练》：“夫军无习练，百不当一。习而用之，一可当百。故仲尼曰：‘不教而战，是谓弃之。’”大意是说不对人进行军事训练，就叫去作战，这是在抛弃士兵。［9］挟制：要挟并强迫（对方）服从。

今译

其次，是如何抵御列强入侵的方法。急需设立海军、陆军大学，聘请海军、陆军教官，选考各省有志之士进入学堂学习。并且建立大型的船厂、枪械厂、炮厂，所聘请的外籍工程师宁可重重悬赏，（也）一定要让他们创造新式的、别出心裁的装备。而从海军、陆军学堂毕业者，经考核合格后，必须派去西洋军队见习，按照规定授予官衔，才能够清除掉以前的虚妄、荒谬，这样就能够与列强一争高下了。又要通令各省设韬略馆，命令大、小军官每天研习，还要模仿德国、法国训练民兵的做法，希望避免临时征召民兵，产生“不教而战”的讥刺。如能这样认真，自然不会受到敌人的要挟了。

三曰富强之法。东、西洋各国在先固[1]其民，然后能与人

战。孔子言“足食、足兵、民信”[2]，各国无不本此以为富强基础，非恃[3]船坚炮利也。一立宪政，民皆视国为一分子，经营国事，捐输创制[4]，上下一心，种植蓄[5]其基，工商扩其用。我需于他国者务求仿造，彼需于我国者贩运先人。我国尤宜着意工商，通饬各省督、抚严札[6]劝业道[7]、学务处[8]设种植、牧畜、工艺、矿务、商务、铁路、工程各学堂及牧养贫儿工艺所。凡有游民[9]在街丐食者，准巡丁[10]执送工艺所学习，自食其力，务使国无游民，野无旷土[11]。所需经费仿照东、西洋各国章程，先由政府拨给，复由该地方官、议院设法陆续筹还。将见工艺不必取资于人，商情由此团结，斯真富强之根本矣。

注释

[1]固：稳定，安定。　[2]孔子言“足食、足兵、民信”：出《论语·颜渊》：“子贡问政。子曰：‘足食，足兵，民信之矣。’子贡曰：‘必不得已而去，于斯三者何先？’曰：‘去兵。’子贡曰：‘必不得已而去，于斯二者何先？’曰：‘去食。自古皆有死，民无信不立。’”足兵，战备充足。民信，民众信任。　[3]恃：依靠。　[4]捐输创制：捐款、创造。　[5]蓄：培育。　[6]严札：严厉要求。　[7]劝业道：官署名。清光绪三十四年（1908）后，各省陆续设置劝业公所，掌全省农工商业及交通事务。署内分六科办事，各有科长、科员等。辛亥革命后转为实业厅。　[8]学务处：中国近代最早的省级教育行政机构。光绪二十九年（1903）十一月，清政府颁布《学务纲要》，规定“于省城

各设学务处一所，由督抚选派通晓教育之员，总理全省学务，并派讲求教育之正绅，参议学务”，置总提调一人，总管全省教育。实则遵行者不多，内部组织不尽一致，较完善者下设审订、普通、专门、实业、游学、会计等六课。光绪三十二年（1906）裁撤，严令各省统一设置提学使司。 ［9］游民：无业游民。 ［10］巡丁：巡逻的兵丁。 ［11］旷土：指荒地。

今译

三是实现富强的方法。东、西方各国在战前就稳定好国民，然后才能跟别人开战。孔子所说的“粮食充足、武备充足、人民信任”，各国无一不是以此作为富强的基础，并不是专门依靠战船坚固、枪炮犀利。一旦实现立宪，民众都把自己视为国家的一分子，经营国家事务，捐纳款项，发明创造，上下一心，农业种植培植国家的基础，工商业扩展国用。我国需要从国外进口的赶紧仿造，外国需要从我国出口的则要赶在别人前面贩卖出去。我国要特别注重工商业，通令各省总督、巡抚严格要求劝业道、学务处建立种植、牧畜、工艺、矿务、商务、铁路、工程等各专业学堂以及收养贫苦孤儿的工艺所。凡有无业游民沿街要饭的，准许巡逻兵丁抓起来送至工艺所学习，令他们学有所长，自食其力，一定要使我国没有无业游民、田野没有抛荒的土地。开办这一切所需的经费，仿照东西方各国的章程，先由政府拨给，再由该地方官、议院设法陆陆续续筹款偿还。（我们）将会看见开办工艺不需要从别人那儿要钱，商业界的人士一定因此团结起来。这真是实现富强的根本啊。

凡此三者要非锐行宪政，速开议院，商家不能见信，民情不知鼓励，党祸不自消泯。是在缩短立宪年期［1］，亟开议院，

推诚布公[2]，颁诏天下，以慰民心，以振民气。现在东、西洋留学生约共有一万数千人，时为外人欺侮，感慨悲歌，有愤不欲生、投海而死者，于是各省志士与海外之志士莫不悲愤。若不及早立宪，效法强邻，尚自因循粉饰，必致内乱，四面楚歌[3]，悔之无及。贤王畴昔[4]游历各国，政治瞭然，曾谓："有非立宪之国而称雄于二十世纪内竞争之舞台乎？"如知其无而不亟行立宪，徒托空言，非惟灰四海臣民喁喁[5]之望，且恐土耳其覆辙之祸[6]不旋踵[7]而至矣。

注释

[1] 年期：年限。 [2] 推诚布公：出《三国志·蜀志·诸葛亮传》："诸葛亮之为相国也，抚百姓，示仪轨，约官职，从权制，开诚心，布公道。"大意是以诚心待人，坦白无私。 [3] 四面楚歌：出《史记·项羽本纪》："项王军壁垓下，兵少食尽，汉军及诸侯兵围之数重。夜闻汉军四面皆楚歌，项王乃大惊，曰：'汉皆已得楚乎？是何楚人之多也。'"形容陷入四面受敌、孤立无援的困境。 [4] 畴昔：以往。 [5] 喁喁：仰望期待的样子。 [6] 土耳其覆辙之祸：青年土耳其党人在1908年通过军事政变掌权，宣布恢复1876年通过的《米德哈特宪法》，重开国会，并以国会名义废黜阿卜杜勒·哈米德二世，另立其弟穆罕默德·拉希德为君，实现君主立宪制。覆辙，颠覆（政权）。 [7] 旋踵：掉转脚后跟，形容时间极短。

今译

总共这三件大事，如果不锐意推行宪政，迅速开办议院，商家不信任你，民情不会受到鼓舞，党祸不会自动消失。问题实质是要缩短立宪年限，紧急开办议院，开诚布公，将诏书颁布天下，以安慰民心，振作民气。现在中国留学东、西方的学生总数共有一万几千人，时不时受到外国人的欺负、侮辱，情绪激昂唱歌以抒发悲壮的胸怀，甚至有愤不欲生、投海自尽的人，对此各省的志士和海外的志士无不深感悲愤。若不尽早立宪，效法强大的邻国，还在因循守旧、粉饰太平，一定会导致内乱，四面楚歌，孤立无援，后悔都来不及了。贤王您以往游历各国，对政治了然于心，曾经讲过："哪有不立宪而能在二十世纪竞争舞台上称雄的国家啊？"如果知其不可却不紧急推行立宪，只讲空话而不行动，不但是令全国臣民殷切盼望之情消沉下去，更是恐怕土耳其政权颠覆的祸害很快就要到来了。

再查广东各处盗贼甲于天下，良由[1]赌博招人承充[2]，以致奉谕[3]开赌，肆无忌惮，竟有绅士亦缴饷承办。盖赌为盗源，其害不胜枚举，实地球上各国所无。如赌害未除，大于新政有所妨碍。或谓无款筹抵，岂禁鸦片烟入口税数千万尚可筹抵，而忍收广东赌饷[4]竟云无法筹抵乎？如果宪政举行，分别中央政府公用税、地方上应用税，凡四民[5]悦服，议员公决。地方上应用之款当由下议院筹也。

注释

[1] 良由：全因，真的因为。 [2] 承充：承担。 [3] 奉

谕：遵从皇上谕旨。［4］赌饷：晚清时期，广东赌、盗猖獗，无从禁断，奸猾的吏胥收规庇纵，以至于成为地方政府的一宗税项来源。予赌业以合法化，则始于张之洞任粤督之时。中法战争爆发后，彭玉麟率湘军水师来粤加强海防，两广总督张之洞筹饷，先开征全省各商行炮台费，又奏请弛闱姓赌禁，招商承办，向赌场抽取饷头。光绪二十五年（1899），李鸿章任两广总督，继续招商承包赌饷，即所谓“移偏作正”“化私为公”，使赌业合法化，为害甚大。宣统二年（1910），广东省咨议局成立，通过禁赌提案。［5］四民：古代将国民划分为士、农、工、商四类，泛指国民。

今译

再查核广东省内各地盗贼是国内第一多的，恰恰因为赌博行当招徕专人承包，以至于遵奉皇上谕旨开赌，肆无忌惮，竟然还有绅士先行缴纳赌饷来承包赌业。赌业作为盗贼的财源，其害处不可胜数，实际上地球上各国都没有这样的情况。如果赌害不清除掉，对于新政将有很大的妨碍。有的人可能会说没法筹集款项来抵销取消赌饷的空额，难道国家财政对于禁止鸦片进口税数千万两都可以筹款抵销，却忍心继续征收广东赌饷而竟然说无法筹款抵销吗？如果宪政正式举行了，把中央政府的公用税、地方政府应用税分开，所有民众都会心悦诚服，议员公决。地方上的应用款项应当有下议院筹措。

方今殿下总摄[1]朝纲，广开言路，博采舆情。韩昌黎所谓“占小善者卒以录，名一艺者无不庸”[2]，此其时矣。况官应所陈实存亡危急、间不容发[3]者，非一善一艺而已。愿贤王早

决施行，不胜屏营待命之至[4]！

注释

［1］总摄：总揽。［2］“韩昌黎”句：出唐韩愈《进学解》，大意是说略微有一点优长的人都会被录用，以一种技艺见长的人都没有不被任用的。庸，通“用”，擢拔，任用。［3］间不容发：比喻时间紧迫，极其危急。［4］不胜屏营待命之至：古代书仪，上皇帝表文及报上司书信末尾多用此句，或省作“不胜屏营”“屏营之至”，表达惶恐之意。屏营，惶恐。

今译

现今殿下您总揽朝政，广开言路，博采舆论。韩愈《进学解》所说的“略微有一点优长的人都会被录用，以一种技艺见长的人都没有不被任用的”，现在正是恰逢其时啊。况且我官应所陈述的实际上是关系国家危急存亡、极其紧急的事，不是一个小优点、一个小技能啊。愿贤王您早日决断施行，我不胜惶恐地等待着您的命令！

延伸阅读

戴鸿慈、端方《请定国是以安大计折》：立宪之所以异于专制者，于宪法之有无别之。所谓宪法者，即一国中根本之法律，取夫组织国家之重要事件，一一具载于宪法之中，不可摇动，不易更改。其余一切法律、命令，皆不能出范围之中。自国主以至人民，皆当遵由此宪法，而不可违

反。此君主立宪国与民主立宪国之所同也。（《端忠敏公奏稿》卷六，民国戊午铅印本）

梁启超《立宪法议》：宪法者，何物也？立万世不易之宪典，而一国之人，无论为君主、为官吏、为人民，皆共守之者也。为国家一切法度之根源。此后无论出何令、更何法，百变而不许离其宗者也。（《清议报》，1901年6月号）

梁启超《异哉所谓国体问题者》：夫国体本无绝对之美，而惟以已成之事实为其成立存在之根原；欲凭学理为主奴而施人为的取舍于其间，宁非天下绝痴妄之事？仅痴妄犹未足为深病也；惟于国体挟一爱憎之见，而以人为的造成事实，以求与其爱憎相应，则利害之中于国家将无已时。故鄙人生平持论，无论何种国体，皆非所反对；惟在现行国体之下，而思以言论鼓吹他种国体，则无论何时皆反对之。昔吾对于在君主国体之下而鼓吹共和者尝施反对矣，吾前后关于此事之辩论，殆不下二十万言，直至辛亥革命既起，吾于其年九月犹著一小册，题曰“新中国建设问题”，为最后维持旧国体之商榷。吾果何爱于其时之皇室者，彼皇室之僇辱我岂犹未极？苟微革命，吾至今犹为海外之僇民耳。后以当时皇室政治种种予人以绝望，吾非童骇，吾非聋聩，何至漫无感觉？顾乃冒天下之大不韪，思为彼亡垂绝之命，岂有他哉？以为若在当时现行国体之下，而国民合群策群力以图政治之改革，则希望之遂或尚有其期；旧国体一经破坏，而新国体未为人民所安习，则当骤然蜕变之，数年间，危险苦痛将不可思议。不幸则亡国恒于斯，即幸而不亡，而缘此沮政治改革之进行，则国家所蒙损失，其何由可赎？呜呼！前事岂复忍道？（《大中华月刊》，1915年8月号）

招商局公学住校董事公宴校长、诸君颂辞

解题

此文选自《盛世危言后编》卷二“学务”，约作于1918年8月底、9月初。轮船招商局自创办起就一直积极参与近代社会公益事业和慈善事业，1918年创办招商局公学，聘丁赓尧为校长，8月刊发广告招考学生，9月11日举行开学典礼。郑观应让出住宅办学，并以“住校董事”的身份一直住在校内，和全体师生朝夕与共，直到1922年6月去世。这是他在招商局公学以住校董事身份公宴丁赓尧校长及各位教员仪式上的讲话，较为全面地阐述了办学的宗旨，即这是一所“寓生计于教育之中”的新型学校，适当加入了商船驾驶、电报、会计课程及职业教育等多方面的内容，以期为招商局培养各类人才、为国家培养各类人才。这也为后来的招商局公学航海专修科、会计专修科开设及招商局航海专科学校创办，均奠定了很好的基础。公学，按招商局董事会与郑观应往来书信皆言“公益学堂”，与英国的公学（public school）不同，专为招商局同人子女提供教育，入读公学的基本条件主要是考虑其家庭背景。颂辞，祝词。

航业者，国家之命脉[1]也；航学者，航业之津梁[2]也。我招商局创办垂[3]四十余载，实开中国航业之先河。所存公积花红[4]之款，经众公议倡设公学，教育局中历任同事子弟[5]，以公共之资财，谋公共之福利，意至善也。

注释

［1］命脉：指生命和血脉，比喻生死攸关的事。［2］津梁：渡口和桥梁，比喻能起引导作用的事物或方法。［3］垂：将近。［4］公积花红：企业向投资者分配利润后，剩余部分可以按规定提取出来，以实现某个组织目标而采用的一种激励手段，一般以年终奖等形式反映出来。据《招商局乙丑年刊》卷首《本学沿革史》："民国三年，招商局估计全局船栈产业，提有办事人员公积花红、航股票四十万两，产股票四十万两，当以票折非系现款。在局同人，先后散处，不能分派，因将票折留局，以示保障。洎乎七年，在局同人，佥谓股票虽不能分，而无不派之实，并使同人应得之花红公积，仍不失丝毫权利，遂公决办理同人公益三端，即慈善会、俱乐部及本学，当由同人据以上书董事会。即蒙嘉纳通过，先办本学，而慈善会、俱乐部次第举行。此本学创办之缘起也。"［5］教育局中历任同事子弟：《招商局乙丑年刊》卷首《本学沿革史》："本学创办，既经通过，于是总、各分局全体同人，先后在沪讨论，公推总局会计科主其事。当即登报宣布，俾众周知。并公举杨杏城先生为监督，盛泮澄先生为总董，唐凤墀、陈辉廷、邵子愉、朱筱庄诸先生为董事，郑陶斋先生为住校董事。当时筹商校务，订定简章，聘丁赓尧先生为校长，举严曾望先生为住校会计兼庶务"，以"商捐经费，学资不出于一方，士籍不拘于一省"为原则，体现"以公共之资财谋公共之福利"的公益精神，招生156名，其中局外生源30名。按规定，"凡本局同人之子孙均可照章入校肄业，不收学费宿费，以示优待"。分为高小三年级及高小补习科一级、中学一级及中学补习科一级，共计6班。郑观应聘为董事，便拿出自己的住宅作为校园，"公学校舍，当因购地造房，有需时日。郑陶斋先生慨然将自己住宅允让公学。陶公固在

局历任总办，又兼董事，与同人休戚相关。该住宅在美租界提篮桥华德路，大小楼房两进，及前后余地，仍照十年前购进造原价归并，遂相度布置。大楼为教室，小楼为教员卧室，别租邻右楼房四进，为学生宿舍，附设舍监、调养、阅报、童子军各室。又新建平房一进，为膳堂。”

今译

航运业，是国家的命脉；航海学，是航运业的津梁。我们招商局创办至今快四十年了，实际上开创了中国航运业的先河。关于所积累下来的公积花红，经过大家公议，倡导办一所公学，教育招商局历任同事的子弟，用公共资源来谋取公共福利，这个用意是最完美的了。

旷观[1]东西各国，学校如林，人材蔚起，百艺繁兴。尝闻日本相国伊藤侯[2]云：“国困民穷，当寓生计于教育之中。”故仿欧西师范学校，旁辟地数亩、工作室数间、织布机数架，课有农、织浅说，令学生将来毕业有教人之能力，无论或耕或织，均可自谋生计。我中国师范学校尚无如此办法，而且商轮驾驶人材均求诸异域，亦无商船驾驶学校。兹我公学设立之旨，首在造就航务人材暨[3]职业教育，逐渐次第[4]举行，非独为我局根本之图，更足为国家富强之助。他日人材辈出，“乘长风破万里浪”[5]，与欧舶美舰并驱争先，为我航业放一异彩。如学生性质不宜学驾驶者，亦得一艺之长，资生有术，悉惟我公学是赖[6]。是我公学所负责任如此其重也。

注释

［1］旷观：纵观，广泛地观察。　［2］伊藤侯：伊藤博文，日本明治维新干将之一，任日本内阁首任首相，先后封侯爵、公爵。　［3］暨：及。　［4］次第：依次。　［5］乘长风破万里浪：出《宋书·宗悫传》：“悫年少，问其所志，悫答曰：‘愿乘长风破万里浪。’”长风，暴风，大风；破，战胜。　［6］悉惟我公学是赖：全依赖我们公学。悉，全；“惟……是……”，固定搭配，强调“仅有”“只有”。

今译

纵观东、西方各国，学校极多，人才蔚然兴起，各种行业繁荣兴盛。曾经听闻日本伊藤博文公爵说：“国家困难，国民贫穷，应当把谋生的方法贯彻在教育里面。”所以模仿西欧的师范学校，在校旁开辟几亩地、几间工作室、几架织布机，开设农业浅说、织布浅说等课程，使学生将来毕业之后都能拥有教育别人的能力，无论是耕种还是纺织，均可自谋生计。我们中国的师范学校还没有这种办法，而且，商船驾驶人才都要从外国聘请，也没有商船驾驶学校。这就是我们公学设立的宗旨，首先就是造就航务人才和职业教育，逐渐一项项举行，（这）不仅仅是招商局的根本建设目的，更可以助力国家走向富强。日后人才辈出，“乘着大风战胜万里海浪”，与欧美舰船并驾齐驱，竞相争先，让我国航运业绽放出一道异样光彩。如果该学生在能力上不适宜学习驾驶，也能学到一技之长，有了一个谋生之术，全都仰赖我们公学。这就是我们公学所负的责任为何如此之重（的原因）了。

夫培植之责任在于公学，而人材之优劣出于教员。今幸我丁校长文章名世，道德冠时，素以育材为救国之计，历办各属教育[1]，经验宏富，成绩昭宣[2]，久为学界泰斗[3]，允足陶冶群类[4]，楷模[5]后生。所聘教员诸君，皆硕学通儒[6]，必能诲人不倦，循循善诱，非但教育有方[7]，且于世界最新之学校卫生诸法，靡不美备精详[8]，俾莘莘学子[9]皆得身体健康，学业精进。而监学、舍监、会计、庶务诸君，均皆一时俊彦[10]，恪守厥职，必能随时抚视[11]诸生，使崇道德、遵学规、慎起居、节饮食，以成其完全之人格，而慰其父母之期望，诚可为我公学得人庆也。为我公学造人材，即为我国家造人材，非特[12]我局之幸，亦为国家之光。

注释

[1] 各属教育：各种教育。属，类属。　[2] 昭宣：昭然，明显。　[3] 泰斗：泰山、北斗的省称，出自《新唐书·韩愈传》："自愈没，其言大行，学者仰之如泰山、北斗云。"指因卓越成就而为众人敬仰的人物。　[4] 允足陶冶群类：完全足以教化学生。允，真的，完全；陶冶，熏陶，教化培育；群类：同类学生。　[5] 楷模：用作动词，"以……为楷模"的意思。　[6] 硕学通儒：学问渊博、通达事理的学者。硕，学问广博；儒，指读书人。　[7] 有方：得法。　[8] 美备精详：完美、齐备、精确、详尽。　[9] 莘莘学子：学生们。莘莘，众多的样子。　[10] 俊彦：出《尚书·太甲上》："旁求俊彦，启迪后人。"孔安国传："美士曰彦。"指杰

出人才。俊，俊杰，杰出的人；彦，贤才。 [11] 抚视：抚育、照料。 [12] 非特：不仅仅是，不只是。

今译

培植人才的责任在于公学，但人才的优劣则取决于教员。今天庆幸我们丁校长以文章名重当世，道德高尚冠绝当代，一向以培育人才为救国之计，一直在办各种教育，经验丰富，成绩斐然，很久以前就已被学界奉为泰山、北斗，足以教化学生，成为学生的楷模。所聘请教员诸君，都是学问渊博、见识通达的人，必能诲人不倦，循循善诱，不但教育得法，而且对于世界最新的学校卫生方法的研习，无不完善、齐全、精确、详尽，使莘莘学子都能身体健康，学业精进。监学、舍监、会计、庶务诸君，都是当今杰出人士，恪尽职守，必能随时关心学生，促使学生提高道德水平、遵守学规、小心起居作息、节制饮食，以成就完善的人格，慰藉各自父母的期望，真的可以为我们公学得到德才兼备的人士而感到庆幸。为我们公学造就人才，就是为国家造就人才，这不仅仅是我们招商局的荣幸，也是国家的光荣。

鄙人不才，既讷于言[1]，复有肺疾，不能演说，忝[2]属住校董事，当为我局同人敬晋[3]我校长暨教员、监学、舍监、会计、庶务诸君一觞[4]，并祝校长与诸君福祉日懋[5]、进德[6]无疆！

注释

[1] 讷于言：出《论语·里仁》：“子曰：君子欲讷于言而敏

于行。”此处指口头表达不好。讷，慎言。［2］忝：谦辞，辱，有愧于。［3］晋：进献，敬酒。［4］觞：古代盛酒器。［5］福祉日懋：福气日日盛大。福祉，福气，利益；懋，同“茂”，茂盛，盛大。［6］进德：增进道德。《周易·乾》：“忠信，所以进德也”，“君子进德修业，忠信所以进德也”。

今译

鄙人没什么才能，既拙嘴笨舌，又患有肺病，不能演讲，愧任住校董事，应当替我招商局同人向我们丁校长及教员、监学、舍监、会计、庶务诸君敬上一杯酒，并恭祝校长与诸君福气日增、道德日进，永无止境！

延伸阅读

《招商局董事会来函》：敬启者：本局组织公益学堂，所有督率进行及分任办事各职务应先行商订，以期秩序无紊。昨经同人公议，请董事会公决，内开住校董事兼临时主任，拟请执事担任。当经公议，所拟各节为组织开办应有秩序，应即照办。至拟请郑董事为住校董事兼临时主任，应由本会致函敦请等因，列入议案。查学堂开办伊始，必须由年高德劭者主持一切，方可循序而进。阁下在局多年，闻望攸隆，既经同人公推，尚祈鼎力担任，俾公益事业早观厥成，而后进仰荷栽培，亦为无量公德。相应致函敦请，即希查照办理为荷。（《郑观应集·盛世危言后编》第一册，中华书局，2014年，第318—319页）

夏东元《郑观应志》：郑观应在强调“本原”之后，还是认为学习西方的先进技术仍然是必需的，他在《招商局公学住校董事公宴校长诸君颂辞》中提到招商局办公学培养驾驶人才时，把招商局公学提高到招商局

“根本之图”和“为国家富强之助”的地位，对国家航运业的发展有重要作用。他首先说：“航业者国家之命脉也，航学者航业之津梁也。”又说：“尝闻日本相国伊藤侯云：‘国困民穷，当寓生计于教育之中。’故仿欧西师范学校，旁辟地数亩、工作室数间、织布机数架，课有农、织浅说，令学生将来毕业有教人之能力，无论或耕或织，均可自谋生计。我中国师范学校尚无如此办法，而且商轮驾驶人材均求诸异域，亦无商船驾驶学校。兹我公学设立之旨，首在造就航务人材暨职业教育。逐渐次第举行，非独为我局根本之图，更足为国家富强之助。他日人材辈出，乘长风破万里浪，与欧舶美舰并驱争先，为我航业放一异彩。”（《郑观应志》，广东人民出版社，2009年，第306页）

招商局公学开学训词

解题

此文选自《盛世危言后编》卷二“学务”，作于民国七年（1918）9月初。这是他在招商局公学9月11日正式开学典礼上的训词，是接着丁赓尧校长训词之后的讲话。他接着丁校长的话头，更往上提升一个层面，谈论新时代学生应具备的品格。孝、悌、忠、信、礼、义、廉、耻这八点，虽是古已有之的“遗训”，但编成“韵语”，紧扣新时代的要求进行新的阐释，殷殷之情，字字可见。训词，正式场合训话时对下级的重要指示和告诫。训，教导，训诫。

顷闻[1]校长训词三种[2]：一曰定宗旨，二曰守法律，三曰勤学问。洵[3]为人生不刊之论[4]，望诸生韦佩[5]莫忘。

注释

［1］顷闻：刚刚听见。顷，顷刻。　［2］三种：三点，三个要点。　［3］洵：确实是。　［4］不刊之论：写在竹简上没有错误、不用削去的文字，指正确的、不可修改的言论。　［5］韦佩：多作“佩韦”。出《韩非子·观行》：“西门豹之性急，故佩韦以自缓；董安于之性缓，故佩弦以自急。”唐卢纶《送丹阳赵少府》：“佩韦宗懒慢，偷橘爱芳香。”韦皮性柔韧，佩之以自警。韦，柔韧的皮革。

今译

刚刚听了校长训词的三点内容：一是确定宗旨，二是遵守法律，三是勤治学问。实为人生的绝对正确的论点，希望各位同学自警不忘。

窃念[1]我中国轮船招商局创设已四十余年，实开中国航业之先河[2]。所存公积花红之款，经众公议倡设公学，教育局中历任同事子弟，此以公共之资财谋公共之福利，意至善也。盖今日之学费数倍于畴昔，贫寒子弟读书尤难，况我国国困民穷，当寓生计于教育之中，仿照日本师范学校办法，将来毕业诸生亦有教人之能力，一艺之长，均可自谋生计也。且自二十世纪学堂林立，人人趋学，一洗从前暗陋[3]，宜若何[4]进步矣。然新学专门，但讲求形器，争奇斗巧，沾沾自足，于根本学术尚鲜[5]研究。是以[6]只重权利，昧于道德，如树无本，如花无蒂，实非本原正大之学。我思轩辕黄帝内圣外王[7]，虽兴武功，实先讲乎文德[8]，以策[9]天下治安之盛业。吾徒求学，纵不敢言内圣，然修身立己，必须取法圣贤，推之任事图功[10]，岂能离却廉耻忠信！吾愿诸生勿忘设学作育[11]之深意，尤须体实事求是之本心。他日作舟作楫[12]，蔚为国光，何止今日校长与教习诸君称得人之盛，驰当世之荣名已哉！今当开学之始，略述训词，诸生尤当遵校长训令暨教习诸君训诲[13]。仆深有冀[14]焉！

注释

［1］窃念：私下里念叨。　［2］先河：指倡导在先头的事物。古人以黄河为大海的本源，故帝王祭祀时，要先祭黄河，后祭海。《礼记·学记》："三王之祭川也，皆先河而后海。"　［3］暗陋：闭塞，见识浅。　［4］宜若何：怎么样。　［5］鲜：少。　［6］是以：所以。　［7］内圣外王：出《庄子·杂篇·天下》："是故内圣外王之道，暗而不明，郁而不发，天下之人，各为其所欲焉，以自为方。"指政治领袖应有的高尚心灵，一方面在内具有圣人的才德，一方面对外又能施行王道。内圣，是说他的内心致力于心灵的修养；外王，是说他在社会活动中好行王道。　［8］文德：指礼乐教化。《周易·小畜》："君子以懿文德。"《论语·季氏》："故远人不服，则修文德以来之。"常与"武功"相对。　［9］策：计谋，筹划。　［10］任事图功：担当大事，建立功业。　［11］作育：早就，教育成才。　［12］作舟作楫：出《尚书·说命上》："若济巨川，用汝作舟楫。"喻宰辅之臣。　［13］训诲：教导。　［14］冀：希冀，盼望。

今译

我私下里念叨我们中国轮船招商局创办至今已四十年，实际上开创了中国航运业的先河。所积累下来的公积花红，经过大家公议，倡导办一所公学，教育招商局历任同事的子弟，用公共资源来谋取公共福利，这个用意是最完美的了。大概今天的学费是以往的数倍，贫寒子弟读书更难了，况且我国国家困难、国民贫穷，应当把谋生的方法贯彻在教育里面，模仿日本师范学校的做法，将来毕业生也有教育人的能力，即便是一技之长，也都可以自谋生计了，而且自二十世纪来学堂众多，人人向学，把以往的闭塞全都洗刷干净了，无论怎么样都是进步了啊。然而新学追求的是专业化，仅仅讲求形而下的器物文明，争奇斗巧，沾沾自喜，对于根本的学术还很少研究。所以，只是重视权利，道德认知很糊涂，就像是树没有根、花没有蒂一样，实质上并不是根本端正、正大光明的学术。我想轩辕黄帝追求内圣外王之道，即便发兵打仗，实际上先还是讲究礼乐教化，以筹划天下长治久安的盛大事业。我们学生求学，纵使不敢说达到“内圣”的境界，但是修身养性、立己立人，必须效法圣贤，往前推导一步讲，以后担当大事、建功立业，岂能抛弃廉耻忠信？我愿各位学生不要忘记我们建立公学、造就人才的本意，尤其要体会实事求是的本心。日后成为栋梁之材，成为国家之光闪亮夺目，何止是今天校长和教师诸君称叹选拔如此多优秀的人、在今天显扬美名这么一点呀！今天正值开学之始，略微讲述训词，各位学生尤其要遵守校长训令和各位教师的教诲。我怀着深深的希望！

鄙人再有说者，丁校长与教员潘先生、蒋先生之训词固不可忘，鄙人尚有八个字亦请诸生勿忘。何八个字？即孝、悌、忠、信、礼、义、廉、耻是也。语甚庸熟[1]易忘，故编为韵句[2]，逐字解释于后：

注释

［1］庸熟：平常、熟悉。　［2］韵句：押韵的语句。

今译

鄙人还有话要说，丁校长和教师潘先生、蒋先生的训词当然不可忘记，鄙人还有八个字也请各位同学不要忘记。哪八个字呢？就是孝、悌、忠、信、礼、义、廉、耻。这八个字很平凡熟悉，也很容易忘记，所以，编了押韵的句子，接下来逐字加以解释。

一曰“孝”。先圣垂训[1]，入则尽孝；以之治国，上行下效。古求忠臣，出孝子门；吾徒求学，孝行首敦[2]。

注释

[1] 垂训：对后人的训示。 [2] 敦：诚心诚意。《高上玉皇心印妙经·第十八代玄灵高上帝》：“古今大道，纲常人伦。克己复礼，修己安人。明德止善，万化回春。首敦孝悌，次正品行。通达事物，心气和平。先哲训典，讲让型仁。”

今译

一是“孝”。先圣对后人的训示，就是进家门要尽孝道；以“孝”治国，一定收到上行下效的良效。古人讲求忠臣都是从孝子家里出来的；我们同学求学，要把“孝行”放在首位。

二曰“悌”。让称[1]至德，悌则友爱[2]；相亲手足，可免祸害。试看阋墙[3]，外侮迭乘[4]；欲求良友，且先敬兄。

注释

［1］让称：称誉贤人，自己礼让。让，退让；称，称赞。《左传·襄十三年》：“让，礼之主也。”《礼记·曲礼》：“君子恭敬撙节退让以明礼。” ［2］友爱：同胞兄弟般的亲密、有礼。《论语·学而》：“有子曰：其为人也孝弟，而好犯上者，鲜矣；不好犯上，而好作乱者，未之有也。君子务本，本立而道生。孝弟也者，其为仁之本与！” ［3］阋（xì）墙：出《诗经·小雅·常棣》：“兄弟阋于墙，外御其侮。”大意是指兄弟不和睦，比喻内部争斗。阋，争吵，争斗。 ［4］迭乘：交替出现。

今译

二是“悌”。称誉贤人，自己礼让，是最高的美德，“悌”就是敬重兄长，兄弟之间一定友爱；兄弟手足相亲相爱，可以避免祸害。试看《诗经》吟咏“兄弟阋墙”的诗篇，外辱交替出现；想要求得良友，先要敬重兄长。

三曰“忠”。食人之禄，忠人之事[1]；士农工商，均应如是。兴亡有责[2]，况在国家；忠贞报国，振我中华。

注释

［1］“食人”句：出汉刘向《说苑·立节》：“吾闻之也，食其食者死其事，受其禄者毕其能。今吾已不得为父之孝子矣，乃君之忠

臣也。”大意是享受了人家的俸禄，就要忠心耿耿替人家办事。禄，俸禄。忠，忠实（履行）。 [2] 兴亡有责：出顾炎武《日知录》卷十三《正始篇》：“有亡国，有亡天下，亡国与亡天下奚辩？曰：易姓改号，谓之亡国；仁义充塞而至于率兽食人，人将相食，谓之亡天下。保国者，其君其臣，肉食者谋之；保天下者，匹夫之贱，与有责焉耳矣！”大意是国家兴亡，每个学生都有责任。

今译

三是“忠”。享受了人家的俸禄，就要忠心耿耿替人家办事；士、农、工、商，均应这样。国家兴亡，匹夫有责；忠贞报国，振兴我中华。

四曰“信”。敬事而信[1]，必坚[2]其约；勿轻于言[3]，千金一诺[4]。大车无輗[5]，其何以行；久要不忘，斯人可成。

注释

[1] 敬事而信：出《论语·学而》：“道千乘之国，敬事而信，节用而爱人，使民以时。”大意是认真对待工作，诚实无欺。 [2] 坚：坚守，守信。 [3] 勿轻于言：出《弟子规》：“事非宜，勿轻诺；苟轻诺，进退错。”大意是别轻易许诺。 [4] 千金一诺：出《史记·季布栾布列传》：“得黄金百斤，不如得季布一诺。”比喻说话算数，极有信用。 [5] 大车无輗（ní）：出《论语·为政》：“子曰：人而无信，不知其可也。大车无輗，小车无軏，其何以行之哉？”大车无輗，则难以前进，喻人若无信，则在社会上难以行事。大

车，牛车。輗，牛车车辕与横木连接的关键。

今译

四是“信”。认真对待工作，诚信不欺，一定坚守约定；不要轻易许诺，一旦许诺就要算数，标示信用。牛车没有輗，怎么能前行？再久的许诺都不能忘记，这个人就可以成为一个真正的人。

五曰“礼”。中华文化，开辟最先；《曲礼》《仪礼》，著为定编[1]。辞令[2]必顺，容礼[3]必正；一言蔽之[4]，曰无不敬[5]。

注释

［1］《曲礼》《仪礼》，著为定编：《曲礼》《仪礼》，都是孔夫子编定的著作。《曲礼》，为儒家十三经中的《礼记》的一部分，专言具体细小的礼仪规范。曲，即细小杂事之义。《仪礼》，儒家十三经之一，是中国春秋战国时代的礼制汇编，现存十七篇，主要记载周代的冠、婚、丧、祭、乡、射、朝、聘等各种礼仪，以士大夫的礼仪为主。［2］辞令：正规场合的言语应对。［3］容礼：容仪之礼，礼仪对容止进退的规定。［4］一言蔽之：出《论语·为政》：“《诗》三百，一言以蔽之，曰‘思无邪’。”大意是用一句话来概括。蔽，概括。［5］无不敬：出《礼记·曲礼》：“毋不敬，严若思，安定辞，安民哉。”大意是君子没有不恭敬、不严肃的形象。

今译

五是“礼”。在世界范围内，中华文化最早创造出来；《曲礼》《仪礼》等经典，是孔夫子亲自编定的。要求我们在正式场合言语应对得体，容仪之礼要端正，一言以蔽之，就是没有不恭敬、不严肃的形象。

六曰“义”。庄生有言，义无所逃[1]；古之义士[2]，任侠[3]风高。见危授命[4]，身不受辱；亦有豪情，脱骖[5]赠粟[6]。

注释

［1］“庄生”句：出《庄子·人间世》：“仲尼曰：天下有大戒二：其一命也，其一义也。子之爱亲，命也，不可解于心；臣之事君，义也，无适而非君也，无所逃于天地之间。”大意是在天地之间没有可以逃避的地方。［2］义士：守义不苟的人，品行超凡的人，出财布施、慷慨乐助的人。［3］任侠：行侠仗义，见义勇为。［4］见危授命：出《论语·宪问》：“见利思义，见危授命，久要不忘平生之言，亦可以为成人矣。”大意是在危急关头勇于献出自己的生命。授命，献出生命。［5］脱骖：出《礼记·檀弓上》：“孔子之卫，遇旧馆人之丧，入而哭之哀，出，使子贡脱骖而赙之。”大意是解下骖马赠给对方，以助治丧之用。［6］赠粟：出《三国志·吴志·鲁肃传》：“周瑜为居巢长，将数百人故过候肃，并求资粮。肃家有两囷米，各三千斛，肃乃指一囷与周瑜，瑜益知其奇也，遂相亲结。”后以为慷慨解囊之典。

今译

六是“义”。庄子说过，君臣之义无所逃于天地之间；古代的侠义之士，见义勇为，风范高远。在危难关头勇敢献出生命，自己绝对不受辱；也有豪情，慷慨解囊。

七曰“廉”。人能不贪[1]，乃无后悔；至公无私[2]，辞金却贿[3]。布衣蔬食[4]，儒士何嫌[5]？四字铭坐[6]，俭以养廉[7]。

注释

［1］人能不贪：出《玄宗直指万法同归》卷之七“天人十善·意三善”：“一不贪世间烦恼，由贪爱结。人能不贪，烦恼自灭。欲海甚深，爱河无极。若不求离，必遭沉溺。” ［2］至公无私：出旧题汉马融《忠经·天地神明》：“忠者，中也，至公无私。”晋袁宏《后汉纪·光武帝纪七》：“统体之道，在乎至公无私，与天下均其欲。”犹大公无私。 ［3］辞金却贿：出《后汉书·杨震传》：“（杨震）四迁荆州刺史、东莱太守。当之郡，道经昌邑，故所举荆州茂才王密为昌邑令，谒见，至夜怀金十斤以遗震。震曰：‘故人知君，君不知故人，何也？’密曰：‘暮夜无知者。’震曰：‘天知，神知，我知，子知，何谓无知？’密愧而出。性公廉，不受私谒。”唐姚崇《辞金诫》：“辞金者，取其廉慎也。昔子罕辞玉，以不贪为宝；杨震辞金，以四知为慎。列前古之清洁，为将来之龟镜。”大意是清白传家，确为廉吏风范。 ［4］布衣蔬食：出《汉书·王吉

传》："吉俭家居，亦布衣蔬食。"穿布衣，吃粗食，形容生活清苦。蔬食，以蔬菜为主的粗食。［5］嫌：嫌弃。［6］铭坐：作为座右铭。［7］俭以养廉：出三国诸葛亮《诫子书》："夫君子之行，静以修身，俭以养德，非淡泊无以明志，非宁静无以致远。"大意是指节俭的生活可以培养廉洁的作风。俭，节俭。

今译

七是"廉"。人不能贪，（不贪）才不会后悔；大公无私，谢绝贿赂。穿布衣，吃粗食，我们儒士怎会嫌弃？下面四个字可以作为座右铭——"俭以养廉"。

八曰"耻"。知耻近勇[1]，行己[2]进德；由于一身，以及家国。茫茫禹域[3]，国耻谁知？洗此国耻，在我男儿。

注释

［1］知耻近勇：出《礼记·中庸》："好学近乎知，力行近乎仁，知耻近乎勇，知斯三者，则知所以修身。"唐孔颖达疏："知耻近乎勇者，以其知自羞耻，勤行善事，不避危难，故近乎勇也。"大意是指知道羞耻就接近勇敢了。［2］行己：出《论语·子路》："行己有耻，使于四方，不辱君命，可谓士矣。"大意是指自己认为耻辱的事绝不会去做。［3］禹域：中国。

今译

八是“耻”。知耻近乎勇，自己认为耻辱的事绝不会去做，不断进益道德；从自己开始，上升到国家的高度。茫茫中华大地，有谁知道种种国耻啊？洗刷国耻，责任都在我男儿身上。

延伸阅读

郑观应《招商局公学改组缘起》：本公学改组理由，想教员诸君与诸生未必尽知，兹特对诸君言之。按公学之费出于昔年各同事之花红、公积存款。而公积存款每岁只得利息银二万两，宜只照数开支，每年出入不过此数。本局会计科长邵君云：“已对丁校长再三言之矣。”查开办第一年，由七月起至年底止，除建造饭厅不计外，已开支经费银二万五千两，董事会疑鄙人不与丁校长、严会计二人会商筹减。第丁校长尝对人云，彼有用人全权，虽驻校董事亦不能越俎。去春丁校长病故，董事有举孙君铁舟到校与汪教员裁减经费者。然去年公学岁费亦开支三万二千两。今年夏间孙君告退，归汪教员与严会计分别经理。其岁费亦需银二万八千两，既经商之汪教员谓不能再减，于是又嘱公学会计严君与教员蒋君筹商酌减。如照每岁限费办不到，拟即裁去中学，只办高等小学，以节岁费，方可持久云云。当经严君与蒋君商允为担任，照限数办理，遂经董事会嘱其支配，开列清单送董事会公订，其非出鄙人之私意可知矣。据汪教长来信，语多误会，而鄙人不与辩论者，念汪教长代丁校长办理公学两年，尚能尽职。惟冗员犹多，薪水迭加，不无糜费耳。董事会限于经费不敷，屡请裁改。彼既办不到，亦出于不得已，按照规程辞退，另行改组。鄙人对于汪教长同寓公学两年，朋友交情，一旦分袂，不无抱歉。若与之理论，是与汪教长名誉亦有损。况鄙人行将归隐，生平遇事忍耐让人，讲究修养之道，以存心养气为主。考盈天地间者一气而已，人生亦不过神与气而已。盖人生形骸有尽，而神气无尽。神于何依？气载以行。气非神不灵，神非气不立。神气不可强分。孟子曰："志，气之帅；气，体之充"，"养浩然之气"，即可"塞乎天地"。刘止唐先生云：养气者收放心于至善之地。心定静而气亦安，浩然之气自生。鄙人以养气为主，知养气即能忍耐，能寡言。书云："小不忍则乱大谋"，"一朝之忿亡其身以及其亲"，此不忍之过也。又云："言寡尤，行寡悔"，"敏于事，而慎于言"，此处世之法也。鄙人愧乏学问，惟得益于养气，或少祸患。尤恐晚节为难，愿与诸生共勉之。（《郑观应集·盛世危言后编》第一册，中华书局，2014年，第337—338页）

诗歌选读

侠客行

解题

此诗选自《罗浮偫鹤山人诗草》，约作于光绪五年（1879），亦即《续剑侠传》成书后不久。作为一个虔诚的道教徒，郑观应是完全相信神仙、剑侠的。其《致曹一峰先生书》中说："考自轩辕黄帝至唐、宋、元、明、清，皆有剑侠"，"历代所传剑侠，如红线、隐娘、卢生、虬髯公之流，共数十人，载在昔年所刻《剑侠图传》，历历可考，可知仙迹不虚矣"，而自己"夙慕剑仙能除邪扶正，时深向往"。直到古稀之年，他还在《七十书怀录寄峨眉匡庐罗浮各名山道长》中写下这样的句子："广刻丹经访剑仙，澄清海宇救眉燃。"显然，这在动乱的晚清社会，具有特别的寄托。五代杜光庭《虬髯客传》所塑造的"风尘三侠"，脍炙人口，郑观应模仿李白《侠客行》技法，敷衍《虬髯客传》故事，创作此诗，表达对正义、善良、理想的深切向往。纵观此诗，至少在以下两个方面进行了"再创作"：一是细化情节；二是补充情节，故比李白之《侠客行》多了几重社会思想深度。侠客行，是李白歌行旧题，系其《古风》五十九首中的一首。行，为歌行体之"行"，"侠客行"相当于"侠客之歌"。

有客[1]虬髯[2]容貌异，冒雪驰来策蹇卫[3]。
揖[4]我直上酒家楼[5]，邂逅[6]天涯如夙契[7]。
客言廿载事猿公[8]，珍重吴钩[9]未轻试。

斫地[10]能令鬼魅[11]愁，亘天[12]倏见长虹气[13]。

巨觥[14]满饮恣雄谈[15]，意气干霄绝侪辈[16]。

酒酣拍案忽纵歌，起立苍茫拂衣逝。

街柝[17]沉沉夜未央，高秋一叶从空坠。

手提革囊[18]掷我前，取出头颅血痕渍。

为言此是负心人，怨衔[19]十稔[20]今始遂。

瞥然跷举[21]去无踪，使我舌挢[22]魂魄悸[23]。

矫首仰望心怦怦，世事只今多不平。

安得[24]此君千百辈，“杀人如草不闻声”[25]。（自注：用明人沈嘉则句。）

注释

［1］客：侠客。五代前蜀杜光庭《虬髯客传》塑造的武侠人物，姓张，行三，赤髯虬张，人称“虬髯客”。欲趁隋末大乱，霸有天下，初见李靖，自惭不逮，再逢李世民，“见之心死”，遂将家财留赠李靖“以佐真主”，远赴南蛮。唐太宗贞观十年（636），南蛮入告：“有海船千艘，甲兵十万，入扶余，杀其主自立。”李靖知其成事，与红拂沥酒遥祷叩拜。［2］虬髯：赤髯虬张。［3］策蹇（jiǎn）卫：鞭策驴子。策，鞭策；蹇卫，疲驽的驴子。此句撮述虬髯客初见李靖、红拂的情节：“行次灵石旅舍，既设床，炉中烹肉且熟。张氏以长发委地，立梳床前。公方刷马，忽有一人，中形，赤髯如虬，乘蹇驴而来，投革囊于炉前，取枕欹卧，看张梳头。”［4］揖：作揖，礼让。［5］酒家楼：酒楼。这里化用《虬髯客传》风

尘三侠豪饮酒楼的情节：“曰：‘有酒乎？’曰：‘主人西，则酒肆也。’公取酒一斗。既巡，客曰：‘吾有少下酒物，李郎能同之乎？’曰：‘不敢。’于是开革囊，取一人头并心肝。却头囊中，以匕首切心肝，共食之。曰：‘此人天下负心者，衔之十年，今始获之。吾憾释矣。’” [6] 邂逅：不期而遇。 [7] 夙契：往昔交情，很早就投契。 [8] 猿公：指精于剑法的隐者。《吴越春秋》记越女与白猿化身的袁公比试剑法。又，《宇文盛墓志》：“学剑白猿，遂得风云之志。”《虬髯客传》未述及学剑历程，所谓二十年从猿公学剑，当是泛言。 [9] 吴钩：春秋战国时期吴国铸造的一种青铜弯刀，锋利无比，且富传奇色彩，古代文人多所吟咏，视作誓死报国的精神象征。 [10] 斫（zhuó）地：用刀剑砍地，表达愤激之情。 [11] 鬼魅：妖魔鬼怪，人间坏人。 [12] 亘天：横贯天空。 [13] 长虹气：剑气贯长虹，形容正义直上天空。 [14] 觥（gōng）：古代盛酒器。 [15] 雄谈：高谈阔论，富有远见卓识的言论。 [16] 侪辈：同辈人。 [17] 柝（tuò）：古代夜间打更的梆子。 [18] 革囊：牛皮或羊皮作的口袋，密封性好。 [19] 怨衔：心怀怨恨。衔，总是记着。 [20] 稔（rěn）：谷子熟了，古人以谷子一熟为一年，代指一年。 [21] 瞥然跷（qiāo）举：突然走得很快。瞥然，迅疾，忽然，猛地；跷举，走得很快。 [22] 舌挢（jiǎo）：瞠目结舌，舌头升起来，形容惊讶的样子。 [23] 悸：惊悸，惊吓。 [24] 安得：怎么能够。 [25] 杀人如草不闻声：出明沈明臣（字嘉则）《凯歌》：“衔枚夜度五千兵，密领军符号令明。狭巷短兵相接处，杀人如草不闻声。”

今译

这位髯虬客长相异乎寻常，骑着驴子顶风冒雪奔驰而来。

向我作一作揖便直接上了酒楼，我们浪迹天涯却在此邂逅，有如早前就已相识。

髯虬客说曾经师从猿公学剑二十年，那把宝贵的吴钩不会轻易出鞘杀人。

一旦出鞘砍地能让鬼魅发愁，剑刃扬起就横亘天空，剑气贯穿长虹。

满满的酒觥一饮而尽，纵情地高谈阔论，豪气冲天，冠绝同辈人。

酒酣处拍着桌子高声歌唱起来，站起来拂敛衣裳突然消逝在苍茫夜色中。

夜深沉，街道上打更的梆子声传来，髯虬客从高空翻身飞下，就像一片秋叶那样轻盈。

手提着皮囊，掷在我跟前，取出一颗沾满血渍的头颅。

向我说道：这是个负心人，十年来心里充满怨恨，今天终于成功杀了他。

他飞快走开消逝了踪影，使我瞠目结舌，魂飞魄散。

抬头仰望，我心里怦怦乱跳，今天这世事多么不公平。

怎么能够涌现千万个这样英雄，“杀坏人就像割草一样听不见声音”。

延伸阅读

龚刚《心慕“神韵派”，诗多“杜陵篇”——论启蒙思想家郑观应的诗艺与诗观》：“相较于邓华熙、盛宣怀二子仅于明清岭南诗人的范围内衡量郑观应的诗歌水平，胡昌俞、刘麒祥、萧荣爵等诗人对郑观应诗艺的评价则超出了地域和时代的藩篱，直指有‘诗仙’‘诗圣’之誉的李白、杜甫。刘麒祥称郑观应‘诗情如杜甫，雅韵若青莲’，萧荣爵则称其‘伤乱每编王粲句，感时常写杜陵篇’，胡昌俞则说：‘陶斋为诗不规规于太白，而甚似太白……以陶斋胸怀浩荡，固天际真人之邈不可攀者，直上与唐贤相颉颃。’胡昌俞的这一评语将郑观应提升到了与李白颉颃的高度，可以说是迄今所见的对郑观应诗艺的最高评价。且不说郑观应的诗艺是否达到了邓华熙、胡昌俞等人所说的水平，但对于这样一位备受同时代诗人、诗评家推崇的近代诗人应该予以足够重视，并对其艺术地位给予更精确定位，则是近现代文学研究中不容忽视的课题”，“郑观应虽不足与‘诗仙’‘诗圣’并称，但其人有血性，其诗有奇气。具体而言，郑观应诗中的奇气，就是李白式的仙侠之气。胡昌俞以为郑观应之诗杂有‘仙心’，还只是看到了他的仙气，未道出他的侠气”，“纵观郑观应的诗作，无论是救世诗、辨道诗，还是寄情遣兴之作，常能感受到一种俊逸之气，或仙或侠，确实给人以‘甚似太白’之感。郑观应好写古风，其诗英气俊发，激昂慷慨，大有李白之风。郑观应盛推‘李杜’，其诗曰：‘酒兴诗豪一散仙，醒时工部醉青莲’（《赠潘剑士》）、‘共羡如椽一枝笔，百篇斗酒绍青莲’（《赠李次青方伯时同在海南军次》）。所谓‘醒时工部醉青莲’，大可理解为以杜诗入世，以李诗出世，简直就是郑观应的自我写照。”（《心慕“神韵派”，诗多“杜陵篇”——论启蒙思想家郑观应的诗艺与诗观》，《北京联合大学学报》，2012年第2期）

沪上晓起即景

解题

此诗选自《罗浮偫鹤山人诗草》。作为一个广东人，对于岭南冬天的感知应该是很鲜明的——温暖如春，繁花似锦，绿意葱茏，诸如此类。讵料来到上海，冬天的严寒令人无处可逃。诗人描写了一个细节，以凸显上海冬天的寒冷——一早醒来就发现，逼人的寒气早已穿透了重重帷幕，侵入到本该温暖的卧室，火炉依旧燃烧着，却显得那么无力，那么弱小，根本没法抵抗这寒冷。但是，诗人发现了另一番景象——窗外飞舞的雪花，由此激发了自己的艺术想象力，瞬间将冰冷刺骨的体感抛到九天云外去了。沪上，上海。晓起，早晨起床。

寒气侵重帏[1]，炉温火力薄[2]。
隔窗残雪飞[3]，鹤踏梅花落[4]。

注释

[1] 重帏（wéi）：一层一层的帷幔。 [2] 薄：微弱。 [3] 隔窗残雪飞：出皮日休《茶中杂咏·茶鼎》："草堂暮云阴，松窗残雪明。"大意是窗外雪花飞舞。 [4] 鹤踏梅花落：出宋陆游《梅花绝句》："山月皓中庭，幽人酒初醒。不是怯清寒，愁踏梅花影。"此处翻实为虚，将雪花飞舞比作梅花飘落。

今译

严冬寒气透过一层层帷幔侵入我的骨髓，炭炉继续散发它温热的热量，毕竟火力太小。

窗外的残雪在空中飞舞，就像是仙鹤踏过梅树，梅花纷纷落下。

赠驻美国副使容纯甫观察

解题

此诗选自《罗浮偫鹤山人诗草》，作于光绪六年（1880）。容闳苦心孤诣擘画“留美幼童”计划，迭经曾国藩、李鸿章、丁日昌等人首肯，终于成行，先后派出两批幼童。但是，朝廷听信某些守旧官员别有用心的建言，撤回留美幼童，整个计划毁于一旦，郑观应深感惋惜，为赋此诗。容闳，字纯甫，广州府香山县南屏村人，近代留学先驱，说服曾国藩、李鸿章向美国派遣留学生，时授观察衔头，实任驻美副使，负责留美幼童事宜。郑观应与容闳交往密切，1880年筹建上海机器织布局，在买地、建厂、购机、雇匠、验花等环节中，均求教于一向“留心实学”的容闳。在《致容纯甫星使书》中，他敦请容闳在美代为“选聘一在织布厂有历练、有名望之洋匠到沪商办”，并打算选寄国产棉花到美国纺织厂“试织”。光绪七年（1881）8月，容闳代聘美国纺织工程师丹科来华，经过考核，认定胜任技术工作，解决了主要人才问题，上海机器织布局最终得以顺利开办。

采采芙蓉涉远江[1]，中西学贯[2]始无双。
应嗟匡济[3]稀同志[4]，却羡科名[5]隶美邦[6]。
鹏运八纮[7]风在下，龙文百斛鼎能扛[8]。
诸生海外将成曲[9]，底事[10]吴儿[11]换别腔。（自注：肄业美国，已获进步，为吴子登奏请撤回，因噎废食，功败垂成，殊可惜也。）

注释

［1］采采芙蓉涉远江：出《诗经》："采采芣苡，薄言采之。"及汉无名氏《涉江采芙蓉》："涉江采芙蓉，兰泽多芳草。"采采，植物繁盛的样子；涉江，过江。［2］中西学贯：学贯中西。贯，贯通。［3］匡济：挽救艰难时势、救助当今世事。［4］同志：志同道合的人。［5］科名：科举考试功名，指学有所成。［6］美邦：美国。［7］八纮（hóng）：八方极远之地，指天下。［8］龙文百斛鼎能扛：出唐韩愈《病中赠张十八》："龙文百斛鼎，笔力可独扛。"龙文，鼎上的龙形纹；斛，古代量具，一斛原为十斗，南宋改为五斗。［9］成曲：完成曲调，指成材。［10］底事：何事，为何。［11］吴儿：吴嘉善，字子登，江西南丰人。清咸丰二年（1852）中进士，旋成翰林院庶吉士，授散馆为编修。通西洋数学、物理、史地。光绪二年（1876），由驻美公使陈兰彬推荐任留美学生监督。到任时见留美幼童不行叩拜礼，便认定留美学生放荡无管束，连番上奏清廷，言"此等学生，若更令其久居美国，必致全失其爱国之心，他日纵能学成归国，非特无益于国家，亦且有害于社会"，建议撤回留学生。其他守旧官员也争相附和。光绪六年（1880）十一月，朝廷饬令总理外国事务衙门拟定"撤回"事宜。吴甫接谕令，当即革除信教、剪鞭学生，并将学生带回中国。容闳积极联络著名作家马克·吐温，敦请美国总统格兰特进行斡旋，最终未能动摇清廷的"撤回"决定。光绪七年（1881），全体留学生中止学业，悉数回国。

今译

容闳先生能远涉重洋，学习到最新的科学知识，您现在真是学贯中西，举世无双。

应当感叹当今这世上挽救艰难时势、救助当今世事方面没有几个配得上你的人，反倒是要羡慕你从美国学来了真本领。

你本该可以大展拳脚，就像飞翔在风云之上的大鹏，你下笔极有分量，力能扛鼎。

留美幼童即将成材，为什么吴子登唱出了别样的腔调啊。

（自注：在美国毕业，已获得进步，却被吴子登奏请撤回，因噎废食，功败垂成，太可惜了。）

延伸阅读

曾国藩《致陈兰彬函》（节选）：幼童赴洋学习须通汉文，阁下定课经史为主，旁及会典律例，求为有用之学，每日习夷技后酉戌之间及礼拜日另为督课汉文，自是善策。第以西法精奥，必须专心致忠，始克有成。汉文之通否，重在挑选之际先行面试一二，以决上留，此后只宜专学洋学。耳不两听而聪，目不两视而明，未可因兼课汉文而转荒洋业也。各童涉洋船价，每人往还须增二百余两，又教习华人须增员额，讲授年限须增岁月，统计应增经费不少。俟与总署函商妥筹，并请用鄙人及李相名拟一公函稿致总署衙门，专商此事。附开章程单，便中将稿寄阅为荷。（《曾国藩全集》第十册，岳麓书社，1994年，第7363页）

容闳《西学东渐记》：一八七六年秋间，吴（嘉善）既任事，对于从事已定之成规，处处吹毛求疵，苛求其短。顾有所不满意，又不明以告予，惟日通消息于北京，造为种种谣言：谓予若何不尽职，若何纵容学生，任其放荡淫佚，并授学生以种种不应得之权利，实毫无裨益；学生在美国，专好学美国人为运动游戏之事，读书时少而游戏时多；或且效尤美人，入各种秘密社会，此种社会有为宗教者，有为政治者，要皆有不正当之行为；坐是之故，学生绝无敬师之礼，对于新监督之训言，若东风之过耳；又因习耶教科学，或入星期学校，故学生已多半入耶稣教；此等学生，若更令其久居美国，必致全失其爱国之心，他日纵能学成回国，非特无益于国家，亦且有害于社会；欲为中国国家谋幸福计，当从速解散留学事务所，撤回留美学生，能早一日施行，即国家早获一日之福云云。

（《西学东渐记》，湖南人民出版社，1981年，第103—104页）

佚名《留美中国学生会小史》：同治末年，湘乡曾国藩奏请派幼童出洋留学。议成于一八七〇年，使丰顺丁日昌募集学生。翌年，适吴川陈兰彬出使美国，遂命香山容闳率学生同来，以高州区谔良为监督，新会容增祥副之，即唐绍仪、梁诚、梁敦彦、容逵、欧阳赓、侯良登、詹天佑、郑兰生等辈。此为中国学生留美第一期。各生初到时，清政府在干拿得杰省之核佛埠购置一室，为留学生寄宿舍。光绪七年（1881），改派南丰吴嘉善为监督。斯人甚好示威，一如往日之学司。而其妆模作样，则有过之无不及。故当接任之后，即招各生到华盛顿使署中教训，各生谒见时，均不行跪拜礼，监督僚友金某大怒，谓各生适异忘本，目无师长，固无论其学难期成材，即成亦不能为中国用。闻陈兰彬系金某之门生，且金某又为某亲贵之红员，而有势力者。故陈仰其鼻息，又欲献媚以博其欢心，是以奏请将留学生裁撤。署中各员均窃非之，但无敢言者。独容闳力争，终无效果。卒至光绪七年，遂将留学生一律撤回。此为第一期留学界绝命时代。

（《留美中国学生会小史》，《东方杂志》，1917年第14卷第12号）

送刘康侯观察参使英法

解题

此诗选自《罗浮偫鹤山人诗草》，作于光绪六年（1880）。刘麒祥，字康侯，湖南湘乡人，湘军名将、陕西巡抚刘蓉的次子，袭云骑尉世职，随左宗棠西征有功，授知府衔。光绪六年二月，经曾纪泽札调，以参赞衔随员经英赴俄。曾纪泽《援案请奖期满人员疏》即言："云骑尉刘麒祥经臣函调出洋，于光绪六年五月二十五日行抵英伦。"随后转往俄国参与对俄谈判，次年十二月任驻法使馆二等参赞。光绪十六年任江南制造总局总办，二十年署苏松太道，二十二年实任上海道，开启上海市政的现代化建设，次年卒于任。此诗以极其夸张的笔墨，描绘想象中的出使盛况及中学西渐、万方来朝的"必然结果"，盛赞其出使英法的重大意义，行文流畅，运典妥帖，颇富想象力。观察，官名，对道员的尊称，言其参赞衔随员身份。

极目西欧数点烟[1]，乘槎不让汉张骞[2]。
四千年后[3]开风气，五万程中数日躔[4]。
琴鹤[5]久钦平日操[6]，鱼龙[7]应避使君船。
殊方[8]渐被同文化，会[9]见重赓[10]慕德[11]篇。

注释

［1］数点烟：出唐李贺《梦天》："遥望齐州九点烟，一泓海水杯中泻。"形容极其遥远。［2］乘槎不让汉张骞：南朝梁宗懔《荆楚岁时记》记汉张骞奉使西域，乘槎经月，到一城市，见有一女在室内织布，又见一男子牵牛饮河，后带回织女送给他的支机石。乘槎：亦作"乘楂"。乘坐天河之筏，喻使者之船。晋张华《博物志》言天河与海相通，年年八月必有浮槎去来，从不失期，上至天河，织女、牵牛居焉。［3］四千年后：自张骞至此时，不满两千年，以"四千年"极言久远。［4］躔（chán）：践履，走过。［5］琴鹤：《宋史·赵抃传》记北宋名相赵抃为官刚正不阿，被时人誉为"铁面御史"，平居生活情趣高洁，举止潇洒，蓄雷氏琴一、白龟一、仙鹤一。因反对王安石青苗法，远贬蜀地，孤身一人赴任，仅以一琴一鹤相随。宋神宗曾言："闻卿匹马入蜀，以一琴一鹤自随，为政简易，亦称是乎！"喻为政清俭，风雅自赏。［6］操：操尚，品行。［7］鱼龙：出宋苏轼《罢徐州往南京马上走笔寄子由五首》其三："前年无使君，鱼鳖化儿童。"宋朱长文《吴门比月不雨司封使君深闵而精祈俄有佳应谨吟成七言二首聊代谒贺》："贤守忧劳鬓欲霜，通宵脉沐满吴疆。五湖水阔鱼龙喜，九曲尘清桧柏香。"泛指水族。［8］殊方：异域，外族。汉班固《西都赋》："逾昆仑，越巨海，方异类，至于三万里。"［9］会：应该。［10］赓（gēng）：唱和，追和。［11］慕德：出《易林·讼之既济》："白雉群雏，慕德朝贡。湛露之恩，使我得欢。"大意是向慕德化，归顺朝廷。

今译

极目远眺西欧真是太遥远了，你这次出使英法，绝不亚于汉代张骞出使西域。

我国过了四千年终于打开国门，风气为之一新，五万里行程现在几天就可以走完。

你平日里有琴鹤相随，你的高洁操行令人钦佩，鱼龙应该远远躲避你乘坐的轮船。

西方人慢慢会被我们的文化所同化，可以预期西方人向慕中国文化的新的历史篇章。

延伸阅读

曾纪泽《送刘康侯南归兼示伯固》其二：飙轮激箭注江干，握手清溪一笑欢。灯烛共光宁易得，尊罍入手莫辞干。高谈往往寒更尽，嘉会匆匆好梦阑。归省高堂双白发，早凭尺鲤报平安。（《曾惠敏公遗集》，清刻本）

刘麒祥《曾纪泽行状》（节选）：公以元勋之后，早登朝籍，惟以笃棐忠诚，结知圣主，博达才敏，力任艰难，为五大洲所钦服。中俄定界一事，挽既逝之颓波，夺已投之虎食，尤能人之所不能。而殊恩异数，生荣死哀，更外廷侍郎中所罕见，遭际之盛，可谓至矣！（《曾纪泽行状》，清光绪七年刻本）

兵备叹并小序

解题

此诗选自《罗浮偫鹤山人诗草》，约作于光绪九年（1883）冬。光绪六年（1880），邝其照自美归国，带来了美国水陆军书院章程，与郑观应一起急急译出，缮呈署理两江总督兼南洋大臣曾国荃、署北洋大臣张树声，以期奏请朝廷饬行仿办。光绪九年底，郑观应接到彭玉麟委札后，毅然投笔从戎，奔赴抗法前线，他同时上《禀醇贤亲王、督办粤防彭宫保、两广督宪张制君、北洋大臣李傅相设水陆军学堂节略》《拟创设工艺书院机器厂节略》，建言朝廷仿照英、法、俄、美、德等国的成功先例，创设水师学堂和陆军学堂，“第使我武维扬，海波不起，则观应所默祷也”。甲午战争爆发之前，他也曾作长诗向盛宣怀献“治安五策”——设学校、兴农工商、练将才、制军器、立宪，颇符盛宣怀“关心时局”之心，“因赋长歌藉相质证”。后来，他在《南游日记》中也说：“西人立国之本，体用兼备。育才于书院，议政于议院，君民一体，上下同心，此其体；练兵、制器械、铁路、电线等事，此其用。”由此可见，郑观应对军队现代化的思考，一直与时代要求相应和。兵备，指军事措施和武器装备。出《逸周书》卷一《籴（dí）匡解》：“兵备不制，民利不淫。”亦作“军备”。叹，悲叹，呼出长气，以发抒心中的感伤，多用作诗题。

尝闻泰西[1]水陆兵官，皆由大书院[2]、韬略馆[3]出身，考取超等[4]，入营历练数年，乃授以官，虽陆军老将不能调充水军。庚辰[5]春，邝容阶司马[6]归自美国，出其所得美国水陆军书院章程，急与译出，缮呈[7]南洋大臣曾宫保[8]、署北洋大臣张制军[9]，以期奏请饬行[10]，庶人材辈出，富强可待。久未举行，感而赋此。

兵可百年不一用，不可一日兵不备[11]。
版泉[12]涿鹿[13]自古闻，揖让唐虞[14]偶然事。
迂儒藉口说弭兵[15]，曾不闻轩辕黄帝[16]，
非得握奇[17]营卫术，何能划灭[18]蚩尤[19]还太平。
后此征诛[20]尤可数，太公鹰扬[21]手把黄金斧[22]，
汉高[23]崛起诛暴秦[24]，将非韩信[25]焉用武？
笑杀宋襄[26]假仁义，摈却[27]奇谋多腐气。
不鼓不列[28]乃丧败，后世英雄皆唾弃[29]。
堂堂华夏法周宗[30]，数百年来文道[31]隆。
帖括之徒[32]羞霸术[33]，高谈不齿夷吾[34]功。
讵知[35]尼山[36]犹叹啧，微仲[37]吾徒早见逼。
道咸之季红巾起[38]，行省[39]纷纷被残毁。
胡曾左彭[40]卓然出，训将练兵收祸水。
那知外患自天来，海外九州[41]又朋比[42]。
尝闻西法首武备，训将练兵极纤细[43]。
武备院，韬略馆，身非素习拔优列[44]，不能妄把兵符[45]绾[46]。

海军省[47]，陆军省，人非夙学[48]有专门，不能移补[49]兼其选[50]。

立法堂皇有定章[51]，取材[52]公正无偏倚。

所由[53]将帅得其人，士卒知书亦娴礼[54]。

亲上死长[55]复何疑，进奋死荣[56]退生耻[57]。

历考俄德暨英、法，水陆诸军各森[58]立。

同怀席卷囊括[59]心，各有择鲜啖肥[60]策。

嗟我同舟亿万人，醉生梦死犹如昔！

忆昔曾翻[61]西旅[62]法，分门详述无庞杂。

呈之大吏吁采行，庶冀[63]苏[64]我膏肓疾[65]。

何期[66]历久竟无闻，视等空言兔园册[67]。

嗟乎！寸心不死[68]一息存，此论重为同志伸。

輶轩[69]倘有采风使[70]，好谱歌谣达九阍[71]。

注释

[1]泰西：极西之地，指西欧。泰，极。 [2]大书院：大学。 [3]韬略馆：军事院校。韬略，军事谋略。 [4]超等：越级提拔。 [5]庚辰：即光绪六年庚辰（1880）。 [6]邝容阶司马：邝其照，字容阶，又字蓉阶，广东台山人。以专职翻译身份，陪第三、第四批留美幼童赴美，光绪六年（1880）春回国。使美期间，对美国作了较全面的观察。清李圭《书幼童观会事》云："光绪二年（1876）七月初三日，我国在美肄业幼童一百十三人，随其师刘云房其骏、总局翻译邝容阶其照，又西师男女六人，自哈佛来费城观会。

带领者为书院总管美人饶托鲁，寓会外阿拉司客馆。每日巳初进会，酉初回寓，其午餐即就会内饭馆，取便也。两馆接待颇殷，屋顶升黄龙旗，进出有乐人鼓吹，极尽冠冕堂皇。数日前，各处新报早已播传其事，至是复论及中国办法甚善。幼童聪敏好学，互相亲爱，见人礼数言谈彬彬然。有进馆方年余者，西语亦精熟。此次观会又增其识见，诚获益匪浅云云。”又，郑观应《盛世危言·技艺》言：“吾粤邝容阶司马使美而旅，述美技艺院二十余所，每所约二百余人，教习各十余人，地基由朝廷给发，建院经费或拨国帑，或抽房捐，年费由善士输助，如不敷用，一学生收回修金百元二百元不等。稍有盈积，概免修金。所收学生无论何国，必文法算学均堪造就者方能入选。院中有工艺书无制造厂，学成而后另进工厂，阅历数年。” ［7］缮呈：正楷缮写呈上。 ［8］南洋大臣曾宫保：曾国荃。曾国荃于光绪十年（1884）署理两江总督兼南洋大臣，光绪十五年推恩加“太子太保”，故称“宫保”。 ［9］署北洋大臣张制军：张树声。光绪八年（1882），因李鸿章丧母归葬，卸任直隶总督兼北洋大臣，张树声随即署理直隶总督兼北洋大臣。署理，代理；制军，清人对总督的尊称。 ［10］饬行：严格执行。 ［11］“兵可”句：出《鹖冠子·近迭》：“兵者百岁不一用，然不可一日忘也。” ［12］版泉：钱穆《国史大纲》认为是“阪泉”（即“反泉”），本于反山，在山西解县盐池上原，附近还有蚩尤城、蚩尤村及浊泽等。 ［13］涿鹿：钱穆《国史大纲》认为是“浊陆”，本于“浊水”“浊河”，乃反山之原。阪泉、涿鹿应是渭河下游平原。 ［14］揖让唐虞：相传禹、舜、尧禅让天下。古人有“揖让之礼行乎尧舜之朝，干戈之功盛于殷周之世”的说法。 ［15］弭兵：停战，平息战事。 ［16］轩辕黄帝：中国远古时代五帝之首，被尊为中华“人文初祖”。因居轩辕之丘（今河南新郑），号轩辕氏。 ［17］握奇：古代军阵名。古代军事家认为阵数有九，四正四奇为八阵，余奇即为握奇，乃中心奇零者，大将握之，以赶赴紧急处。［18］刬（chǎn）灭："刬"同"铲"，铲除，消灭。［19］蚩尤：上古时代九黎部落联盟的首领，在涿鹿一带被黄帝、炎帝联盟战败。［20］征诛：讨伐，特指武王伐纣。［21］太公鹰扬：出《诗经·大雅·大明》："维师尚父，时维鹰扬。"太公，周朝政治家、军事家姜尚，尊称"尚父""姜太公"，辅佐周文王、周武王，灭商纣王，建立周朝。鹰扬，毛传："鹰扬，如鹰之飞扬也。"形容威武的样子。［22］黄金斧：以黄金为饰的斧，古时用作天子仪仗。晋崔豹《古今注·舆服》："金斧，黄钺也。三代通用之，以断斩。今以金斧、黄钺为乘舆之饰。"［23］汉高：汉高祖刘邦，秦末起兵，与项羽等一起推翻秦朝，后战胜项羽，建立汉朝。［24］诛暴秦：出司马迁《史记·陈涉世家》："将军（指陈胜）身被坚执锐，伐无道，诛暴秦，复立楚国之社稷，功宜为王。"大意是推翻残暴的政权。［25］韩信：刘邦手下的大将。司马迁《史记·淮阴侯列传》："上尝从容与信言诸将能不，各有差。上问曰：'如我，能将几何？'信曰：'陛下不过能将十万。'上曰：'于君何如？'曰：'臣多多而益善耳。'上笑曰：'多多益善，何为我禽？'信曰：'陛下不能将兵，而善将将，此乃信之所以为陛下禽也。且陛下所谓天授，非人力也。'"［26］宋襄：宋襄公，春秋时期宋国君主，"春秋五霸"之一。［27］摈却：排斥，指宋襄公不接受其兄宋相目夷趁楚军渡河未列阵势之机出击的建议。［28］不鼓不列：按商周礼制，作战双方应按一定礼仪排列好阵势，方可进行战斗，以体现君子之风。鼓，击鼓进攻。《左传·僖公二十二年》："（宋襄）公曰：'君子不重伤，不禽二毛。古之为军也，不以阻隘也。寡人虽亡国之余，不鼓不成列。'"《春秋公羊传》："故君子大其不鼓不成列，临大事而不忘大礼。有君而无臣。以为文王之战，亦不过如此。” ［29］唾弃：吐唾于地，表示鄙弃、厌恶。对于宋襄公此举，长期以来存在两种态度：《左传》、《春秋穀梁传》、苏辙等持否定态度，《春秋公羊传》、董仲舒、司马迁等则持肯定态度。 ［30］法周宗：效法周王朝。周天子分封的诸侯国皆奉周为宗主国，故称“宗周”。 ［31］文道：文治之道。《国语·齐语》：“隐武事，行文道，帅诸侯而朝天子。” ［32］帖括之徒：拘泥于八股文的人。帖括，亦作“括帖”，指科举应试文章，多迂腐，不切时用。 ［33］霸术：以武力夺取霸权。 ［34］夷吾：春秋时期齐相管仲，名夷吾，字仲，助齐僖公、桓公改革，富国强兵，成就霸业。 ［35］讵知：哪里知道。讵，怎，岂。 ［36］尼山：指孔子，字仲尼。 ［37］微仲：出《论语·宪问》：“子贡曰：‘管仲非仁者与？桓公杀公子纠，不能死，又相之。’子曰：‘管仲相桓公，霸诸侯，一匡天下，民到于今受其赐。微管仲，吾其被发左衽矣！岂若匹夫匹妇之为谅也，自经于沟渎而莫之知也。’”大意是指赞叹管仲的历史功绩。 ［38］道咸之季红巾起：清道光、咸丰年间太平天国运动兴起。红巾，元末红巾军，代指太平军。 ［39］行省：指全国各地。清朝沿袭元明行省制度，全国置十八行省，后增至二十二行省。 ［40］胡曾左彭：指镇压太平军的湘军首领胡林翼、曾国藩、左宗棠、彭玉麟。 ［41］海外九州：指西方列强。李商隐《马嵬》“海外徒闻更九州”旧注：“邹衍云：‘九州之外，复有九州。’” ［42］朋比：朋党，勾结。 ［43］纤细：详细。 ［44］优列：优等，较高的官阶。 ［45］兵符：指军权。兵符，古代传达军令、调兵遣将所用的凭证，一般用铜、玉或木石制成虎型，故又称“虎符”。制为两半，右半在国君，左半交统帅，须验合方可调动军队。 ［46］绾：挽起，控制。 ［47］海军省：

海军部。［48］夙学：钻研甚久的学者。［49］移补：平级调动和填补缺职。［50］兼其选：兼任。［51］定章：规定，章程。［52］取材：选取合适的人选。［53］所由："所由官"的省称，即主管官员。［54］娴礼：（知书）达礼，在礼仪方面很娴熟。［55］亲上死长：出《孟子·梁惠王下》："孟子对曰：'君无尤焉，君行仁政，斯民亲其上，死其长矣。'"亲近、拥戴上级，誓死保卫长官。［56］死荣：以赴死为荣。［57］生耻：以逃跑、活下来为耻辱。［58］森：森然，严整。［59］席卷囊括：出汉贾谊《过秦论》："有席卷天下，包举宇内，囊括四海之意，并吞八荒之心。"席卷，用席子卷起来；囊括，全包罗在里面。［60］择鲜啖（dàn）肥：专挑新鲜的、肥美的吃。啖，吃肉。［61］翻：翻译。［62］西旅：西方军队。［63］庶冀：希望。［64］苏：缓解，消除。［65］膏肓疾：古代医者以心尖脂肪为膏、心脏与膈膜之间为肓，概称难治的病。《左传·成公十年》："疾不可为也，在肓之上，膏之下，攻之不可，达之不及，药不至焉，不可为也。"杜预注："肓，鬲也。心下为膏。"［66］何期：怎么也没料到。期，预料。［67］兔园册：即唐代佚名的《兔园册府》，三十卷，以徐（陵）庾（信）体写成，乡校俚儒教田夫牧子之所诵的童蒙书。代指浅近的书籍。［68］寸心不死：出清蒲松龄《聊斋志异·席方平》："寸心不死，若言不讼，是欺王也。"［69］輶（yóu）轩：古代使臣乘坐的轻车，代指使臣。［70］采风使：国君派出搜集民间歌谣、观察民情的使者，又称"观风使"。隋王通《中说·问易》："诸侯不贡诗，天子不采风，乐官不达雅，国史不明变。呜呼！斯则久矣，《诗》可以不续乎！"［71］九阍：九天，指皇庭。明林熙春《戊午海啸歌》："如欲民瘼达九阍，岂可因噎废耳目。"清王煐《赠友人张岂石明府》："异政喧传达九阍。"

今译

我曾经听说欧美海军、陆军的官兵，都是从军事大学、参谋学院毕业，通过考试，择优选拔，进入军营锻炼若干年，最后才授予官阶。即便是陆军中的老练将领，也不能调往海军任职。庚辰春天，邝容阶司马从驻美外交官的职位上回国，出示了所收集到的美国海军学院、陆军学院的《章程》，迫不及待地和他合作翻译出来，正书缮写好呈给南洋大臣曾国荃、署理北洋大臣张树声，期望奏请朝廷颁发下去，希望自此人才纷纷涌现，国家富强起来。可是，久久没能实行，感触万端，写下这首诗。

军队可以一百年间不曾动用一次，但是，不可一日不做好兵备。

黄帝征战四方的故事自古以来就已流传，至于禹舜之间的禅让，不过是极其偶然的事件罢了。

迂腐的读书人借口谈论停战，难道就不曾听说过黄帝征战。

黄帝如果不娴熟运用排兵布阵的握奇之术，怎么能一举剿灭蚩尤，还给天下一个太平。

后来历朝历代的征战历历可书，比如，姜太公威风凛凛，手里握着黄金斧。

汉高祖刘邦异军崛起，推翻了秦朝，如果不信用韩信，哪里谈得上用兵啊？

可笑的是宋襄公假仁假义，拒绝了丞相的奇谋，显得多么的迂腐。

死守先人"不鼓不列"的陈规，导致了失败，后世的英雄都唾弃他。

我堂堂中华一直效法周朝，数百年来遵循文治的传统。

仅知八股文的人儿羞于谈论王霸之术，高谈阔论却不齿于管仲的功绩。

哪里晓得孔夫子还称赞不已，感叹如果没有管仲，我们就会被夷人步步紧逼。

道光、咸丰年间太平军起义，多个省份遭到了战火摧残。

胡林翼、曾国藩、左宗棠、彭玉麟诸将挺身而出，训练将士平定了战祸。

哪晓得又有外国的侵袭从天边而来，海外诸国又结成了联盟。

曾经听说过西方的惯例是以军事为首位，训练将士极其周详。

在武备院、韬略馆的系统学习，不经长期学习，成绩优秀，不能妄自掌握兵权。

在海军省、陆军省，军人不是专业出身，不能担当相应的军职。

军队里依循正当立法制定规章制度，选择人才公正、不偏倚。

主管的将帅都是合适的人选，士兵也都知书识礼。

他们敬爱上级，为长官出生入死，没有猜疑，勇敢冲锋，以牺牲为荣，以临阵退缩、逃生为耻。

全面考察了俄、德、英、法等国，他们的海军、陆军各自严整挺立。

都怀着开疆拓土的雄心，各自都有占领物产丰美之地的策略。

可叹我同在一条船上的亿万中国同胞，醉生梦死，一如既往。

曾经回忆起多年前翻译西方军队的章程，他们分门别类地详细论述，一点都不庞杂。

呈给大臣，呼吁采用推行，多少希望治好我国的顽疾。

哪里想到这么久了也没有一点回音，一定是等同于空言陈腐的兔园册了吧。

嗨呀！我只要一心尚存，一口气还在，我的这个观点一定要不断向同志者申论。

皇帝派出的使者中倘有采风使，定会谱成歌谣，送到皇帝跟前。

游西贡园

解题

此诗选自《罗浮偫鹤山人诗草》，作于光绪十年（1884）六月，时在越南西贡。中法战争期间，粤东防务大臣彭玉麟指出，“英法最亲赫德，英人处处助法愚我，诡谋显著，断不可信”，提出“暗结暹罗，袭取西贡”之策，拯救越南，维持大局。郑观应受彭玉麟委派，于光绪十年五、六月间游历越南、新加坡、泰国等地，了解“南洋敌情”，意欲“合纵抗法”。一路走来，所见所感，记入《南洋日记》，也不时见诸诗歌。此诗己酉本改作《游西贡花园》：“为访名园兴未赊，探奇又入路三叉。芳塘倒影时飞鸟，密树凝香乱著花。席地笑谈蛮俗女，沿江耕种野人家。奇禽异兽皆驯服，《山海》图经未足夸。”修改之后，字句有所不同，但总体上，都呈现出一种质朴清新的风格，充溢着异域情调。西贡，越南南方名城。

破浪南来泛碧槎[1]，探奇深入路三叉[2]。
澄潭倒影[3]闲过鸟，密树凝香[4]乱著花[5]。
席地笑谈蛮女俗，沿江耕获[6]野人家[7]。
海堧[8]莫道无春色，伫看金铃[9]护碧芽[10]。

注释

［1］碧槎：轮船。作者《敬次彭雪琴宫保师赠诗原韵》“探敌偏乘敌国舟”句自注：“时有法公司船到西贡。” ［2］路三叉：路途多歧，分叉口多。宋陆游《数日秋气已深清坐无酒戏题长句》：“避俗要生轮四角，出门何啻路三叉。”清曾国藩《岁暮杂感》：“最是故乡难忘处，待莺亭畔路三叉。” ［3］澄潭倒影：出清王夫之《蝶恋花·湘水自分漓水下》：“澄潭清冷，绿萝倒影。” ［4］密树凝香：出唐李白《清平调》其二：“一枝红艳露凝香。” ［5］著花：开花。唐王维《杂诗》：“来日绮窗前，寒梅著花未？” ［6］耕获：耕作与收获。出《周易》：“不耕获，不菑畲，则利有攸往。” ［7］野人家：野外人家。宋苏轼《浣溪沙·簌簌衣巾落枣花》：“日高人渴漫思茶，敲门试问野人家。” ［8］海堧（ruán）：沿海地带。 ［9］金铃：护花铃。五代王仁裕《开元天宝遗事·花上金铃》：“至春时，于后园中纫红丝为绳，密缀金铃，系于花梢之上。每有乌鹊翔集，则令园吏掣铃索以惊之。” ［10］碧芽：春茶翠绿色的芽尖。

今译

邮轮乘风破浪向南来到越南，探寻奇景渐行渐远以致迷失了方向。
清澈的水潭倒映出悠闲飞逝的鸟儿，茂盛的树上花儿盛开散发芬芳。
越南女子席地而坐大声谈笑，田野人家沿江耕作、收获。
千万别说海边没有春色，对着嫩绿的茶叶可以伫立凝视很久很久。

延伸阅读

郑观应《南游日记》“光绪十年五月二十三日记”：午初，出游花园。园去招商局约二里外，马车瞬息而至。园前一大池，中有一岛二艇，白鹭约三四十，翔集蒲藻间。从左入，一铁房蓄二虎，其侧四柜：一贮狐，一贮狸，一贮蛇，一贮豹。久视皆沉卧不起，岂其性之独驯乎？抑久锢而使然也？行二十余步，有亭翼然。亭侧广植花卉，多不悉名。亭中大树约十余株，张以铁幔，间为四室，中养禽鸟约数十种，飞鸣相得，忘其在樊笼中。室中水沟蓄一鳄鱼，长丈余，状甚粗蠢。亭外茂树森森，俨有古昔列树表道之风。旋从右出，过其天主教堂，欲阅自来水井，重门锁闭，不得入也。（《郑观应集》，中华书局，2014年）

彭玉麟《南游日记》识语：远涉沧溟万里舟，一腔热血耿中流。洪涛百丈凭夷险，壮志千寻足智谋。拔剑有歌悲易水，击锥无地劈秦沟。归帆满载艰辛重，惆怅英雄愿未酬。陶斋仁弟宣勤王事，奔波南洋，往返各岛二万里，从谋远略假虞之计。无如时移事易，今昔不同，谋虽成而不能行，诗以贻之，尘吟坛哂政，同深慨叹也。衡阳彭玉麟识于海南军次。（《郑观应集》，中华书局，2014年）

黄遵宪《过安南西贡有感》（其五）：班超投笔气如山，万里封侯出玉关。今岂无人探虎穴，宝刀难染血痕殷。

新加坡

解题

此诗选自《罗浮偫鹤山人诗草》，作于光绪十年（1884），时在新加坡。新加坡，马来半岛南端对海相望的岛国，面积不大，人口不多，以华人为主，19世纪初成为英国殖民地。随着蒸汽轮船的发展及苏伊士运河的开通，新加坡成为航行于欧亚之间船只的重要停泊港口，19世纪70年代前后更成为全球主要的橡胶出口及加工基地。作者登上山峰，极目远眺，认为新加坡是一个自然物产极其丰饶的地方，又是欧亚交通的枢纽，华人、华侨在这儿安居乐业，俨然成了一个海外“小中华”，可惜百年前落入英国殖民者手中，令人无比遗憾。全诗分为两个层次，前面描绘新加坡热带风情，充满着瑰丽的想象和才思，后半感叹新加坡落入英夷掌控，惆怅之情流泻在字里行间，以反问作结，凸显了对于未来的无限期待。

势控[1]南洋九道[2]分，峰峦高下[3]绿无垠。

林烟卷地藏朱阁[4]，瀑布悬空界[5]白云。

海外只今称乐土[6]，人生何地不同群？（自注：闽、粤各分会党。）

百年失计输先著[7]，岛国何时靖敌氛[8]？

注释

［1］势控：在地理形势上是欧亚交通的咽喉之地。 ［2］九道：古代天文术语，青道二、白道二、赤道二、黑道二、合黄道而为九道，这里讲新加坡位于赤道，将地球平均划分为南、北两个半球。 ［3］峰峦高下：出朱熹《百丈山记》：“数百里间峰峦高下，亦皆历历在眼。”大意是指高低不一的山峰。 ［4］朱阁：红色的楼阁。唐许浑《宴饯李员外》：“云叶渐低朱阁掩，浪花初起画樯回。” ［5］界：界限，分界。 ［6］乐土：出《诗经·魏风·硕鼠》：“逝将去女，适彼乐土。乐土乐土，爰得我所。”大意是指理想的家园。 ［7］输先著：被对方占了先手而输了棋局，谓被英殖民者抢先占了新加坡。 ［8］敌氛：敌军气焰。

今译

新加坡地处赤道，在地理形势上控制了南洋，远近高低的峰峦绿意延绵无垠。

森林深处的云雾漫卷过来遮住了亭台楼阁，空中飞泻的瀑布突显了飘浮的白云。

对于很多中国移民而言，新加坡确实是一片海外乐土，中国人在哪儿都会聚集在一起。

新加坡在百年前就已沦为英国殖民地，失了先机，这个岛国什么时候才能肃清敌人的威胁啊？

暹罗

解题

此诗选自《罗浮偫鹤山人诗草》，作于光绪十年（1884），时在暹罗。暹罗，即现东南亚国家泰国的古称，约在十三世纪开国，先后经历了素可泰、阿瑜陀耶、吞武里、曼谷这四个历史时代，是一个君主制国家。至1939年6月24日始改国名为“泰国”。泰国幅员辽阔，自然资源丰富，风光瑰丽，其主体民族为泰族，普遍信奉小乘佛教，虽与中国一衣带水，有澜沧江相连，但民族特性鲜明，故诗笔所至，充满异域情趣。

万里沧溟[1]望渺绵[2]，湄江[3]风景接川滇。
诗心断岸潮千尺[4]，酒梦深宵月一弦[5]。
胸荡烟云[6]长扑地[7]，目穷波浪远连天[8]。
独怜佞佛[9]斋僧[10]外，不究齐家治国篇[11]。

注释

［1］沧溟：大海。唐刘禹锡《赠日本僧智藏》：“浮杯万里过沧溟，遍礼名山适性灵。”　［2］渺绵：水流悠远不尽。唐李白《赵炎少府粉图山水歌》：“洞庭潇湘意渺绵。”　［3］湄江：泰国第一大河昭拍耶河，华人习惯称“湄南河”或简称“湄江”“湄河”。湄

南，即泰语“大河”音译。［4］诗心断岸潮千尺：出宋苏轼《后赤壁赋》：“江流有声，断岸千尺。”［5］月一弦：半边月，月半。清汪淑娟《琴调相思引送韵仙主人赴南宫试》“银烛深宵酒一樽，教人无可再销魂”南朝宋谢灵运《七夕咏牛女》：“月弦光照户，秋首风入隙。”［6］胸荡烟云：出唐杜甫《望岳》：“荡胸生层云，决眦入归鸟。”［7］扑地：遍地。［8］远连天：唐刘长卿《自夏口至鹦鹉洲夕望岳阳寄源中丞》：“洞庭秋水远连天。”［9］佞佛：迷信佛教。佞，喜欢，痴迷。［10］斋僧：设斋食以供养僧众。［11］齐家治国篇：指国家治理。出《礼记·大学》：“所谓治国必先齐其家者，其家不可教而能教人者无之，故君子不出家而成教于国。”后世省言“修齐治平”，指自我道德修养、治理国家等。

今译

千万里的大海一望无际，湄南河源出四川和云南向南流淌一路风光旖旎。

面对断岸千尺我不禁诗兴澎湃，深夜酒醒望见天空中的半弯月亮。

激荡我胸襟的林间云雾弥漫大地，放眼眺望大海波涛卷向远方、卷向天边。

我怜惜暹罗人除了敬佛、献斋饭之外，从不探究怎样齐家、治国、平天下。

延伸阅读

彭玉麟《奏密筹暹罗布置》附片：再密陈：前奏调来营道员郑官应，一腔血性，能耐劳苦，洵属有用之才。臣属谋暹罗接应之举，令其函商彼处机密办理，稍有端倪。华民在彼国者数十万人，均念祖宗，原籍中华，愤切同仇，皆思出力报效。但须先委结实可靠之员前去慎密筹办，实事求是，可得劲旅数千人。以三四个月为度，通盘合算其口粮、器械一切，约计不过花费三十余万金，以期直捣西贡。且于该处已安顿内应有人，务倾该法夷老巢。如或饷需不继，彼国华民尚可报效捐助。此暗中饬郑官应机密办理之实在情形也。惟该夷狼贪成性、诡谲多端。臣细察其天津就和条约五则，实缓我师之计。俟三个月后始行互议通商条陈，再行定妥和议，其包藏祸心殊为叵测。（《郑观应集》，中华书局，2014年）

郑观应《南游日记》“光绪十年五月二十六日记”：今法人逞其强悍，据安南，灭金边；英人肆其阴鸷，踞印度，夺缅甸，并侵海疆南洋各岛。此皆假通商、传教为名，实则心怀叵测。越南已受其愚，须早合从以御暴。若暹罗犹迟疑瞻顾，不联缅甸以事中国，将来必蹈越南覆辙，不为英乱，定为法灭。况中国现已励精图治，数年来，练水师，制铁舰，王师英武，何难远近交攻，四讨不庭。且计暹罗之罪有三：暹本中国藩属，多年不贡，其罪一；别国之人在暹不收身税，专收华商之税，其罪二；昔年暹王郑昭系中国人，已受中国敕封，今暹王之祖系其相臣，郑王误服蛊毒不能保护，反弑以自立，其罪三。似此藐视中国，理宜兴师问罪，按照公法有谁敢保护乎？［《郑观应集·救时揭要（外八种）》，中华书局，2014年，第238—239页］

阅洋报论欧洲官兵在亚阿二洲杀人掠地，感而赋此

解题

此诗选自《罗浮偫鹤山人诗草》。己酉本题作《阅西报论欧洲官兵在亚非二洲杀人掠地》。作者通过外文报纸得知欧洲侵略者肆意入侵亚洲、非洲，杀人掠地，横行霸道，划定殖民地和势力范围，进行严酷的殖民统治。亚，亚洲。阿，阿非利加，通简称“非洲”。

日月无私照[1]，君何畛域[2]分？
下民[3]殊五种[4]，上帝[5]视同仁。
黩武非仁泽[6]，佳兵[7]起恶氛[8]。
皇天惟德辅[9]，大道本无亲[10]。
霸业[11]看罗马，愚黔[12]笑暴秦[13]。
须知抚则后[14]，慎勿虐其民。
讳疾[15]人皆侮，要求国更贫。
王师[16]不嗜杀，普告[17]大将军。

注释

[1] 日月无私照：出《礼记》：“天无私覆，地无私载，日月

无私照。”大意是说日月普照万物，没有私心。［2］畛（zhěn）域：界限，指国家、种族、文化等方面的分别。［3］下民：百姓。［4］五种：五种人。《孔子家语·五仪解》：“孔子曰：‘人有五仪：有庸人、有士人、有君子、有贤人、有圣人，审此五者则治道毕矣。’”［5］上帝：似指西方天主教中的“上帝”。［6］黩武非仁泽：出唐陈去疾《王师如时雨赋》：“得周宣之薄伐，非汉皇之黩武”，“正皇纲于寒暑，变下国之荣枯。夫如是，莫不沐仁泽以愉愉，咏恩波之侃侃”。大意是说穷兵黩武，一味杀戮，并非仁义之师。［7］佳兵：指兵器。《老子》：“夫佳兵者，不祥之器，物或恶之，故有道者不处。”按：“佳”为“惟”的假借字。［8］恶氛：指战争。［9］皇天惟德辅：出《尚书·蔡仲之命》：“皇天无亲，唯德是辅。”大意是说上天公正无私，总是帮助品德高尚的人。［10］大道本无亲：出《老子》：“天道无亲，常与善人。”大意是说大自然非常公正，没有亲疏之分。［11］霸业：原谓称霸诸侯，后指国家极盛。［12］愚黔（qián）：愚弄百姓。《过秦论》：“于是废先王之道，焚百家之言，以愚黔首。”黔，黔首，百姓。［13］暴秦：残暴的秦王朝，后泛指残暴的政权。［14］抚则后：出《周书·泰誓》：“抚我则后，虐我则仇。”谓安抚百姓就能成为王者。后，王，成为王者。［15］讳疾：出《春秋穀梁传·成公九年》：“晋栾书帅师伐郑，不言战，以郑伯也……为亲者讳疾。”范宁注：“郑，兄弟之国，故谓之亲。君臣交兵，病莫大焉，故为之讳。”谓隐瞒错误。［16］王师：天子的军队，朝廷的军队，指正义之师。［17］普告：广为告知。

今译

日月普照万物，没有私心，您何必强行分出许多界限？

老百姓虽可为五等，可在（你们信奉的）上帝眼里却是一视同仁的。

穷兵黩武，侵略他国绝不是仁义，动用武力会挑起战事。

上天公正无私，总是帮助品德高尚的人；大自然公正无私，没有亲疏之分。

通过战争成就霸业，就像罗马帝国那样必然灭亡；愚弄百姓，也会如残暴的秦朝那样迅速崩溃。

一定要知道安抚百姓就能成为王者，千万别虐待他的百姓。

一旦讳疾忌医，不探究国家落后的原因，外国人都会来侵侮，不断索要财物，导致国家更加贫困。

真正的王者之师是不会嗜好杀戮的，这一点我们要正告西方的大将军。

中法息战感赋

解题

此诗选自《罗浮偫鹤山人诗草》，作于光绪十一年（1885）夏。中法战争是光绪九年（1883）十一月至十一年（1885）二月间法国侵略越南进而侵犯中国而爆发的一次大规模战争。法国时任总理朱尔·弗朗索瓦·卡米尔·费里推行殖民扩张政策，派兵侵占越南。法军在越北数度击败清军，却无法取得底定全局的战略性胜利，遂发动对闽、台的袭击，于1884年8月23日击溃马尾水师，清廷被迫对法宣战。法舰队一度攻占基隆，却在沪尾（今台湾淡水）一役受挫，随即出现流行病，无法实现占领台湾的战略目标，北上杭州湾一带亦被清军狙击。冯子材率部在镇南关重创法军，击伤法军统帅尼格里，直接导致法国费里内阁垮台。光绪十一年四月，《中法越南条约》签订。清廷确认法国在印度支那的宗主权，同时决定在台湾设省，任命刘铭传为巡抚，推展建台方略。作者悲慨难抑，作歌抒写愤懑。按王国维《人间词话》的说法，诗歌的“意境”不仅仅表现为基于自然描摹的“情景交融”，也可以是任由情感流泻所构成的“境”。本诗一任爱国激情的奔泻，没有将笔墨放在自然景物的描绘上。对于国家面临强敌环伺的险境，作者绝非只知痛哭流涕，而是及时贡献一系列改良建议；对于腐败无能的清政府，作者义愤填膺，指斥官僚集团因循守旧的丑态；对于祖国的未来，作者信心充分，预言必将涌现一代代“医国手”；对于广大国人，作者则大声疾呼，要像班超投笔从戎那样，积极投身到报国行动中去。全诗使用了接近于口语的自然语序，直抒胸臆，因而呈现出慷慨激昂、气势如虹的雄健风格，是对以往近体诗意象并置、含蓄柔美创作风格的超越与革新。息战，停战。赋，赋诗，作诗。

牢补亡羊[1]尚未迟，农工商是富强基。
强邻环伺[2]犹堪虑，当轴[3]因循岂不知！
贾谊[4]上书唯痛哭，班超[5]投笔莫怀疑。
疮痍满目凄凉甚，深盼回春国手医[6]。

注释

[1]牢补亡羊：即“亡羊补牢”。意谓虽走失了羊，赶快修补好圈，还不算晚。比喻事情出错，还来得及补救。牢，关牲口的圈。 [2]伺：窥视。 [3]当轴：当局，指朝廷。 [4]贾谊：西汉政论家、文学家。早年为郡人所称誉，擢为博士，迁太中大夫，被大臣排挤，贬为长沙王太傅，后为梁怀王太傅。曾多次上书，批评时政。《汉书·贾谊传》载，（贾）谊曾上书文帝，称天下事，“可为痛苦者一，可为流涕者二，可为长大息者六”。此句是说当今天下之事令人悲伤。 [5]班超：东汉军事家、外交家。《后汉书·班超传》载：“（超）家贫，常为官佣书以供养，久劳苦，自辍业，投笔曰：‘大丈夫无他志略，犹当效傅介子、张骞立功异域，以取封侯，安能久事笔砚间乎！’”此句呼吁国人振作起来，勇敢抵御外侮。 [6]国手医：出《国语·晋语八》：“上医医国，其次疾人。”治国名医，喻为国家除患祛弊的人。

今译

亡羊补牢还来得及，农工商才是国家富强的真正根基。

列强包围窥伺我国最令人忧虑，当权者因循守旧岂有不知！

贾谊上书唯有痛哭流涕，应学班超投笔从戎，切莫迟疑。

国家满目疮痍实在太凄凉，亟盼涌现一批妙手回春的治国名医。

延伸阅读

程杰《中华爱国篇》：郑观应（1842—1922），广东香山人，曾做过英商太古洋行的买办，辛亥革命后寓居上海。他积极主张社会改良，其力作《盛世危言》以清新的笔调、简朴的语言，陈述改良、变法、自强的主张，盛行一时。少年毛泽东谈到此书，颇为感奋。他的诗较多抒发抗敌御辱、强国富民的理想，语言平易，如"牢补亡羊尚未迟，农工商是富强基"等，通俗易懂。这首诗是哀痛中法战争失败，融哀时之情入边塞苍凉之境，真切感人。（《中华爱国篇》，天津人民出版社，1991年，第499页）

王宏斌《诗说中国五千年·晚清卷》：中法停战协定签订后，因为承认李鸿章与福禄诺议订的《简明条约》有效，许多人认为中国是"不败而败"，对于这种结局表示不满。郑观应也对此表示不赞成，但他主张"亡羊补牢"，积极发展农工商，实现强国目标。（《诗说中国五千年·晚清卷》，河南大学出版社，2006年，第243页）

晚眺

解题

此诗选自《罗浮偫鹤山人诗草》，己酉本题作“北望有感”，作于光绪十一年（1885）秋。作者闻中法签订停战协定，痛彻心扉，有感而作。此诗借助古诗边关主题的创作模式，以女性幽怨的口吻，将征人、秋砧、断肠、阴云、北望等传统意象融为一体，赋予了全新的时代意蕴，可谓是“旧题新作”的典范。

海天北望片云[1]阴，芦管[2]谁为出塞吟[3]？
十万征人[4]齐堕泪，秋风肠断捣衣砧[5]。

注释

［1］片云：出杜甫《野老》：“长路关心悲剑阁，片云何事傍琴台。”极小的一片云，暗语忧戚的心。 ［2］芦管：即芦笳，古代西北边陲的乐器，其声悲壮，多用以映衬边关将士忧伤思乡的心绪。唐李益《夜上受降城闻笛》：“不知何人吹芦管，一夜征人尽望乡。” ［3］出塞吟：乐府曲，唐王昌龄等有《出塞》。又，刘长卿《鄂渚听杜别驾弹胡琴》：“声随边草动，意入陇云深。何事长江上，萧萧《出塞吟》。” ［4］征人：戍守边关的士兵。 ［5］捣衣砧（zhèn）：古代民俗，妇女把织好的布帛，铺在平坦的砧板上，

用木杵不断敲打，使之柔顺熨帖，以便裁制衣服。多在秋夜进行，故在古典诗词中又称为“寒砧”，用以表现离妇的惆怅情绪。大意是说战事未息，万方有难，不惟怨妇愁怨，国人亦悲苦万分。

今译

翘首北望，海天之间飘浮的那一片云，恰恰抒写了我内心的悲伤，谁在吹响芦笳，吹奏着催人泪下的《出塞吟》。

十万将士一齐留下热泪，秋风中良人捣衣砧发出的捶打声多么令人伤心欲绝！

游罗浮

解题

此诗选自《罗浮偕鹤山人诗草》，作于光绪十二年（1886），时年四十五岁。光绪十年底，郑观应被港英司法当局以太古洋行欠款案拘押，次年四月释放，自此闲居广州。他一生信道，晚年还向家人谈起小时候的三大誓愿：一愿学吕纯阳祖师得金丹大道，成己成人；二愿学张道陵天师得三甲符箓之术，澄清海宇；三愿学张三丰真人得黄白之术，令各州县多设工艺厂以养贫民，并设格致学校以育人才。（《致天津翼之五弟书》）郑观应七十岁生日那天，还作《七十书怀录寄峨眉、匡庐、罗浮各名山道长》诗："广刻丹经访剑仙，澄清海宇救眉燃。迭遭磨难身将老，自笑情痴志不迁。紫府秘文传往日，春城函丈遇何年。时危谁复闻鸡起，寄语同门猛著鞭。"光绪十二年春，郑观应得罗浮道人指点，自然欣喜若狂，修道愈发深湛。此诗以极其夸张的笔调，描绘了初见罗浮山之雄奇瑰丽而产生的心灵震撼，很有艺术感染力。

罗浮自古多神仙[1]，四百青峰[2]高插天。

少时梦想不能到，五十[3]方快[4]登陟[5]缘。

策杖拨云识古迹，台登华叟[6]看飞泉。（自注：华叟台边千寻瀑布。）

石柱[7]铁锹[8]亘空碧，（自注：铁锹、石柱，人迹罕到。）黄龙白鹤相高骞[9]。

飞云[10]上界[11]出天外，（自注：飞云最高。）俯视列峰大如拳。

万松月上朱明洞[12]，归访稚川[13]论贡铅[14]。

注释

[1]罗浮自古多神仙：罗浮山神仙很多，清屈大均《广东新语》载："安期生常与李少君南之罗浮，罗浮之有游者，自安期始。自安期始至罗浮，而后桂父至焉，秦代罗浮之仙，二人而已。安期固罗浮开山之始祖也，其后朱灵芝继至，治朱明耀真洞天，华子期继至，治泉源福地，为汉代罗浮仙之宗，皆师乎安期者也。" [2]四百青峰：罗浮山共有大小山峰432座、瀑布泉渊980处、洞天奇景18处、石室幽岩72个，故有"四百峰"之说。明郑善夫《罗浮四百峰赠湛甘泉编修还岭南》："罗浮四百峰，岦（lì）崱（zè）连青旻。"明韩上桂《望罗浮》："东望罗浮四百峰，峰峰斗削青芙蓉。"明屈大均《张二丈画马送予出塞诗以酬之》："我栖罗浮四百峰，十年学道师老龙。" [3]五十：作者此时年方四十五，这是夸张的说法。 [4]快：快意。 [5]登陟（zhì）：登山。 [6]华叟：山名，罗浮山的一座山峰。 [7]石柱：山名，罗浮山的一座山峰。 [8]铁锹：又称"铁桥"，罗山、浮山二山有石如梁相接，色深如铁，故称"铁桥"。宋苏轼《游罗浮山一首示儿子过》"铁桥、石柱连空横"自注："山有铁桥、石柱，人罕至者。" [9]骞：翱翔。 [10]飞云：即飞云顶，在浮山东，与罗山并峙。 [11]上界：即上界三峰，罗浮山的著名景点。屈大均《广东新语》："飞

云西有三峰，亦峭绝鼎峙，午夜可候日，每当雨霁，白云汹涌而出，大风荡漾，乍往乍回，若尚在大海之中浮而未定。”［12］朱明洞：传说朱灵芝修行的洞窟。朱灵芝原名不可考，其先为大宛人，后徙居北谷。拜太素真人为师，得到青精饭方，南下隐居罗浮，人称“青精先生”。又因九鼎功成，五色鸟衔来赤芝，因名“灵芝先生”。唐司马承祯《洞天福地天地宫府图》：“十大洞天之第七罗浮山洞，名朱明耀真洞天……属青精先生治之。”宋苏轼《游罗浮山一首示儿子过》自注：“朱明洞在冲虚观后，云是‘蓬莱第七洞天’。”［13］稚川：葛洪，字稚川，东晋道教学者，著名炼丹家、医药学家，曾受封为关内侯，后隐居罗浮山炼丹升仙。宋苏轼《题罗浮》：“至冲虚观，观有葛稚川丹灶。次之，诸仙者朝斗坛。观坛上所获铜龙六、鱼一。”［14］汞铅：炼丹的两大要素。元张三丰《参禅歌》：“有人识得真铅汞，便是长生不老仙。”汞，水银；铅，一种重金属。道教内丹指铅为命，汞为性，为性命之学的根源。

今译

罗浮山自古以来就出了很多神仙，四百多座山峰高高耸立插入天际。

年少时不能到罗浮山游览，只在幻想梦游，现在五十岁了才实现登上罗浮的夙愿，心中异常欢快。

拄着手杖，拨开云雾，识别古迹，登上华叟台观赏飞泉。

石柱峰、铁桥横亘在碧空中，黄龙、白鹤争相高飞。

飞云峰耸立高出天外，俯瞰各座山峰居然如拳头般大小。

月照松林，登上朱明洞，归来拜访，一起谈论炼丹。

延伸阅读

宋苏轼《游罗浮山一首示儿子过》："人间有此白玉京，罗浮见日鸡一鸣。南楼未必齐日观，郁仪自欲朝朱明。东坡之师抱仆老，真契早已交前生。玉堂金马久流落，寸田尺宅今归耕。道华亦尝啖一枣，契虚正欲仇三彭。铁桥石柱连空横，杖藜欲趁飞猱轻。云溪夜逢喑虎伏，斗坛画出铜龙狞。小儿少年有奇志，中宵起坐存黄庭。近者戏作凌云赋，笔势仿佛离骚经。负书从我盍归去，群仙正草新宫铭。汝应奴隶蔡少霞，我亦季孟山玄卿。还须略报老同叔，赢粮万里寻初平。"

明郑善夫《罗浮四百峰赠湛甘泉编修还岭南》：罗浮四百峰，岃崱连青旻。中有甘泉子，头戴玉台巾。伏火烧丹砂，趺坐三千春。下悯世溷浊，飞舄京华尘。西历太行山，北渡长淮津。疮痍满道路，此意长谆谆。回思葛稚川，眷言慰所亲。倾盖姑苏阳，探春五湖滨。更欲折梅花，持以遗远人。相从不可得，独步采江苹。

明屈大均《张二丈画马送予出塞诗以酬之》：我栖罗浮四百峰，十年学道师老龙。忽睹扶桑上红日，真人飞出药珠宫。

郑观应《游罗浮舟抵石龙登岸口占》：扁舟晓泊石龙边，远见罗浮半插天。新试篮舆登绝顶，白云深处认仙缘。

中日变法志感

解题

此诗选自《罗浮偫鹤山人诗草》，作于戊戌变法之际。作者以一个真正的“睁开眼睛看世界”的闳通视野，勾勒出了日本明治维新的历史轨迹，首先指出日本人鉴于远远落后西方的现实，奋起直追，不断派出留学生虚心学习西方科学技术和政治文化，这批人学成归国，无一例外地受到重用，对其不存防范之心。他们尽情挥洒聪明才智，对维新变法进行总体布局，明晰细节，有条不紊地展开，最后一举成功。对比之下，中国士人依然沉溺于八股文，不闻窗外事，也有不少留学生，一旦回国，就废弃不用。两相对比，中日两国变法谁能成功，一眼就可以看清楚了。全诗贯串中日间的对比，孰强孰弱，见于笔端，自然流泻出作者的悲愤之情。

东瀛[1]患贫弱，发愤欲维新[2]。
选招佳子弟[3]，负笈[4]到西邻[5]。
学优归故国[6]，升迁作元臣[7]。
变政[8]知先后，利弊烛如神[9]。
吾华惟泥古，八股为儒珍[10]。
肄业美国者[11]，废为闲散[12]人。
所学非所用[13]，强弱此中分。

注释

［1］东瀛（yíng）：东海，后称日本。［2］维新：在政治上革除旧法，施行新政。《诗经·大雅·文王》："周虽旧邦，其命维新。"［3］佳子弟：优秀的后生。［4］负笈（jí）：背负书箱，求学。笈，书箱。《晋书·王裒传》："北海邴春少立志操，寒苦自居，负笈游学。"［5］西邻：指西方国家。［6］故国：祖国。［7］元臣：大臣，重臣。［8］变政：变法，改变政体。［9］烛如神：烛照如神，分得很清楚。［10］儒珍：儒者的珍宝、宝贝。［11］肄业美国者：在美国学堂毕业的人，指留美幼童。［12］闲散：学无所用，不能发挥所长。［13］所学非所用：无法做到学以致用，所学的不能尽其所用。《明史·叶伯巨传》："比到京师，而除官多以貌选，所学或非其所用，所用或非其所学。"

今译

日本忧虑国家积贫积弱，发愤立志要进行改革维新。
选拔招收一些优秀子弟，背起书箱到西方去求学。
有所成就，返回祖国，在官位上不断提升为大臣加以重用。
他们知道缓急先后，变法理政全都有序展开，利弊得失明察如神。
唯独我中华泥古不化，将科举八股文奉为儒者的宝贝。
那些有从美国学成归来的留美幼童，全被废弃成了无用的闲人。
辛辛苦苦所学，用非所学，国强国弱从这里就可以区分开来了。

延伸阅读

刘崇敬《早期改良思想家诗文选译》：此诗约作于戊戌变法前。这首五言古诗采用文学上形象对比的手法，满怀爱国热情，向人们鲜明地揭示出，日本维新之所以富强、我国泥古之所以贫弱的真谛。（《早期改良思想家诗文选译》，巴蜀书社，1997年，第229页）

开矿谣

解题

19世纪70年代中期到80年代初，盛宣怀发起组织长江中游、山东等地煤炭及金属矿产的勘查和开采，郑观应热烈响应，大力支持，多次要求盛宣怀联名禀请朝廷批准集股开采，他在光绪八年六月二十二日致盛宣怀函中雄心勃勃声称："拟一手揽尽，不为他人所得。"然而，随着洋务运动的展开，朝廷需要面对越来越多、越来越尖锐的内在难题，具体落实到采矿业，诸如开采矿产、矿产保护、矿业立法、利益分成，外资准入、工匠调用等，皆无先例可循，反而要从国际惯例、国家立法等全新的视角与高度，加以根本性的解决。所以，全诗分为三个层次，第一层以夸张的语气描述了我国虽地大物博，物产丰饶，但长期未能得到很好的开发；第二层历数东西方列强巧取豪夺，为害一方，我国政府必须介入；第三层则担心招商局虽然获得了开矿权，但面对列强的争夺，忧心忡忡，无法释怀。全诗以新兴采矿业为依托，将丰富的实例和个人的感受运注其中，内容饱满，语句浅显，韵律流畅，抒发了深刻的现实忧思和深沉的爱国情怀，令人读来心有戚戚焉。

天惟养斯民[1]，地不爱其宝[2]。
彭魄[3]孕万物，坤灵[4]名富媪[5]。
中土[6]饶[7]矿产，朝廷未稽考[8]。

寻脉[9]与化炼[10]，素患矿师[11]少。（自注：多请矿师履勘各省矿产。）

兰山[12]金刚钻，官民都不晓。

贱售德国商，声名传八表[13]。

列邦[14]更垂涎[15]，风水[16]难阻挠。

借端[17]肆兵威，踞[18]地复骚扰。

亟[19]修卝人律[20]，旧弊一切扫。

章程[21]仿日本，外人无轻藐[22]。

招商[23]立公司，欲开先探讨。

利重害亦多，办理须有道[24]。

太阿若倒持[25]，徒为他人饱。

国家当保护，派员[26]察成效。

地给有限数[27]，不准索全岛。

金银官[28]自开，例非由我肇。

守备乏精兵，家国终难保。

譬如猎一兽，群犬共争咬。

各国顾其私，漫[29]谓真和好。

时局正艰难，寸心常悄悄[30]。

末议[31]如采用，举首望晴昊[32]。

注释

［1］天惟养斯民：上天以大自然的资源养育百姓。天养，出《荀

子·天论》："财非其类以养其类，夫是之谓天养。"大意是说大自然供给人们生活资源。惟，语气词；生民，人民，老百姓。［2］地不爱其宝：出《礼记·礼运》："故天不爱其道，地不爱其宝，人不爱其情。"谓大地把宝藏贡献出来。［3］彭魄：汉扬雄《太玄经》："昆仑旁薄幽。"晋范望注："昆，浑也；仑，沦也，天之象也。旁薄，犹彭魄也，地之形也。幽，隐也。言天浑沦而包于地，地彭魄而在其中。"现多作"磅礴"，广阔无边的样子。［4］坤灵：为古人对大地的美称，大地的灵秀之气。坤，八卦之一，与艮相对，代表地；灵，灵验。［5］富媪（ǎo）：大地之神。《汉书·礼乐志》："后土富媪，昭明三光。"颜师古注引张晏曰："媪，老母称也；坤为母，故称媪。海内安定，富媪之功耳。"宋苏轼《月华寺》："天公故为不自怜，结土融石为铜山。万人采斫富媪泣，只有金帛资豪奸。"［6］中土：指中国。［7］饶：丰饶，多。［8］稽考：考察，考核。［9］脉：矿脉。［10］化炼：冶炼。［11］矿师：采矿的技师。［12］兰山：古代隶郯郡，今析为山东临沂兰山区。1869年3月始，"丝绸之路"首倡者德国地质学家F.V.李希霍芬在此地进行为期半年的地址调查，在1877年提交了一份详尽的《山东地理环境与矿产资源》报告，系统阐述了包括金刚钻石矿在内的诸多矿产资源，引致列强觊觎。［13］八表：八荒，极远之地。［14］列邦：东西方列强。德、日等国先后加入抢占兰山地区矿山开采权的争斗中。［15］垂涎：流口水，觊觎。［16］风水：泛指山川险阻。［17］借端：拿某事端为挑衅的借口。［18］踞：盘踞，占据。［19］亟：急切。［20］卝（kuàng）人律：开矿的法律。卝，通"矿"。［21］章程：组织规程、办事规则的规范性文书，是一种根本性的规章制度。［22］轻藐：藐视，小看。［23］招商：指作者自己所在的招商局。［24］有道：有一套规章制度。［25］太阿若倒持：出《汉书·梅福传》：“至秦则不然，张诽谤之罔，以为汉驱除，倒持太阿，授楚其柄。”倒拿着剑，把剑柄给别人，比喻把大权交给别人，自己反受其害。太阿，又作“泰阿”，为欧冶子、干将二剑师联手铸造，是中国古代十大名剑之一。［26］派员：派出专员（进行管理）。［27］限数：极限，有限的量。［28］金银官：据《汉书·贡禹传》载，汉代少府下属有采珠玉金银之官。［29］漫：漫不经心，不真心。［30］寸心常悄悄：出《诗经·邶风·柏舟》：“忧心悄悄，愠于群小。”寸心，微小的心愿、内心。悄悄，无声而忧郁。［31］末议：小小的建议。［32］晴昊：晴天，晴空。唐杜甫《苏端薛复筵简薛华醉歌》：“安得健步移远梅，乱插繁花向晴昊。”

今译

上天真诚地抚养我们的人民，大地也不吝惜自己的宝藏。

广阔无边的宇宙孕育了万物生灵，大地母亲的名字就叫作“富媪”。

中国矿产极其丰饶，但是朝廷从未进行调查。

在寻找矿脉和冶炼矿石方面，我国向来缺乏技师。

兰山出产金刚钻，官民都不知道。

贱卖给德国商人，大名这才传遍全世界。

东西方列国更加垂涎了，山川险阻也挡不住他们入侵的步伐。

他们不断找借口肆意张扬武力，占据了我们的地盘，还要骚扰我们。

我国要赶紧修订开采矿产的法律，将已有的弊端一起扫尽。

开矿的章程模仿日本，外国人就不会轻视了。

招商局设立公司，谁要开采先要和我商讨。

利益太大害处也随之增多，办理矿务一定要讲道理。

宝剑倒持，白白喂饱了外国人。

国家应当保护矿产，派出专员监察采矿的成效。

大地的矿藏毕竟有限，不准许霸占全部地盘。

汉朝设有开采金银的官员自然拥有开矿的权力，先例并不是由我们开始的。

守卫矿区的士兵实在太少，国家最终难以保住矿产。

就像是狩猎一头野猪，群犬争相撕咬。

各国只是顾着自己的利益，漫不经心地说说和好而已。

时局正处在艰难的境地，我内心一直忧急如焚。

我这小小的建议如蒙朝廷采纳，我就可以抬头盼望天晴了。

延伸阅读

郑观应《上督办粤汉铁路盛宫保论粤路及购地事》：窃思我国路矿频为外人要求承办，名曰为我，实欲图我，借我之力，制我之民，事事占我便宜，处处夺我权利，有强权而无公理。我公宜急流勇退，免受外人气，为后世责。昔贤范蠡、陶潜，知几隐退，非无忠义，欲明哲保身耳。（《盛世危言后编》，中华书局，2014年，第783页）

答英国广学会董李提摩太及世勋贝思福论中外时事

解题

此诗选自《罗浮偫鹤山人诗草》，作于光绪二十四年（1898）戊戌变法期间。李提摩太（Timothy Richard），字菩岳，英国浸信会传教士。1870年12月抵达上海，随后以“利玛窦模式”在中国各地传教，宣传近代西方科学知识，对中国教育事业、慈善事业的近代转型起到了关键作用。他广泛联络中国各阶层人士，与李鸿章、张之洞等关系良好，更与康有为、梁启超等互动密切，以至成为维新派的“精神领袖”。他主持以传播新知识为主的广学会长达二十五年之久，出版了数以千计的新学书籍。《盛世危言·西学》附录三篇文章，第一篇就是《英士李提摩太〈七国新学备要论〉》。正值维新变法如火如荼之际，英国海军上校查尔斯·贝思福勋爵（Charles Beresford）应邀展开了对中国的全面考察，一方面与美国传教士林乐知（Young John Allen）等编译《保华全书》（*Break-up of China*，上海广学会光绪二十五年铅印本），同时又出版了《贝思福考察记》，表达了对中国尤其是维新变法的支持。此诗就是郑观应会晤李提摩太、贝思福之后的一个全面答复，他认为中国面临内忧外患的严峻形势，维新变法是一个必然的政治反应，是中国自强的转折点，衷心希望在光绪帝的支持下全面展开并能收获一个美好的未来。全诗视野闳通，气势壮阔，爱憎分明，诗思畅达，极具鼓动性和感染力。

群雄共逐中原鹿[1]，连衡合从[2]阴谋伏。

长鲸掉尾[3]莫可擒，猛虎傅翼[4]更肆毒。

中国积弱由来渐[5]，拘守[6]旧章[7]自为足。

财竭军孱[8]不自振，割地偿费[9]势日蹙[10]。

鹰瞵虎视[11]环邻邦，棘手钳口[12]笑当轴[13]。

维新变法下部议[14]，其奈守旧诸臣仆。

泄沓[15]苟安[16]不思变，变自卤莽[17]丛[18]怨讟[19]。

维新守旧乏通才[20]，贾生上书徒痛哭[21]。

否极泰来[22]参[23]易爻[24]，革故鼎新[25]愿启沃[26]。

朝廷下诏[27]求英才，广辟学堂资教育。

圣明天纵[28]一发奋，集思广益勤典学[29]。

考试策论[30]改时文[31]，习练枪炮废弓镞[32]。

整顿工商开利源[33]，重订律例惩[34]翻覆[35]。

注释

［1］群雄共逐中原鹿：出《史记·淮阴侯列传》：“秦失其鹿，天下共逐之。”大意是形容各路英雄纷纷争夺最高统治权，喻东西方列强争夺对华控制权。［2］连横合从：通常作“合纵连横”，省作“纵横”，战国时期纵横家所宣扬并推行的外交和军事政策。古以南北朝向为纵、东西朝向为横，战国七雄中较弱的魏、赵、韩、燕、楚是纵向分布的，国土南北相连，齐、秦分居东西，合纵即“合众弱以攻一强”，联合起来西向抗秦、东向伐齐。连横则是联合强国制衡第三国，既可以联秦，也可以联楚。这里指东西方列强常常结成各种

联盟，轮番对中国侵略和施压。 ［3］长鲸掉尾：以鲸鱼腾挪之姿形容列强入侵的蛮横。唐王翰《北海鲸》：“长鲸掉尾鳞鬣张，壮士辟易弓剑伤。”元贡奎《汉剑歌》：“君不见干将莫邪离复合，气冲牛斗森灭没，长鲸掉尾沧海阔。” ［4］猛虎傅翼：大意是给老虎添上翅膀，喻帮助坏人增加破坏力。傅，附着，增加。 ［5］由来渐：出《列子·力命》：“病非一朝一夕之故，其所由来渐矣。”大意是非一朝一夕形成，而是逐渐累积而成。 ［6］拘守：固守，死守。拘，拘泥。 ［7］旧章：陈旧过时的规章制度。 ［8］孱（chán）：弱。 ［9］割地偿费：割地赔款。偿，赔偿。 ［10］蹙：缩小，局促。 ［11］鹰瞵（lín）虎视：像鹰、虎一样凶狠贪婪地注视着。梁启超《论私德》：“俄罗斯政府以鹰瞵虎视之势，震慑五陆，而其人民称罪恶之府，黑暗无复天日，亦生计沈窘之影响也。”瞵，注视。 ［12］钳口：闭口，不敢说。《逸周书·芮良夫》：“贤智箝口，小人鼓舌。” ［13］当轴：当局，指朝廷。 ［14］部议：明清时期中央各部内的决定。清王韬《补偃起废药痼议》：“今天下内事动持于部议，外事一由于吏手。” ［15］泄沓：“泄泄沓沓”之省，弛缓、懈怠的意思。《孟子·离娄上》：“《诗》曰：‘天之方蹶，无然泄泄。’泄泄，犹沓沓也。事君无义，进退无礼，言则非先王之道者，犹沓沓也。”朱熹集注：“泄泄，怠缓悦从之貌。言天欲颠覆周室，群臣无得泄泄然不急救正之。沓沓，即‘泄泄’之意，盖孟子时人语如此。” ［16］苟安：苟且偷安，只顾眼前的安乐。 ［17］卤莽：鲁莽，冒失。 ［18］丛：丛集，聚集。 ［19］怨讟（dú）：亦作“怨黩”。怨恨诽谤。《左传·宣公十二年》：“昔岁入陈，今兹入郑，民不罢劳，君无怨讟，政有经矣。”晋杜预注：“讟，谤也。” ［20］通才：指知识广博、具有多种才能的人。 ［21］贾生上书徒痛哭：出《汉书·贾谊传》：

“是时，匈奴强，侵边。天下初定，制度疏阔。诸侯王僭儗，地过古制，淮南、济北王皆为逆诛。谊数上疏陈政事，多所欲匡建，其大略曰：‘臣窃惟事势，可为痛哭者一，可为流涕者二，可为长太息者六，若其它背理而伤道者，难遍以疏举。’” ［22］否极泰来：坏运到了头，好运就来了。否，《周易》卦名，不顺利；泰，《周易》卦名，顺利；极，尽头。 ［23］参：参考，参见。 ［24］易爻：《周易》中组成八卦中每一卦的长、短横道，能灵活组成各种卦象。 ［25］革故鼎新：出《周易·杂卦》：“革，去故也；鼎，取新也。”谓除去旧的，建立新的。革，改变，革除；故，陈旧；鼎，建立，树立。 ［26］启沃：出《书·说命上》：“启乃心，沃朕心。”唐孔颖达疏：“当开汝心所有，以灌沃我心，欲令以彼所见，教己未知故也。”大意是指竭诚开导、辅佐君王。 ［27］下诏：皇帝颁发诏令。 ［28］天纵：天所放任，大意是上天赋予的才能和智慧。 ［29］典学：出《尚书·说命下》：“念终始典于学。”唐孔颖达疏：“念终念始，常在于学。”此为商代丞相傅说勉励武丁勤于学习的话，后指帝王致力学习。 ［30］策论：指古代议论当前政治问题、向朝廷建言献策的文章。清末科举废八股文，用策论代替。 ［31］时文：指清代科举应试的八股文。 ［32］镞（zú）：箭头。 ［33］利源：赚取利益的财源。 ［34］惩：警戒，戒止。 ［35］翻覆：反复，彻底颠覆。

今译

列强纷纷入侵中国，一会儿合纵，一会儿连横，使尽各种阴谋。
他们就像鲸鱼腾挪一样势不可挡，也像猛虎添翼一样更加凶残。
中国积贫积弱由来已久，死守过时的规章制度，却自以为很了不起。

国家财政早已枯竭，军力虚弱不堪，再加上今天持续不断的割地赔款，（国力）势必日益被削弱。

周边国家都对我们虎视眈眈，看见臣民束手无策、缄口不言，嘲笑朝廷无能。

维新变法的国策交给臣下来决定，对因循守旧的群臣无可奈何。

面对懈怠拖拉、偷安一时、不思变法的群臣，维新变法来得过于鲁莽，产生了太多的怨言。

其实，维新、守旧两派都缺乏政治上的人才，只能像贾谊上书那样徒增痛苦。

凡事到了尽头一定会变好，看看卦象就会知道，革除旧的，建立新的，希望可以启发皇上。

朝廷下达诏书搜求英才，大力建设学校，帮助教育发展。

皇上圣明且有天才，全力发奋，集思广益，勤奋学习新知识。

改革科举，用策论代替陈腐的八股文，演习新式枪炮，废弃弓箭。

整顿工商业，开拓新的财源，重新制订法律，谨防反复。

延伸阅读

《郑孝胥日记》“1898年11月30日”条：午后，督办（盛宣怀）往拜白尔斯福特。黄赞庭语余曰初语甚忤，后始稍洽。闻白晤南皮论练兵事，南皮拒之，白甚惭怒。夜饭，督办亦告余曰：“白以练兵为言，吾以筹饷须加税难之。白谓厘金妨商务，吾告以加税则厘金可减。初语颇激，后乃甚欢。”予曰：“督办再见白，且勿谈兵事，第与纵论商务，则英、俄之轻重自见。且此人宜以缓局养之，勿遽触其失意处，反疑我为总署及南皮折之也。”督办颔之。（《郑孝胥日记》，中华书局，1993年，第697—698页）

《清议报》消息报道：缘日前英国商务局遣大员来游历中国，考察各情，即欲振兴中国商务，该大员为爵相白垒斯福君。其游历各埠，各大宪均优礼相迎，邦交殷勤，且不特助其访察商务，即兵法亦与之讲求。其考求兵法之故，无非为保护中国商务，以御外侮起见。白君所至之埠，各有行商，皆有集众会议。今为条陈，务使中英商务日益蒸蒸，两有裨益。（《清议报》，中华书局，2006年影印本，第333页）

书愤

解题

此诗选自《罗浮偫鹤山人诗草》，作于甲午战争前夕。这是一首爱国色彩强烈的政治呐喊诗，民族危机加深之时，郑观应忧国事之日蹙，恨国民之不争，满腔悲愤，磅礴而出，化作诗句，读之催人奋起。书愤，南宋爱国诗人陆游也创作了同名《书愤》，抒发内心的愤慨，其中“中原北望气如山”一句，尤能抒发古今同慨的爱国主义激情。

沧海苦横流[1]，浮云敝山岳[2]。
中国不自振，晏安中鸩毒[3]。
外侮既频仍[4]，内乱又潜伏。
欧洲论邦交，形势计强弱。
保护蹈波兰，狮熊[5]非我族。
兄弟阋于墙[6]，群雄耽[7]欲逐。
海上说瓜分，矿路问谁属。
有利必均沾，得陇还望蜀[8]。
借端肆要求，幅帧[9]日以蹙[10]。
欺我无人材，所用非所学。
兵部不知兵，武官无韬略[11]。

刑部不晓律[12]，胥吏[13]弊易作。
户部不兴利[14]，农工日萧索[15]。
坐论推元老[16]，部员[17]供唯诺[18]。
事苦上不明，动为下所黩[19]。
畏难图苟安，袖手观棋局[20]。
终为白种[21]侵，生民悉挫辱[22]。
不见彼属地[23]，暴虐任鱼肉。
轻视若马牛，贱役齐[24]奴仆。
不许掌兵权，只许沾微禄[25]。
昏昏醉梦者，疾呼宜警觉。
救时共发愤，变法尤宜速。
上行下必效，明耻以整俗[26]。
众志借成城[27]，剥极当占复[28]。
若再误因循[29]，其患溃心腹。
保国即保家，聊以贡忠告。

注释

[1] 沧海苦横流：出晋袁宏《三国名臣序赞》："沧海横流，玉石同碎。"大意是说政治混乱，社会动荡。沧海，大海；横流，水往四处奔流。 [2] 浮云敝山岳：出汉陆贾《新语·慎微》："故邪臣之蔽贤，犹浮云之障日月也。"原喻奸佞之徒蒙蔽君主，后泛指小人当道，社会一片黑暗。浮云，喻小人；日，太阳，喻君

主。［3］晏安中鸩毒：大意是说贪图安逸享乐，等于饮毒酒自杀。鸩（zhèn），传说中是一种毒鸟，放在酒中，能毒杀人。［4］频仍：频繁。［5］狮熊：指英国（英皇徽记为狮子）、俄罗斯（多讥其为北极熊）。［6］兄弟阋于墙：出《诗经·小雅·常棣》："兄弟阋于墙，外御其侮。"大意是指兄弟不和睦，比喻内部争斗。阋，争吵，争斗。［7］耽（dān）：通"眈"，垂目注视的样子。《周易·颐》："虎视眈眈，其欲逐逐。"［8］得陇还望蜀：出《后汉书·岑彭传》："人苦不知足，既平陇，复望蜀。"大意是既攻取陇右，又想进攻西蜀，喻贪得无厌。［9］幅帧：又作"幅陨""幅员"，指领土。土地广狭称"幅"，周围为"员"。［10］蹙（cù）：迫促，缩小。《诗经·大雅·召旻》："今也日蹙国百里。"［11］韬略：古代兵书《六韬》《三略》的并称，指兵家谋略。［12］律：法律。［13］胥吏：低层官僚机构中的各类办事人员和差役。［14］兴利：兴办有益的事项。［15］萧索：萧条，不景气。［16］坐论推元老：唐五代时期，宰相上殿议事，赐茶命坐，称作"坐论"。唐五代宰相呼为元老。唐李肇《唐国史补》卷下："宰相相呼为元老，或曰堂老。"［17］部员：朝廷六部的官员。［18］唯诺：唯唯诺诺，形容自己没有主意，一味附和、恭顺听话的样子。［19］黩（dú）：轻漫不敬，随意。《公羊传·桓公八年》："极则黩，黩则不敬。"［20］袖手观棋局：出元张可久《三衡山中》："白酒黄柑山郡，短衣瘦马诗人，袖手观棋度青春。仙桥藏老树，石笋瘗苍云，松花飘瑞粉。"［21］白种：白种人，指欧美列强。［22］挫辱：挫折和侮辱。［23］属地：殖民地。［24］齐：等同。［25］禄：俸禄，薪金。［26］明耻以整俗：清楚耻辱的困境，就能提升民智。整俗，整顿、教化风俗。清雍正四年（1726）曾设非常制的"整俗使"，置于浙江、福建、广东、湖南等省，职掌巡察地方、劝谕化导风俗等。［27］众志借成城：出《国语》：“故谚曰：众心成城，众口铄金。”大意是形容大家团结一致，如城墙一般不可摧毁。［28］剥极当占复：衰败到极点，就会重新振作起来。剥，剥落；极，达到极点；占，据有，征兆；复，来复，复兴。［29］因循：因循守旧。

今译

沧海四处横流，浮云遮蔽了山岳。
中国不知发愤图强，恋安乐自甘饮鸩而亡。
外患不断发生，内乱又已潜伏。
西欧国家论邦交，只看国势弱与强。
岂能重蹈波兰被保护的覆辙，狮英熊俄可不是我的友国。
兄弟关着门争斗不休，列强虎视眈眈正想吞并我国。
海上强盗议论怎么瓜分，我国的矿路如今谁属？
一国得利他国必定均沾，得陇还望蜀贪得又无厌。
借口事端无理提要求，大好河山陷入沦丧的深渊。
列强欺侮我国没有人才，我们确实是用非所学。
掌军事的不懂用兵之道，武官缺乏打仗计谋。
管司法的不懂法律，小官吏容易贪污作弊。
负责财政的不去为民兴利，工农业生产日益凋敝。
元老只是坐而论道，各部官吏只会唯唯诺诺。
在上者苦于不明事理，经常被下级愚弄蒙蔽。
害怕艰难只图苟且偷安，袖手旁观谁顾国家危难？
最终定遭白人侵略，百姓必蒙挫折羞惭。
君不见那些殖民地，像鱼肉一般任人宰割。

被人轻视恰似牛马，操持苦役如同奴仆。

军权不许掌握在手，只能得到微薄俸禄。

向醉生梦死的同胞大声疾呼：已是赶快警醒的时候。

共同发愤挽救危机，维新变法尤贵迅速。

上行必有下效，深明耻辱才能改良风俗。

只有众志才会成城，衰弱到极点就应走上强盛。

如果再要因循耽误，祸患就将伤及心腹。

保国就是保家，借此献出我的忠告。

延伸阅读

汪松涛《广东近代文学史》：郑观应一生著述丰富，计有《救时揭要》《易言》《盛世危言》《南游日记》《西行日记》《盛世危言后编》《罗浮偫鹤山人诗草》《罗浮待鹤山房谈玄诗草》《待鹤山人晚年纪念诗》等，由今人夏东元编为《郑观应集》，已由上海人民出版社出版。郑观应现存诗歌700余首，充满了清末民初爱国实业家和知识分子的忧患意识。他的诗作，抒发了忧国忧民和重商求变的思想，贯穿着抵御外侮和实业救国的主题。《书愤》是一首爱国色彩强烈的政治呐喊诗，约作于甲午战争前，民族危机加深之时。郑观应忧国事之日蹙，恨国民之不争，满腔悲愤，磅礴而出，化作诗句，读之催人奋起！（《广东近代文学史》，广东人民出版社，1996年，第351页）

忆大东沟战争感作（节选）

解题

此诗选自《罗浮偫鹤山人诗草》，作于清光绪二十年（1894）。以1894年7月25日丰岛海战为标志，中日甲午战争爆发。9月16日，北洋海军提督丁汝昌率定远号、致远号、经远号等十二艘战舰和四艘鱼雷艇护送招商局轮船运兵增援平壤守军，抵鸭绿江口大东沟登陆。第二天上午准备返航时，突遭日本海军袭击，北洋舰队在丁汝昌率领下奋勇反击。致远号在管带邓世昌的指挥下，虽受重创仍奋力冲向敌舰，最后被鱼雷击中沉没，表现了高度的爱国主义精神。这次海战也称“大东沟之役”。此后，日本控制了制海权。“生当封侯死庙食”，且然反映了封建观念，但也表达了人民对爱国英雄的敬仰之情。大东沟，地名，在鸭绿江口，是甲午海战的主战场之一。

东沟海战天如墨[1]，炮震烟迷[2]船掀侧[3]。
致远[4]鼓楫[5]冲重围，万火丛中呼杀贼[6]。
勇哉壮节[7]首捐躯，无愧同袍夸胆识。
梁宏[8]立志果不虚，生当封侯死庙食[9]。
愧煞[10]辽东众将弁[11]，曳兵弃甲[12]无人色[13]。

注释

［1］天如墨：天空乌云密布。［2］烟迷：硝烟弥漫。［3］掀侧：掀翻，侧翻。［4］致远：北洋海军所属的一只战舰的名字，管带（舰长）为著名爱国将领邓世昌。［5］鼓楫：开足马力。楫，桨。［6］呼杀贼：南宋名相李纲、大词人辛弃疾临终皆大呼杀贼。［7］壮节：邓世昌的谥号。邓世昌，原名永昌，字正卿，广东番禺人，清末海军将领、民族英雄。邓世昌曾留学英国海军学院，甲午战争时担任北洋水师致远号巡洋舰管带（即舰长），在“大东沟之役”壮烈殉国，光绪帝作挽联云：“此日漫挥天下泪，有公足壮海军威。”谥“壮节”，追赠“太子少保”衔。［8］梁宏：东汉人，曾任吴兴太守尹兴的主簿。楚王刘英谋反，暗中开列天下有名官吏的名单，其中有尹兴的名字。刘英事败，梁宏、驷勋等五百椽吏被捕，严刑拷打，死者过半。仅梁宏、驷勋数人受五刑，流血肉烂，前后说法一致，且不乱招供，终获赦回里。此处喻邓世昌誓死战斗的精神。［9］庙食：古代有功者立庙塑像，享春秋祭。［10］愧煞：令……羞愧欲死。［11］辽东众将弁：甲午战争中，在朝鲜、辽东作战的清军将领叶志超、吴大澂等畏敌怯战，临阵逃跑，终致溃败。将弁，将领和士兵。［12］曳（yè）兵弃甲：出《孟子·梁惠王上》：“填然鼓之，兵刃既接，弃甲曳兵而走。”大意是丢弃盔甲、拖着兵器逃跑，形容打败仗狼狈逃跑的样子。曳，拖着；兵，兵器；弃，丢掉。［13］无人色：出《汉书·李广传》：“广为匈奴所败，吏士皆无人色，广意气自若。”大意是脸上没有一点血色，形容恐惧到极点。

今译

大东沟天空如墨一般漆黑，炮声震天，硝烟弥漫，战船被掀翻。

致远号战舰开足马力冲出重围，邓世昌在密集的炮火中高呼杀贼。

邓世昌第一个勇敢地为国捐躯，不愧同胞们盛赞他的胆识。

就像东汉梁宏那样立下志向最终实现一样，活着就是要立功封侯，死了也要被人立庙敬奉。

令辽东众多将领羞愧欲死，他们面对大敌，丢盔卸甲，吓得面无人色。

延伸阅读

黄遵宪《东沟行》：濛濛北来黑烟起，将台传令敌来矣，神龙分行尾衔尾。倭来倭来渐趋前，绵绵翼翼一字连，倏忽旋转成浑圆。我军了敌遽飞炮，一弹轰雷百人扫，一弹星流药不爆。敌军四面来环攻，使船使马旋如风，万弹如锥争凿空。地炉煮海海波涌，海鸟绝飞伏蛟恐，人声鼓声噤不动。漫漫昏黑飞劫灰，两军各挟攻船雷，模糊不辨莫敢来。此船桅折彼釜破，万亿金钱纷雨堕，入水化水火化火。火光激水水能飞，红日西斜无还时，两军各唱铙歌归。从此华船匿不出，人言船坚不如疾，有器无人终委敌。（《人境庐诗草笺注》，古典文学出版社，1957年，第232—233页）

啸马、游友基、林锦鸿《历代爱国诗选析》：诗歌开头，渲染气氛，描写海战场面：滔滔黄海，鏖战方酣，天色墨黑，大炮轰鸣，硝烟迷漫。经过几小时激战，致远舰受伤，船身倾斜，弹药将尽。而丁汝昌的旗舰也陷入困境。面对这种严重形势，管带邓世昌激励士兵说：从军卫国，生死早就置之度外，今天是为祖国牺牲的时候了。我们虽然牺牲了，但可以张国家的声威，也就达到了报国的目的了。于是毅然下令开足马力，向日军最凶猛的先锋舰“吉野号”冲去，决心与它同归于尽，借以解旗舰之困。但不幸中途撞雷，舰上将士全部死难，无一生还。据记载说，邓世昌的随从曾想用浮艇救邓世昌，邓世昌义不独生，英勇自沉。他坠入水中，还大呼杀敌不止。“致远鼓楫冲重围，万火丛中呼杀贼”就是这英雄壮举的艺术再现。写到这里，作者抑制不住敬仰的感情，歌颂为国捐躯的英雄们的壮烈气节。他们不愧被同胞赞誉为有胆有识之人。当时有人写诗吊邓“宁为玉碎无瓦全”，“凛凛大节垂青史”，正反映了中国人民对民族英雄的崇高评价。结句，以辽东战役的某些将领畏敌如虎、曳兵弃甲、闻风溃逃的丑态作为反衬。在死难英雄高大的形象面前，这些渺小的民族败类，确实无地自容。诗歌夹叙夹议，澈浊扬清，感情充沛，气势雄浑，是对甲午战争中爱国将士英勇赴死的大无畏气概的壮烈赞歌。（《历代爱国诗选析》，福建教育出版社，1984年，第208页）

吊东三省

解题

此诗选自《罗浮偫鹤山人诗草》，作于1905年底至1906年初。甲午战争之后，日、俄二国觊觎中国东北三省及附属国朝鲜，冲突陡然加剧。日方不断向俄方索要东北亚利益，却遭沙皇尼古拉二世拒绝。1904年2月6日，日本宣布断绝对俄外交关系，8日偷袭旅顺港的俄国船只，10日正式向俄国宣战，将俄军主力围困在旅顺城内。经过八个月的战斗，双方损失巨大。美国总统狄奥多·罗斯福居中斡旋，1905年9月5日双方在美国新罕布什尔州朴次茅斯的一个造船厂签订和约，规定俄国将萨哈林岛南半领土割让给日本，朝鲜划归日本保护范围，辽东半岛租约转给日本。12月，腐败无能的清政府在日本的压力下，与日本签订了《中日会议东三省事宜条约》，除全盘接受《朴茨茅斯和约》，还要额外给予日本某些权益。这场帝国主义之间的不义之战，发生在中国东三省，让东北人民遭受了巨大的灾难，极大损害了中国的主权，但腐败清廷居然表示“中立”。郑观应在《盛世危言·边防二》中提出：“为中国计，亦宜将东三省与各国通商，作为公同保护之地。”这不失为一个万全之策。此诗以朴素无华、沉痛无比的笔调，抒写了东三省权益丧失的痛苦，切入的角度极具震撼力。开篇认为中国人民心不齐、民力不强，是导致东三省局势恶化的重要因素之一。东三省，即“东北三省”的简称，指黑龙江、吉林、辽宁三省。

民心似散沙，西士[1]笑中华。

不识合群力[2]，偏工[3]害自家。

为谁除马贼[4]，迫我退官衙[5]。

何日王师[6]至？灾氓[7]望眼赊[8]。

注释

[1] 西士：西方人。 [2] 合群力：聚集起众人的力量。 [3] 偏工：偏偏擅长。 [4] 马贼：山贼，土匪。日、俄两方都在自己势力范围内驱逐清政府衙门，剿灭土匪，大搞市政建设，重建社会秩序，其目的不过是为了一己之私，并不是为普通百姓着想。 [5] 衙：清政府的官府衙门。 [6] 王师：天子的军队，朝廷的军队，指正义之师。 [7] 灾氓：灾民。氓，同“民”，民众。 [8] 望眼赊：望眼欲穿。宋楼钥《陪沈虞卿使君游钱园》：“清绝嚣尘远，苍茫望眼赊。”赊，长，久。

今译

中国人民心不够凝聚，就像一盘散沙，这是西方人士嘲笑我们中华的重点之一。

百姓们不懂得如何聚集起民众的力量，偏偏特别擅长害自己人。

日俄势力清除土匪到底是为谁啊，却又逼迫官府衙门退出东北。

哪一天朝廷军队再来收复失地，东北老百姓可真要望眼欲穿了。

专制叹

解题

此诗选自《待鹤山人晚年纪念诗》，作于1917年。作者晚年亲身经历了1916年袁世凯称帝、1917年张勋复辟这两出丑剧，同时又遭到长子润林病殇、老上级盛宣怀逝世的双重打击，痛定思痛，深刻反思了帝制的种种弊端，对专制政体进行了深刻的揭露和辛辣的讽刺。作者从这些政治闹剧中，看见了盘踞在传统中国人心头的专制痼疾，又从自己短暂为官的体验出发，揭示出更为本质的历史真相，即君主制已为历史所淘汰，即便是英雄的光芒也会被专制制度销蚀殆尽，要想家天下传万世更无异于痴人说梦。相比之下，共和政体表现出了前所未有的生命力，以德服人、依法治国、高度自治、政党轮替等新的政治元素，让人耳目一新，似乎再现了上古三代的“大治”盛况。作者把自己代理左江道的短暂经历，比作“请君入瓮”，别有一番况味在心头。通过中西对比，强有力地说明了民主制度替代专制制度的必然性，虽未达到“建设国法上完全无缺之民国政府”，呼吁国人勇于捍卫民权、捍卫国法的思想高度，但在积极反对“只为袁氏个人私立之政府”这一点上，却与梁启超、孙中山等人是一致的。以反问作结，表达了鲜明的政治态度。

为官日少[1]为民多，请君入瓮[2]立法苛[3]。
不顾子孙顾自己，富贵升沉[4]一刹那。
九合诸侯[5]骄焰[6]失，穷兵黩武[7]鉴[8]德俄。

以德服人国必王[9]，以力服人若电过。
民团制度[10]省兵费，自治无私万世歌。
古今尧舜华盛顿[11]，择贤禅让[12]名不磨。
欲求万世家天下[13]，强秦[14]洪宪[15]今如何？

注释

［1］为官日少：郑观应曾于光绪二十九年（1903）五月代理广西左江道，为期一月有余。这是其一生中仅有的一段为官经历。他成功缉拿三江会党首领及军火走私犯多名，同时又体会到了朝廷腐败、官场黑暗、官吏倾轧的末世乱象，加剧了思想的转变。　［2］请君入瓮：大意是说用某人整治别人的办法来整治他自己。瓮，一种陶制的盛器。　［3］苛：严苛，苛刻。　［4］富贵升沉：指个人的富贵、升降、进退。唐李白《送友人入蜀》："升沉应有定，不必问君平。"　［5］九合诸侯：出曹操《短歌行》："九合诸侯，一匡天下。"指平定天下的诸侯。　［6］骄焰：骄横的气焰。　［7］穷兵黩武：大意是说竭尽武力，任意发动侵略战争，形容极其好战。穷，竭尽；黩，随便，任意。　［8］鉴：借鉴，参考。袁世凯并未完整表述过"洪宪"帝制的设想，而从其早年立宪派经历、长子袁克定留学德国及颁行《新皇室规范》中可以推测出一些"新"内容，如对皇权设定一定的监督机制和法律；亲王、郡王可以担任海陆军官，但不得组织政党，不得担任政府重要官职；凡皇室亲属不得经营商业，与庶民争利：自亲王以下至于宗室，犯法治罪与庶民一律；永废太监制度等。可以肯定，他不会甘心成为一位"虚君"，应以德皇、沙皇、日皇为效法对象，进行强权统治。　［9］王（wàng）：成为施行王

道的王者。　［10］民团制度：作者自注：“以民团自守地方，各县守望相助，何有客兵之患？”　［11］华盛顿：乔治·华盛顿，在1775年至1783年美国独立战争时期，任殖民地军总司令，1789年当选美国第一任总统，两任届满离任。　［12］禅让：上古尧、舜将统治权转交给贤人的一种权力更替方法。　［13］家天下：帝王把国家政权据为己有，当作自家私产世代传袭下去，形成中央集权制政体。家，意动用法，“把……当成自家的”之意。　［14］强秦：强大的秦朝。　［15］洪宪：袁世凯复辟称帝所采用的年号。袁世凯独掌大权之后，蠢蠢欲动，1914年9月28日率百官到孔庙祭孔，12月23日又到天坛祭天，穿古衣冠，行大拜礼。为了恢复君主国体，他操纵参政院制定《国民代表大会组织法》，规定由国民代表大会“决定国体”。参政院在1915年12月11日以“国民代表大会总代表”名义上书“劝进”，他便在次日发布命令，承受帝位，以1916年为“洪宪元年”。针对这一复辟闹剧，蔡锷将军发起“护国运动”，各省纷纷宣布独立，加入反袁阵营。眼见大势已去，袁世凯在1916年3月22日宣布“退位”、取消“洪宪”年号、恢复共和，数月后在众叛亲离中郁悒死去。

今译

在我不长的当官日子里，将最多的时间给了百姓，把我请进官场却让我发现官场立法如此严苛。

如果不考虑子孙后代的福分，只顾自己，那么，富贵进退可能就在一刹那决定了。

在专制制度内，平定天下的诸侯最终会失去骄横的气焰，穷兵黩武看看德国、俄国就知道是什么下场了。

以德服人的国家才会强盛，以武力侵略别人会像闪电一样很快消失。

发展民团守卫一方，节省军费开支，自治政体体现无私品格，必然令国家千万年发展下去。

古代的尧舜、今天的华盛顿，选出贤人后禅让权力，这美名将永不磨灭。

妄想求得家天下传千秋万代，只要看看昔日强大的秦朝和今天袁世凯的洪宪闹剧，就知道是怎样的下场了。

延伸阅读

黄远生《今后袁总统巡回之径路》：今日袁总统所最宜根本觉醒者：第一，当稍缓其对内之心，而移以对外。各省都督如何敷衍，国民党如何敷衍，共和党如何敷衍，其他各党如何设法归之直系，上海欢迎国会团如何解散，不如且整顿心思精力，问英之于藏、俄之于蒙、日本之于满洲，如何对待，于外交上立以根本政策。第二，则于财政须有一定计划，且必须期以实行。第三，则既持止问才不才，不问党不党主义，则目海内皆孺子。一切莫乃公若也。前二者为国家之根本大计，后二者为袁公之政治德操。盖记者今日可以预言者，其在国家，必以外交或财政亡国；其在袁公个人者，将必以官僚之毒，布遍内外。而四者皆袁公已往所经行之径路，不能发生国民之新信仰者也。大抵今日之崇拜袁公者，开口动云“老袁了不得”，或曰“老袁必有主意”，袁公在今日已号称“伟人”，记者诚不敢妄为菲薄，然此二语之意义，以记者之解释，不外能操纵牢笼内外之人士，而颠倒左右之，令其人渐趋于袁氏旗帜之下，或亦不敢为袁敌而于其间刚柔杂出，镇定不挠，以经事多而阅人沈，故其对于此龌龊猥琐之社会，所谋辄有奇效。而其患害之中，于国家者，则在急对内而忘对外，坏风俗而堕士气。（《少年中国周刊》，1913年11月26日）

梁启超《异哉所谓国体问题者》：主张变更国体者最有力之论据，则谓当选举总统时，易生变乱。此诚有然。吾十年来不敢轻于附和共和，则亦以此。论者如欲自伸其现时所主张以驳诘我，吾劝其不必自行属稿，不如转录吾旧著，较为痛快详尽也。今幸也兹事既已得有比较的补救良法，盖新颁之大总统选举法，事实上已成为终身总统制，则令大总统健在日之此种危险问题自未由发生，所忧者乃在今大总统千秋万岁后事耳。夫此事则岂复国民所忍言？然人生血肉之躯，即上寿亦安能免？固无所容其忌讳。今请遂为毋讳之言：吾以为若天佑中国，今大总统能更为我国尽瘁至十年以外，而于其间整饬纪纲，培养元气，固结人心，消除隐患，自兹以往，君主可也，共和亦可也。若昊天不吊，今大总统创业未半，而遽夺诸国民之手，则中国惟有糜烂而已，虽百变其国体，夫安有幸？是故中国将来乱与不乱，全视乎今大总统之寿命，与其御宇期内之所设施；而国体无论为君主为共和，其结果殊无择也。闻者犹有疑乎？请更穷极事理以质言之。夫君主共和之异，则亦在元首继承法而已。此种继承法，虽今元首在世时制定之，然必俟今元首即世时而始发生效力，至易见也。彼时所发生之效力，能否恰如所期，则其一当视前元首生前之功德威信能否及于身后，其二当视被时有无枭雄跋扈之人，其人数之多寡，其所凭藉是否足以持异议。吾以为立此标准以测将来，无论为君主为共和，其结果常同一也。现行大总统选举法，规定后任大总统应由前任大总统推荐，预书其名，以藏诸石室金匮。使今大总统一面崇闳其功德，而巩固其威信，令国人心悦诚服，虽百世之后，犹尊重其遗令而不忍悖；一面默察将来易于酿乱之种子在何处，思所以预防维而消弭之。其种子存乎制度上耶？则改其制度，毋使为野心家之资；其种子存乎人耶？则裁抑其人，导之以正，善位置而保全之，毋使陷于不义。（《大中华月刊》，1915年8月号）

附录

郑观应编年事略

道光二十二年（1842） 一岁

六月十七日（7月24日），郑观应出生于广东省广州府香山县雍陌乡（今属中山市），为郑文瑞次子。

本名官应，又名观应，字正翔，号陶斋，别号杞忧生、慕雍山人、罗浮待鹤山人等。

曾祖父郑璧庄。

祖父郑鸣岐（1787—1837），俭朴寡言，敦品励节，却不屑以寻章摘句为能。

父亲郑文瑞（1812—1893），字启华，号秀峰，夙承家学，读书过目成诵，藏书颇富，手自校雠丹铅殆遍，写字一点一画端端正正，说这是北宋大儒"二程"所谓"即此是敬"的真髓。早年读到明初大儒吴与弼"学者以治生为急"的话，深受启发，指出这就是"儒者有用之书"，也是当前士子的对症之药——"子弟读书非甚聪颖，即可学徒经商"。他自己也曾付诸实践，大约在道光、咸丰之际前往上海滩"淘金"。咸丰三年（1853），郑文瑞联合一批香山同人积极助饷朝廷镇压太平军，因此获得较丰的回报。不久，他决定返回家乡，继续布衣塾师的生涯。

母亲陈氏（1814—1851），香山县三乡人，孝谨持家，协助丈夫置义田，刻善书，年未四旬，劳瘁以殁，临终还在训诫三个儿子"惟肫肫以行善毋怠"。获旌表乐善好施，建牌坊，覃恩赠一品太夫人。

叔父郑廷江（1838—1892），字启在，号秀山，大约在1850年前后就远赴上海，成为英商新德洋行的买办。1858年，郑观应奉父命前来上海投奔秀山叔，住在秀山叔家里，又经秀山叔安排在新德洋行当杂役，晚上回家，秀山叔教他英文初阶。1865年，郑廷江已成为“业界大佬”，常常以前辈之尊来为新晋买办提供经济担保，还和郑观应、徐润、唐廷枢等人合伙办起了仁和保险公司。光绪十年（1884），郑观应途经香港被英警拘留，全靠秀山叔拿出十万元作赔，方才解除监禁。郑观应直到晚年，还时时回忆起秀山叔教读英文的温馨场景，总是念叨秀山叔的种种好。

文瑞共生有9男8女，长子思齐，字济东，自幼过继给了伯父郑文经，却跟着生父郑文瑞读书，咸丰二年（1852）随父亲来到上海，进入英商宝顺洋行学作买办，很快小有成就。

道光二十七年（1847）　六岁

年初，入父亲郑文端开设的秀峰家塾启蒙，随父读《三字经》《百家姓》。

道光二十八年（1848年）　七岁

随父读《大学》《中庸》等。

道光二十九年（1849年）　八岁

随父读四书，学习八股文写作，“颖悟过人”，初窥门径。

道光三十年（1850）　九岁

随父读五经。曾短暂赴南洋探视移居新加坡、马来亚的亲戚。

叔父郑廷江获颁上海宝顺洋行“买办”头衔。

咸丰元年（1851）　十岁

继续在家塾读书。

母亲陈氏去世。

咸丰二年（1852）　十一岁

继续在家塾读书。

长兄入上海宝顺洋行学做买办。

咸丰三年（1853）　十二岁

继续在家塾读书。

父文瑞约香山同人积极协助曾国藩军饷，也因此获得较丰的回报，“稍稍致赢”，未久，返回家乡，继续布衣塾师的生涯。

咸丰八年（1858）　十七岁

应香山童子试，未中，奉父命“弃书学贾”，赴上海学做生意。住叔父郑廷江处，入新德洋行做工役事，随叔父学英语。

咸丰九年（1859）　十八岁

经姻亲曾寄圃、世交徐钰亭之介，入上海宝顺洋行当杂工。冬，随宝顺洋行洋人往开埠在即的天津考察商务。

咸丰十年（1860）　十九岁

春，返上海，分管宝顺洋行丝楼兼管轮船揽载事宜。正式获颁“买办”头衔。

咸丰十一年（1861）　二十岁

任宝顺洋行买办。

同治元年（1862）　二十一岁

任宝顺洋行买办。另在江西、福建自设揽载行，开始自营商行。

同治二年（1863）　二十二岁

继续经营洋行及自营业务。

同治四年（1865）　二十四岁

入读上海英华学堂（The Anglo-Chinese School）夜班，师从傅兰雅学习英文、政经及科学知识。

同治五年（1866）　二十五岁

任宝顺轮船公司经理。入股郑廷江、徐润、唐廷枢等人合伙创办的仁和保险公司。郑廷江此时已成为“业界大佬”，常常以前辈之尊来为新晋买办提供经济担保。

同治六年（1867）　二十六岁

任宝顺轮船公司经理兼管栈房。与唐廷枢等人合资创办公正轮船公司，注册为外资公司，同时兼营荣泰驳船公司。

同治七年（1868）　二十七岁

宝顺洋行倒闭。继续经营自营业务，兼任和生祥茶栈通事。

同治八年（1869）　二十八岁

与卓子和合伙承办和生祥茶栈，主营两湖、江西、徽州等地茶叶。二月，在皖营由监生报捐员外郎。开始撰写《救时揭要》部分篇章的初稿。

同治九年（1870）　二十九岁

和生祥茶栈即将停业，转任扬州宝记盐务总理。二月，在皖捐局捐升郎中，双月选用。继续撰写《救时揭要》初稿。《陶斋志果》刊行，录因果故事269则。

同治十年（1871）　三十岁

任扬州宝记盐务总理。

同治十一年（1872） 三十一岁

任扬州宝记盐务总理。继续撰写《救时揭要》初稿，适逢《申报》创刊（三月廿三日，即4月30日），标榜“时务”和“慈善”两大主题，郑观应在《申报》五月十五日（6月20日）上发表《闻报馆必用西字来书》，这是他最早发表在《申报》的文字，此后陆续发表了二十余篇文章。

同治十二年（1873） 三十二岁

任扬州宝记盐务总理。正月，《瀛寰琐记》第三期刊登其《论中国轮船进止大略》一文。二月，《救时揭要》刊印。购买新办轮船招商总局股份，参与英国太古轮船公司的创办。

同治十三年（1874） 三十三岁

正月，获聘太古轮船公司总理、总买办，兼管账房、栈房，合同期为三年。在长江沿岸、南洋各地经营揽载行。对《救时揭要》进行大幅度修订，拟重编为《易言》。

光绪元年（1875） 三十四岁

年初，《易言》初稿完成，寄呈王韬校阅、请序，王韬径刊于香港。

光绪二年（1876） 三十五岁

江南大旱，积极捐资赈济。

光绪三年（1877） 三十六岁

正月，因经营有方，续订太古轮船公司总理合约五年。与经元善等人在上海创办筹赈公所，赈济山西“丁戌奇荒”。

光绪四年（1878） 三十七岁

与徐润、盛宣怀等人筹办义赈公所，获李鸿章青睐。与经元善、谢家福“结义”。《富贵源头》《成仙捷径》刊行。十二月，由山西旱灾赈案内捐以道员，双月选用。

光绪五年（1879） 三十八岁

九月，因“历办晋赈捐输出力”，李鸿章保奏加级。十月，奉上谕“郑官应著随带加三级”。是为任事宣劳之始。十一月，蒙山西巡抚以“道员郑官应等募捐晋省义赈出力不邀议叙”保奏，请将其事载入广东方志。奉旨：“著照所请。钦此。”《剑侠传》刊行。

光绪六年（1880） 三十九岁

春，为上海机器织布局集股五万两，并撰《上海机器织布局同人会衔禀复北洋通商大臣李傅相》论述三个问题：一、“求声誉素著之人以联众志”；二、“明示筹集之款以坚众信”；三、“专用西法以齐众力”。四月，经元善在上海设协赈公所，郑观应积极参与。夏，《易言》（36篇本）交由中华印务总局刊行。该书畅论“君主”“民主”“君民共主”“上下议政院”“法律”等问题，建议朝廷“上效三代之遗风，下仿泰西之良法”，特别提到“西学尤不可不讲”，“将律例专设一科”。十月，获李鸿章札委任上海机器织布局会办。冬，参与盛宣怀主持的津沪电报线规划。

光绪七年（1881） 四十岁

正月，以“历在上海等处募资最巨，协赈晋、豫、直隶各省，力辞奖叙，洵属一门好善”等词保奏，请将姓名事迹载入原籍广东省志并香山县志。奉旨：“著照所请。钦此。”二月，获李鸿章札委总办上海机器织布局局务及津沪电报局上海电报分局总办。夏，《易言》

（20篇本）刊行。九月，郑观应准备离开太古轮船公司，推荐杨桂轩继任买办。秋，回澳门，兴建新居。

光绪八年（1882） 四十一岁

正月，太古轮船公司五年合同期满。二月，任轮船招商局帮办。三月，奏委总办上海机器织布局，上海电报分局总办一职移交经元善。八月，首次谒见李鸿章。九月，任金州矿务局总办。十月，奏委招股会办粤沪电线事宜，获各股商公举为中国电报局总董。其《致总办津沪电线盛观察论招办电报书》言“中国尚无商律，亦无宪法，专制之下，股东无如之何”，系国人首次使用“宪法”概念。十一月，蒙李鸿章、张人骏以“捐助直省工赈出力”保奏。

光绪九年（1883） 四十二岁

正月，奉上谕：“郑官应著以道员不论双、单月尽先选用。”旋蒙贵州巡抚以“在沪采办军械有年，不辞劳瘁”保奏，部议加三级。二月，协同唐廷枢与太古轮船公司、怡和轮船公司签订为期六年的齐价合同，轮船招商局股票随即大涨。六月，奉左宗棠奏委，招股襄办上海至汉口电线事宜。七月，蒙山东巡抚奏“在上海劝捐协助山东赈款，源源接济”等因，奉上谕：“郑官应等心存利济，见义勇为，殊堪嘉尚，著传旨嘉奖。钦此。”九月，奉醇贤亲王委驻沪采办神机营应用军械，兼侦探越南军情，赴南洋一带考察口岸情形。十月，因整顿轮船招商局颇有成效，接替徐润担任总办。十二月，督办粤东防务大臣彭玉麟奏调郑观应赴粤差遣。

光绪十年（1884） 四十三岁

二月，辞一切商界职务，赴粤接替王之春任总办湘军营务处事宜。五、六月，因彭玉麟奏“一腔热血，能耐劳苦，洵属有用之才”

等语，被派往南洋了解敌情，并欲“合纵抗法”。著《南游日记》，有言：“余平日历查西人立国之本，体用兼备。育才于书院，论政于议院，君民一体，上下同心，此其体；练兵、制机械、铁路、电线等事，此其用。中国遗其体效其用，所以事多扞格，难臻富强。”十一月，受彭玉麟委派前往琼州、廉州，提出开发海南的各种对策。旋往厦门商洽租船事宜，途经香港，却因杨桂轩亏欠太古案，被港英司法当局羁押。杨桂轩“亏空太古洋行公款十万有奇”，郑观应等保人已赔者外，尚欠4万余元，太古要第一担保人郑观应“照数赔足”。港英司法当局对太古追赔郑观应保款决定如下：如无银偿还，照例律关押一年；如欲取保释放，则续价值十万金的地契作抵。

光绪十一年（1885）　四十四岁

四月，叔父廷江出面赔补杨桂轩亏欠款项，计达十万元，郑观应方得解除监禁，返澳门休养。

光绪十二年（1886）　四十五岁

春，闲居澳门，曾访道罗浮山。在《易言》基础上改撰《盛世危言》。

光绪十三年（1887）　四十六岁

春夏间，赴广州就医，编著《霍乱验方》。撰写《盛世危言》。

光绪十四年（1888）　四十七岁

撰写《盛世危言》。

光绪十五年（1889）　四十八岁

撰写《盛世危言》。

十月十四日曾国荃上《查复织布局务疏》，查明上海织布局亏欠情况，亦即郑观应“押款及往来欠账早已抵清”，只是“认赔各友押票转抵亏折之数”，可说是“因公受累”。建议盛宣怀、郑观应回沪清理。

光绪十六年（1890） 四十九岁

十一月，编著《中外卫生要旨》一书，首倡中西医结合。撰写《盛世危言》。

光绪十七年（1891） 五十岁

二月，多方奔走，以求广东电报局总办一职。三月，奉李鸿章札委任开平煤矿局粤局总办，兴建粤局厂房、码头。

光绪十八年（1892） 五十一岁

三月，完成《盛世危言》初稿。七月，盛宣怀推荐他再次就任轮船招商局帮办，一再推辞，父亲鼓励道：“中国航业利权已尽为外人所夺，尔既深知其中利弊，宜尽心竭力挽回，亦塞漏卮之一大端。”乃叩辞膝下，复到上海就任。

光绪十九年（1893） 五十二岁

二月，与轮船招商局、太古、怡和三家签订六年齐价合同，轮船招商局股票大涨。二月至四月间，乘“江裕”轮沿长江稽查轮船招商局各分局利弊，著《长江日记》。四月，父亲在澳门病逝，即刻请辞奔丧。九月，在顺直赈捐局报捐二品顶戴。

光绪二十年（1894） 五十三岁

在澳门守制。春，《盛世危言》（5卷本）刊行。五月，致函盛宣怀，请推荐孙中山面晤李鸿章。六月，致函盛宣怀、李鸿章，告知日军新动向，提醒预防。七月，甲午海战爆发。八月，再致函盛、李，预测日本必将占领台湾。十月，为防招商局轮船落入日军之手，以“明卖暗托”之法，将轮船交给英、德公司托管。

光绪二十一年（1895）　五十四岁

三月，江苏布政使邓华熙进言“《盛世危言》一书，于中西利弊透辟无遗，皆可施诸实事，前兵部尚书彭称为时务切要之言，录呈睿览”。奉朱批：“书留览。钦此。”五月，光绪帝下旨总理衙门印刷二千册分发朝臣。五、六月，赎回甲午战争期间向英、德等国洋行“明卖暗托”的轮船招商局轮船。冬，《盛世危言》（14卷本）刊行。

光绪二十二年（1896）　五十五岁

正月底至二月初，从广州出发前往梧州为轮船招商局考察商务，著《赴梧日记》。四月，汉阳铁厂改为商办，盛宣怀为督办，郑观应任总办，仍兼轮船招商局差事。夏，考察汉阳铁厂，提出《整顿汉阳铁厂四十八款》，触怒张之洞，十二月请辞，未遂。山西巡抚胡聘之邀郑观应任山西某职，未就。

光绪二十三年（1897）　五十六岁

正月，蒙督办铁路总公司事务大臣盛宣怀札委，兼充铁路公司总董。又蒙安徽巡抚邓华熙保荐人才，奏以“才识练达，志虑忠诚，少年勤学，游历诸邦，考究政治得失，历办招商、织布、电报等事，廉正勤明，中外信服。法越有事，调办广东营务，派往南洋、暹罗、金边、西贡等处查探军情，深资襄助。直、东、晋、豫、苏、皖等省赈灾，募资助办，为数甚巨，最著勤劳。奉各省督抚奏明，请旨嘉奖，并奏准敕载县志。其精力尤在辑著《盛世危言》一书，为救时要策，前已抄录原本恭呈睿览。该员现办轮船招商兼湖北铁厂，于时务历练精深，明效卓著”等语。二月，又辞汉阳铁厂总办职。《苏报》发表《总办得人》，攻击郑观应，盛宣怀、经元善、徐润等十人在《苏报》上发表《不平则鸣公启》，为郑观应辩护。三月，蒙督办铁路总公司事务大臣盛宣怀札委任铁路总公司总董、充电报局总董。五月，升任轮船招商局“会同办理”。六月，离汉返沪，就职轮船招商局。八月，山西巡抚胡聘之再次奏调郑观应，直隶总督王文韶、两江总督刘坤一等以“会办上海轮船招商局十有余年，辄向外洋轮船争回权利。现兼总办汉阳铁厂，事繁责重，实难遵赴山西”等语，请留。

光绪二十四年（1898） 五十七岁

四月二十三日，戊戌维新启幕。张之洞急将《盛世危言》改编为《盛世危言统编》，作序刊行。光绪帝召见康有为，康有为此前曾特来咨询，劝以“事速则不达”。安徽巡抚邓华熙奏以“深谙时务，志虑忠诚，上年曾开列事实具折保奏在案。旋经山西巡抚奏调差遣。直隶总督因其现办轮船招商局务甚为得力，附奏请留，已蒙俞允。该员才猷练达，交相推许，历有明徵”等语，推荐入官。八月，戊戌维新失败，急撇清与康、梁的关系，又转寄一百元给避难澳门的康父。《罗浮待鹤山房谈玄诗草》刊行。

光绪二十五年（1899） 五十八岁

五月，经元善多次致信郑观应，对朝政和西太后等人表示不满。郑告知盛宣怀，并告知康、梁与经元善的往来情形。十月，被盛宣怀委派为吉林矿务公司驻沪总董，负责招募股份。增订《盛世危言》。

光绪二十六年（1900） 五十九岁

正月，经元善因为反对“乙亥建储”，遭通缉，避难澳门。郑观应致函招商局澳门分局叶侣珊予以照拂，叶侣珊却奉盛宣怀令诱捕。增订《盛世危言》。

光绪二十七年（1901） 六十岁

春，葡澳当局判经元善罪名不成立，立即释放。经元善揭发盛宣怀忘恩负义，郑观应致函经氏劝阻，未果。六月，举行六十华诞庆祝活动，同时，《盛世危言》（8卷本）刊行。与上海同人办义赈博览会，筹集善款以赈顺天、直隶灾荒。十一月，乞假回澳门就医一个月，后又延长假期两个月。

光绪二十八年（1902） 六十一岁

七月，广西巡抚王之春奏调郑观应赴桂差遣，盛宣怀不允。八月，郑观应致函盛宣怀解释。

光绪二十九年（1903） 六十二岁

正月，到广西就职。二月，奉王之春之令在广州、香港、澳门查缉走私军火事。三月，捕获多名会党首领。五月，代理左江道。闰五月，王之春去职，郑观应亦随之卸职。六月，盛宣怀委任郑观应为粤汉铁路广东购地局总办。

光绪三十年（1904） 六十三岁

春，由澳门至上海游玩。十月，粤汉铁路广东购地局裁撤，郑观应去职。

光绪三十一年（1905） 六十四岁

五月，广州商务总会成立，委郑观应为协理。郑观应坚辞。十一月，两广总督岑春煊札委郑观应查勘两广矿产兼充矿务议员，以母病、已老婉辞。十二月，反美运动兴起，广东成立拒约会，被公举为主席，婉辞。

光绪三十二年（1906） 六十五岁

正月，继母逝世，在澳丁忧。四月初一，广东商办粤汉铁路有限公司成立，广东各善堂、总商会、七十二行商报投筒公举总办，坚辞，未准，承诺义务工作一年。闰四月，粤汉铁路有限公司招股顺利，反郑暗潮渐起。九月，交出公司关防，居家接受调查。十一月，回澳门。广州各报纸登载举报郑观应亏耗钱粮的书函，急返广州清理账目。

光绪三十三年（1907） 六十六岁

正月，查账结束，并无亏耗。七月，粤汉铁路有限公司选出新总理，卸总办职。八月，返回澳门，着手编辑《盛世危言后编》。

光绪三十四年（1908） 六十七岁

袁世凯北洋系接收轮船招商局等洋务企业，屡屡发文维护商办原则。

宣统元年（1909） 六十八岁

二月，袁世凯收轮船招商局归国有。三月，往上海组织同人，选举轮船招商局商办董事，争取早日回归商办。七月，《罗浮偫鹤山人诗草》付梓。九月，前往北京，向商部呈交轮船招商局商办注册申请，未准。返上海，后回广东度岁。

宣统二年（1910） 六十九岁

正月，在澳门度岁，上书摄政王载沣，敦请尽快立宪。五月，为轮船招商局商办注册事再到北京。十月，被委任为轮船招商局厦门分局总办。《盛世危言后编》交由上海翰华阁书店刊印。

宣统三年（1911） 七十岁

正月，在澳门度岁。三月，受盛宣怀札委为轮船招商局会办，职司稽查。七月，从上海出发巡查长江各埠轮船招商局业务，著有《西行日记》。十月，辛亥革命爆发，避居重庆狮子山的叶家花园。十一月，局势稍安，从重庆返回上海。

民国元年（1912）　七十一岁

1月，抵上海，与同人组织招商局维持会，确保全局正常运行。7月，获任为轮船招商局汉口分局总办。11月，明确反对轮船招商局国有化。

民国二年（1913）　七十二岁

6月，轮船招商局在上海张园召开股东大会，公选盛宣怀为副会长、郑观应为董事。

民国三年（1914）　七十三岁

4月，稽查轮船招商局沿海各分局。初夏，身体不适，请求半薪养老，为董事局挽留。12月，以多病，写下遗嘱。

民国四年（1915）　七十四岁

当选上海广肇公所首席董事。拟辞轮船招商局职务，为亲友所阻。参与创办招商局公学，慨然将自己在美租界提篮桥华德路住宅允让公学，作为校址，任驻校董事，长住校内。公开反对袁世凯专权，斥为“民主独裁之专制”，名为共和，实为独裁。

民国五年（1916）　七十五岁

1月，任监察港、粤董事。3月，长子郑润林病逝，仅33岁。4月，盛宣怀病逝。6月，袁世凯病死，作《专制叹》以贬之。10月，提议招商局联合南洋华侨开辟南洋航线。

民国六年（1917）　七十六岁

强烈反对张勋复辟。密切关注粤汉铁路建设。

民国八年（1919）　七十八岁

6月，公选为轮船招商局董事兼营业科长。《盛世危言后编》迭经改版，出样书350部。

民国九年（1920）　七十九岁

12月，《待鹤山人晚年纪念诗》付梓。

民国十年（1921）　八十岁

5月，留任招商局董事。撰叶夫人墓志铭。《盛世危言后编》由上海翰华阁书店刊行。

民国十一年（1922）　八十一岁

5月，病逝于招商局公学宿舍。

次年归葬香山前山。

延伸阅读推荐书目

1. 《郑观应集》，夏东元编，中华书局，2014年版。

2. 《危言三种》，邹振环整理，上海古籍出版社，2019年版。

3. 《中国近代思想家文库·郑观应卷》，任智勇、戴圆编，中国人民大学出版社，2014年版。

4. 《郑观应》，夏东元著，广东人民出版社，1995年版。

5. 《郑观应评传》，易惠莉著，南京大学出版社，1998年版。

6. 《郑观应志》，夏东元主编，广东人民出版社，2009年版。

7. 《郑观应年谱长编》，夏东元编著，上海交通大学出版社，2009年版。

8. 《郑观应》，刘圣宜著，广东人民出版社，2009年版。

9. 《郑观应诗选》，邓景滨编选，澳门中华诗词学会，1995年版。

10. 《一个上海香山人的人际交往——郑观应社会关系网络研究》，邵建著，上海辞书出版社，2014年版。

11. 《郑观应家训的价值》，梁金玉著，广东人民出版社，2016年版。

12. 《郑观应财政金融思想研究》，王五一著，人民出版社，2017年版。

13. 《隐匿的烽烟——郑观应商战风云录》，安之忠、林锋著，当代世界出版社，2018年版。

14. 《李鸿章全集》，顾廷龙、戴逸主编，安徽教育出版社，

2008年版。

15. 《李鸿章传》，苑书义著，人民出版社，1991年版。

16. 《李鸿章传》，［英］约翰·濮兰德著，天津人民出版社，2009年版。

17. 《李鸿章年谱长编》，刘忆江著，河北大学出版社，2015年版。

18. 《李鸿章与洋务运动》，孙志芳著，安徽人民出版社，1982年版。

19. 《盛宣怀年谱长编》，夏东元编著，上海交通大学出版社，2004年版。

20. 《盛宣怀传》，夏东元著，上海交通大学出版社，2007年版。

21. 《盛宣怀档案选编》，上海图书馆编，上海古籍出版社，2016年版。

22. 《盛宣怀与中国近代教育》，欧七斤著，上海交通大学出版社，2016年版。

23. 《盛宣怀与晚清招商局和电报局》，盛承懋著，社会科学文献出版社，2018年版。

24. 《陈兰彬与晚清外交》，梁碧莹著，广东人民出版社，2011年版。

25. 《彭玉麟集》，彭玉麟著，岳麓书社，2008年版。

26. 《彭玉麟传》，李丽著，北京时代华文书局，2016年版。

27. 《容闳自传：我在中国和美国的生活》，容闳著，团结出版社，2005年版。

28. 《容闳评传》，陈汉才著，广东高等教育出版社，2008年版。

29.《容闳与中国近代化》，吴文莱主编，珠海出版社，1999年版。

30.《王韬评传》，张海林著，南京大学出版社，1993年版。

31.《王之春集》，王之春著，岳麓书社，2010年版。

游走在近代政商之间的沉思者 郑观应

建议配合二维码一起使用本书

微信扫码

【听】中国近代史
名家讲坛

【聊】本书读者
专属交流群